一生无悔

地理与规划研究

胡序威 著

2020年·北京

图书在版编目（CIP）数据

一生无悔：地理与规划研究/胡序威著. —北京：商务印书馆，2019（2020.5重印）
ISBN 978-7-100-18019-1

Ⅰ.①一… Ⅱ.①胡… Ⅲ.①地理学—文集②城市规划—文集③区域规划—文集 Ⅳ.①K90-53②TU98-53

中国版本图书馆CIP数据核字（2019）第291623号

权利保留，侵权必究。

一生无悔——地理与规划研究
胡序威 著

商务印书馆出版
（北京王府井大街36号 邮政编码100710）
商务印书馆发行
北京新华印刷有限公司印刷
ISBN 978-7-100-18019-1

2019年12月第1版　　开本787×1092 1/16
2020年5月北京第2次印刷　印张14 3/4 插页12

定价：90.00元

作者摄于2018年90岁时

前　言

我在旧中国只有两年的中学学历，去新加坡工作了两年，在新中国宣告成立那天回到祖国首都北京，有幸进入中国人民大学本科学习，学的是国民经济计划专业，听到了新中国高等学校最早开讲的"中国经济地理"课程。一年后，我即被调到该校经济地理教研室当教员，只能听从组织安排，边学边教，由一个十足的门外汉，逐步加深对经济地理学的理解，直至热爱这门学科。随后我被借调至中国科学院竺可桢副院长组织领导的《中华地理志》编辑部工作，参与由孙敬之教授主编的全国第一套《中华地理志》区域经济地理丛书的调查和编写。

1958年，中国科学院地理研究所由南京迁到北京，并组建了由著名经济地理学家吴传钧领导的经济地理室。早在1954年已将工作关系转到地理所的我，也就成为该室的主要成员之一，参加地区工业布局调查研究，并曾一度代表地理界参与我国早期的区域规划研究。改革开放后，在吴先生的领导下，我国的经济地理与人文地理科研事业取得很大成就，在农业区划、土地利用、区域开发、国土与区域规划、城镇化与城镇体系、区域可持续发展、能源与工业布局、旅游资源开发等众多与国家经济建设密切相关的研究领域，提供了一系列重要研究成果，产生了令人瞩目的社会影响。研究队伍随之迅速扩大，由中国科学院地理所的原一个经济地理室发展成为拥有区域、农业、工交、城市四个研究室的经济地理部，而且地理所还曾一度接受中国科学院和国家计委双重领导。我们的国家对地理科学如此重视，我们的许多研究成果能直接为国家经济建设服务，也使国际地理学界为之称羡和赞誉。我十分荣幸地亲身经历了自新中国成立以来，经济地理学、人文地理学大发展的全过程。在我一生中曾接触到不少与工作有关的重要的人和事，可能具有一定的史料价值。

2008年，在学生和同事们祝贺我80岁生日之时，很想了解我的过去，要求我对自己的学术经历作一简要的历史回顾。后来我就将会上的发言稿整理成《从事区域与城市研究学术生涯的回顾》一文，发表于《城市与区域规划研究》2009年第1期。这篇简要回忆文引起了不少同行的兴趣。他们都希望我能写一个较详细的回忆录，可作为研究和了解新中国经济地理发展史的重要参考资料。对此，我一直很犹豫。因为我平生没有记日记的习惯，参加各种活动，或自己在各种会议上的发言，都很少留下文字的记载，完全凭自己的记忆写回忆录，感到难度大，下不了决心。在我即将进入90岁高龄之际，看到几位比我年轻的地理学家都已写出了自己的回忆录，心里触动较大，因为我亲身经历的有关新中国经济地理、人文地理科学发展的各种史实和人际关系远比他们生动和丰富，比我年长的几位同事均早已离我们而去，如未能在我有生之年将这些珍贵的史料回忆记述下来，将是我的重要失职。

自2017年末开始，我就立志利用自己的晚年，集中精力写一本以反映自己亲身经历为主的开展地理与规划研究全过程的历史回忆著作：《一生无悔——地理与规划研究》，可从侧面为研究新中国经济地理、人文地理学的发展史提供一些有价值的历史参考资料。

为此，我首先拟订了一个供系统回忆总结的编写纲目，然后按照纲目搜集各种有关文献资料，包括可帮助我回忆的各种会议通知、研究项目建议书、调查研究报告、研究成果、鉴定评审意见、发表论文专著、获奖证书等。涉及具体年月、情节和参加人员记忆不清的，靠亲友和同志们帮助共同回忆。每写完一章初稿都广泛印发给有关人员审阅征求意见，力求减少文中错误。我的写稿原则是，一定要尊重客观事实，实事求是，不容半点虚假。至于涉及对某些具体人和事的评价，虽也力求客观公正，但难免仍有一定程度的个人偏好。

经过一年的执着努力，终于完成了这一书稿。这不是一本纯粹的个人回忆录，而是涉及与自己经历有关的地理与规划研究领域的发展历史，并加以某些评述的具有一定学术意义的著作。应衷心感谢曾大力支持我撰写此书，帮助回忆，认真审阅初稿并积极提出修改建议的以下诸多好友：周一星、毛汉英、赵令勋、徐志康、郭焕成、姜德华、叶舜赞、马清裕、陈汉欣、顾朝林、陈田、冯仁国等。同时也要感谢序胜、燕南、天军等亲人认真帮我审稿纠错。

在2008年我80岁时，科学出版社为我出版了《区域与城市研究（增补本）》，几乎囊括了我自改革开放以来发表于各种学术期刊的全部论文。现我已年届九旬，要特别感谢商务印书馆负责地理学术著作出版的编辑们为我出版此书，并将我在近十年内发表的几篇文章以"地理与规划论述补遗"栏目转载附于书后，并附有"专业著述和研究成果总目录"及经历图片选载，以便读者对我的一生有更全面的了解。

作　　者

2018年12月

目　　录

前言

一生无悔　地理与规划研究

第一章　幸福的童年和可悲的父母 ··· 3
　　书香世家 ··· 3
　　童年受宠 ··· 3
　　父亲沉沦 ··· 4
　　母亲遭罪 ··· 6

第二章　时局的动荡与求学的艰难 ··· 8
　　抗日大潮中念小学 ·· 8
　　战乱环境中读中学 ·· 9
　　失学后当小学教员 ·· 11

第三章　远赴南洋投奔伯父胡愈之 ··· 13
　　经上海香港去新加坡 ·· 13
　　进新南洋出版社工作 ·· 15
　　经历殖民地白色恐怖 ·· 18

第四章　侥幸进中国人民大学学习 ··· 20
　　新中国成立之日到北京 ··· 20
　　插班华北大学俄文大队 ··· 21
　　转入中国人民大学本科 ··· 21
　　调经济地理教研室任教 ··· 22

第五章　编写中华地理志经济地理 ··· 25
　　中华地理志编辑部 ·· 25
　　编写区域经济地理 ·· 26

| 去沈阳学习和结婚 | 27 |
| 编写的合作与友谊 | 28 |

第六章　探索为区域经济建设服务　31
地理研究所经济地理室	31
初探区域规划研究实践	32
海南热带作物布局调查	34
华北地区工业布局调研	36
三线建设战略布局研究	37

第七章　"文革"期间经历劫难与磨炼　39
参加武威农村"四清"	39
挨批斗中参与造反	40
关进"牛棚"度日如年	42
"五七干校"劳动锻炼	43
开始恢复地理科研	44

第八章　坚持地区生产力布局研究　46
经济地理室变异重组	46
鲁西南煤矿地区调研	48
淄博与胜利油田调研	49
冀东调查险遇大地震	51

第九章　密切与城市规划界的合作　54
参加唐山市震后重建规划	54
领导分工由工交转向城市	56
遇车祸疗养学英语练翻译	57
人文经济地理学界的巨变	58
城镇与工业布局区域研究	59
参与天津市总体规划修编	61
首创研讨中国城镇化问题	62

第十章　迎来国土与区域规划春天　64
国土整治研究班讲座	64
国土规划与区域规划	65
京津唐地区国土规划	66
全国性国土规划纲要	68

第十一章　经济地理科研事业大发展 ································· 71
  经济地理部的成立 ··· 71
  接受国家计委领导 ··· 72
  建区域开发理论室 ··· 73
  扩大经济地理影响 ··· 75
  开展对外学术交流 ··· 77
  大量培养硕士博士 ··· 78
  向外输送优秀人才 ··· 79

第十二章　沿海地带与沿海城市研究 ································ 81
  全国海岸带社会经济调查 ··· 81
  开发沿海地带的战略建议 ··· 83
  《中国沿海港口城市》的中英文版 ··································· 84
  参与沿海城市的规划论证 ··· 86
  沿海地带可持续发展研究 ··· 87

第十三章　城镇化及其相关规划研究 ································ 89
  区域城镇体系规划 ··· 89
  全国设市规划预测 ··· 90
  城镇化成国家战略 ··· 93
  城镇密集地区研究 ··· 95
  城市区域规划咨询 ··· 98

第十四章　关注地理与规划研究前景 ································ 101
  仍牵挂城镇化 ··· 101
  理顺空间规划 ··· 106
  推荐同行院士 ··· 111
  重视研究团队 ··· 113

第十五章　一生难以淡忘的家国情怀 ································ 115
  无悔一生 ··· 115
  永远怀念 ··· 118
  相濡以沫 ··· 124
  乡情友情 ··· 127
  祝福祖国 ··· 129

地理与规划论述补遗

- 从事区域与城市研究学术生涯的回顾 ········· 133
- 论城镇化的概念内涵和规律性 ············ 143
- 中国城镇化进展问题的观察 ············· 159
- 控城市区域化 促区域城镇化 ············ 173
- 应厘清与城镇化有关的各种地域空间概念 ······· 178
- 发展城市群应推动全国城镇化的健康发展 ······· 183
- 地理所为何一度由中科院和国家计委共同领导 ····· 185
- 着力健全规划协调机制 ··············· 190
- 健全地域空间规划体系 ··············· 194
- 有关我国区域与城乡发展的政策建议 ········· 198
- 致规划界的一封公开信 ··············· 205
- 对《京津冀地区城乡空间发展规划研究三期报告》的评议 ··· 208
- 钱学森十分关注地理科学 ·············· 212
- 新中国经济地理与人文地理学界的领路人 ······· 214
- 精心哺育经济地理英才的老黄牛 ··········· 220

专业著述和研究成果总目录 ············· 222
经历图片选载 ··················· 228

一生无悔　地理与规划研究

第一章 幸福的童年和可悲的父母

书 香 世 家

1928年3月9日，我出生于浙江上虞古老县城丰惠镇敕五堂的书香之家。敕五堂为建于清初的胡氏古宅院，世代耕读传家。悬挂于大厅的"敕五堂"匾额，为乾隆时上虞籍状元梁国治题写。曾祖父胡仁耀曾任清光绪年间的内阁中书和行走御史。祖父胡庆皆为清末秀才，是一位有维新思想，热心于家乡公益事业的开明士绅，民国初任上虞县教育会会长。来自南乡山区的祖母黄木兰，亦为知书达理之人。其父兄同为省府登科的举人。庆皆夫妇育有五子：学愚（愈之）、学志（仲持）、学愿、学惠（师柳）、学恕（霍），家父学惠排行第四。

我的外祖父刘琴樵，也是一位饱读诗书的清末秀才，写得一手好字和好文章，与我祖父是亲密挚友。他曾受聘于敕五堂胡家，当过胡仲持的启蒙塾师。在我父母远未成年前，他就已同意将其爱女刘汉相许配给胡庆皆的四公子胡师柳为妻，过早地为他们订下了婚姻终身大事，在祖父逝世一年后的1925年完婚。

童 年 受 宠

在胡氏大家庭中，大房胡愈之与其亲表妹罗雅琴成亲后，一直没有亲生子女。二房胡仲持夫妇婚后共育有四女一子，直到生下第四个才是男孩序介，比我还晚两年；早在1923年出生的长女序同，曾取乳名望孙，足见当时胡家盼孙之切。祖父在1924年离世前迄未能见到孙子。三房胡学愿夫妇于1925年生下长子序平，终于为胡家盼来了长孙，惜因其资质较迟钝，木讷寡言，未获祖母喜爱。三房次子序文从小由胡愈之原配夫人养大，成为他们的嗣子。我父母只生我一个独子，为胡氏大家庭中排行第二的孙子。被我称为小伯的五叔胡学恕，只比我大一个生肖，成家较晚。

我们老家习惯于将亲伯父按其排行称爹。大爹只有一年绍兴中学学历，随后跟绍兴名宿薛朗轩攻读国学一年，于1914年去上海进商务印书馆工作。二爹在宁波效实中学毕业后，也于1921年去上海新闻界工作。他们二位早在上世纪20年代就已先后在上海文化界崭露头角，其家眷也都被带到上海去住。三爹只在家乡念了几年私塾就被送到上海的一家绸布店当店员，婚后家眷一直留在家乡，只能每年利用假期回家探亲，1933年因突患脑溢血英年早逝。我父亲只在宁波效实中学读了两年书就辍学回家，被留在祖父身边，帮他干些杂事。

祖父去世后，祖母的生活起居，原由四家妯娌轮流分担照料。自大房、二房迁居上海后，他们定时寄钱回老家，委托我母亲代劳服侍老人家。三妈的脾气较暴躁，尤其自三爹过早去世后，严重影响情绪，常与祖母吵嘴，祖母只好退避忍让。所以，实际上对祖母的日常饮食料理全由我母亲一人侍奉。我母亲不仅端庄秀丽，而且贤惠孝顺，深得祖母欢心。祖母晚年坚持吃素念佛，乐善好施。我的童年一直跟祖母同桌共餐，她也特别钟爱我这个经常伴随在她身边的孙子。每逢伯父们从上海给她寄来什么好吃的东西，她总是尽量多留一些给我吃。

外祖父只有一子一女。不知什么原因，他爱其女胜过爱其子，爱我这个外孙也胜过爱他的几个亲孙女。有一天，我去外祖父家，他特地将当时家乡很难搞到的鲜牛奶，留下唯一的一碗让我喝，给我留下了一生难忘的印象。

父母对我这个独子的宠爱，更是不言而喻。尤其是母亲，对我的精心养育和辛勤付出，永铭我心。曾在白马湖春晖中学求学多年的小伯，每逢假期回家，我就成为他唯一的家中小玩伴。给我讲故事，教我下棋、打乒乓球，处处呵护着我。来访的长辈们见到我时多显得很亲热，或抱我，或当面夸赞我。

我就是在以上这种集众多亲人宠爱于一身的大爱环境里度过自己的幸福童年。

父 亲 沉 沦

家父颇有文才，曾是上虞家乡闻名一时的笔杆子。因受其兄长的影响，早年思想也较进步。由国共第一次合作推动的反帝、反封建、反军阀官僚、反土豪劣绅的大革命高潮，曾波及上虞家乡。早期著名中共党员叶天底于1926年初回乡成立中共上虞独立支部，开展农民运动，帮助筹建国民党地方组织，扩大统一战线。家父被时任国民党上虞县党部执行委员的叶天底发展成为国民党员，并让其担任区党部委员，曾在全县的群众性集会上被推举为向旧政权抗争和谈判的代表，成为当时在叶天底手下对家乡社会产生过较大影响的积极分子。蒋介石叛变革命后，叶天底在组织农民起义的过程中被捕，于1928年2月在杭州英勇就义。家父也被免去国民党区党部委员和上虞县立中山图书馆馆长等职。在应同学之邀去舟山定海县任教育科科长一年回上虞后，已与国民党脱离关系。由于意志的消沉，开始吸食鸦片，参与赌博，与乡绅们烟赌交友，迅速走上生活颓废腐化的道路。

抽鸦片和赌博都需要大量扔钱。祖父去世后家中分得的几亩田产，很快被父亲卖个精光。为了开辟财源，他开始靠笔杆子替人写状纸打官司挣钱。由于他的笔头快，笔锋犀利，逻辑推理和辩驳分析能力强，只要能提供站得住脚的理由和证据，托他写诉状可多操几分胜券。

闻胡师柳的笔杆子厉害，远近慕名前来托他写诉状的人可不少。但这种不规范的包揽讼事，在当时的农村社会并无好名声，在我们家中也一直未把它视作正当职业。伯父们为引导自己的兄弟走正道，除劝他戒烟毒外，还给他介绍工作。1932年，大爹回上虞探亲，不久家父即去白马湖，在最初由胡愈之创办，后来由朱云楼复刊接办的《上虞声》三日刊任主笔。已搞不清何时因何问题离开这一岗位。1934年，大爹和二爹又把他介绍到上海《申报月刊》社任编辑，应该说这是一个很好的工作岗位。但由于他中毒已深，恶习难改，每月的编辑工资根本不够他一个人花。不到一年，他几乎向在沪的亲戚朋友借遍了债，最后都得由其两位哥哥替他还债。在上海实在过不下去了，只好返回家乡重操讼师旧业。

抗日战争全面爆发后，从上海回乡的和上虞当地的部分爱国青年会合，成立了"上虞县青年抗日救亡协会"，以家父为名义上的会长，会址就设在敕五堂胡家。当时的国民党县党部书记长刘趋真，是浙江省党部书记长徐子梁的老婆舅，后台很硬。以未经社团登记批准为由，限制青年救亡协会的活动。在协会期刊《上虞青年救亡导报》上，刊载了一幅讽刺刘趋真听到日军已过钱塘江的谣传就急忙逃跑的漫画。刘氏将胡师柳告到绍兴法院，判他以诽谤罪，要求公开登报道歉；同时又以高薪利诱，拉胡师柳为他服务。1938年，刘趋真创办了《上虞报》，自任社长，请胡师柳任主笔（总编辑），给以优厚的生活待遇。好在当时尚处于国共第二次合作初期，以宣传全民抗战为办报的主要任务。

1941年5月上虞县城首度被日军攻占后，家父考虑自己在家乡的目标较大，易成为日寇进行抓捕或被胁迫当汉奸的对象，所以决定逃离家乡，北渡杭州湾去上海孤岛避难。但因当时曾在孤岛从事抗日救亡的大爹和二爹早已先后离沪，他在上海找不到工作和落脚的地方，只能与同为大烟鬼的同乡好友刘仲和等人挤住在一起混日子。在借贷无门、毒瘾难熬的驱使下，刘仲和率先回家乡，接替其年迈的叔父刘介安当上虞县维持会长。在刘仲和的召唤下，早已在上海混不下去的家父也回到上虞，进日伪政府任职，其后又替伪军头目办《上虞新闻》小报，成为他一生难以抹去的历史污点。

1943年夏，原已投敌的国民党杂牌军团长田胡子的部队在其驻地杀了几个日本鬼子反正抗日后，一度攻占上虞县城，令家父携带印刷设备进南乡山区，替他办《锦报》，任社长。当时新四军在浙东四明山区的三五支队，为支持田胡子抗日，特派文化界著名人士、胡愈之的旧友黄源带了几个政工干部进驻田胡子部队，做抗日的宣传和联络工作，曾得到家父的帮助。在田胡子部队被国民党反动派收编，开始由联共走向反共，黄源等被迫离开之后不久，由地下党派来一个化名鲁若勤（真名张菊兰）的女记者，声称是胡愈之的朋友介绍来《锦报》社工作的，家父对此心照不宣地热情接待，先让她当编辑，后又升任为主笔。这位"鲁小姐"的活动能力很强，很快成为田胡子司令部的常客，深得田胡子的信任。为了让"鲁小姐"当《锦报》社社长，田胡子特将家父调离《锦报》社，改任司令部秘书，并在其亲信军需处长手下工作。由于田胡子部队一再背信弃义，侵犯骚扰，祸害百姓，新四军浙东纵队忍无可忍，终于在1945年初夏发起讨田战役，大获全胜，解放了上虞县城。当时的中共上虞县委书记诸觉是家父的旧友，曾多次来我家找他了解情况，进行工作咨询。

抗战胜利后，根据双十协定，浙东新四军北撤。国民党政府又回来了，父亲很快以曾当过汉奸罪被捕入狱，而那位既要我父亲替他办报又欲置其于死地的投日伪军头目王祥根，却摇身一变成了上虞县保安大队长。父亲经多方设法保释出狱后，仍以烟赌交友，恶习难改。1947年经友人介绍去上海南汇，任国民党县政府办的《南汇报》主笔，直到全国解放前夕才回到家乡。

上虞解放后不久，当地政府曾将一些吸毒的人集中起来强行戒毒，家父也身在其中，颇有成效。镇反运动开始后，政府也让他参加为有各种历史问题人员举办的管训班学习。他自恃是胡愈之的亲弟，曾帮助共产党干过一些事，不仅不认真交待自己的政治历史问题，还带头写文章批评当地政府不执行党的知识分子政策，在班内造成恶劣影响。其后果是将其归入应镇压的历史反革命行列。父亲在受审过程中，仍一再运用他的笔杆子向浙江省和华东局上诉，对其判刑的年限却由一年到五年、十年一再加码。当时正处于镇反运动的高潮期，抗拒从严是必然遵循的原则。原本戒毒后他身体就很虚弱，对前途感到绝望后很快就病倒了。1952年被保释回家就医，不久就离开了人世。

母 亲 遭 罪

家母的性格、爱好和人品与家父迥异。母亲特别爱洁净，容不下一点脏东西。父亲却很邋遢，平时不修边幅，不注意卫生。每逢外出一段日子回家，母亲总是首先要他立即换下一身脏衣服。母亲生活简朴，节俭持家，自尊心强，有困难尽量自己设法解决，不轻易求人。父亲手中却存不住钱，有钱时就乱花，周边生活有困难的找他，也乐于相助，但更多的时候是手中无钱，靠借债度日。每逢年关，来家讨债的人络绎不绝，父亲一人躲在外面不敢回家，让母亲陷于无脸面对逼债人的窘境。母亲一生追求的是能过上平静、安宁、幸福的生活，而父亲所干的许多事，却常令她担惊受怕。例如，当田胡子反正后命令家父去南乡替他办报的消息传出后，激怒了伪军头目王祥根。有一天他派了几个便衣军警，深夜翻墙闯入我家，欲当场捕杀我父亲，吓得母亲直哆嗦。好在那天父亲已有人给他通风报信，没有回家，躲过此劫。又如父亲曾多次被捕入狱，少不了母亲前往探监送物，还替他操心。

家母对家父的吸毒嗜赌深恶痛绝，对他的有才不用在正道上甚为惋惜，对他的只顾自己很少过问家事充满怨恨。所以他们二人经常吵架，祖母在世时也总是站在我母亲这一边。她说："我生师柳时正逢自己患病，只好请了一位奶妈给他喂奶，没有吃我自己的奶，不料他长大后的为人却完全不同于他的两位哥哥。"我母亲也从小这样教育我："你长大后一定要学大爷和二爷，千万不要学你爹。"父亲曾有几次带我出去，看他们打麻将牌，我在旁边看过几遍很快就学会了。有一年过春节，我和邻居的几位远房堂嫂和堂姐们一起玩牌，输光了母亲给我的压岁钱。母亲闻讯后勃然大怒，罚我跪在厨房的灶君前，打我的屁股，并要我发誓今后不再去赌博。这是母亲平生对我实施的唯一的一次也是使我终生难忘的一次体罚。

母亲一直埋怨自己的生肖属羊命苦，嫁给我父亲后长期吃苦受罪。解放后，在镇反运动中我父亲被定罪为历史反革命，接着在土改运动中我母亲被评为破产地主。她给我来信说："三妈有几亩田地每年收租，被评为小土地出租者，我们家已早无田地收租，却被评为破产地主，感到很冤。"我只好给她这样回信："这只能怨父亲，不能怨政府。因为父亲长期无正当职业，且干过一些有害于人民利益的事，而你却没有自己的职业，只是一个从属于他的家庭妇女，家中曾经有过田产，被评为破产地主是合理的。"就这样，她只好老老实实地在农民的监督下接受劳动改造，在改造的过程中曾吃了不少苦。她那双幼年时缠过足的小脚，最害怕要她黑夜提灯到水田捉虫。在"文革"结束前，她一直是被群众监管的对象。应该说，我母亲是一位深受旧社会封建包办婚姻之害的苦命人。我的历史反革命父亲和破产地主母亲的这一家庭出身，也曾成为我进入新中国后较长时期的主要政治包袱。

第二章　时局的动荡与求学的艰难

抗日大潮中念小学

  1934年2月，在我即将满6周岁时，堂姐序同带我进上虞县立中山小学学习，这是一所在上虞历史最悠久的当时属于县内第一教育品牌的小学。其前身为上虞著名的经正书院，1904年在祖父和著名乡贤王佐的共同创议下，改建成上虞县高等小学堂。其后又被改名为上虞县立中山小学和现今的丰惠镇小学。大爹、二爹、父亲和小伯等均曾就读于这所学校。我作为一年级的春季插班生入学后，学习成绩一直名列前茅。

  我在中山小学学习期间，正处于日寇加紧侵华，国土渐趋沦丧，民族濒临危亡之际。学校很重视抗日爱国教育。同学们也很关心时局，课余时间在学校的"阅报栏"前常有人围观阅读和议论。在我刚念完初小四年级时，卢沟桥事变爆发，不久全面抗战开始，全校师生群情激昂，多次上街游行，挥舞着手中的小旗子，高呼抗日救亡的口号，高唱着《义勇军进行曲》和"大刀向鬼子们的头上砍去"等救亡歌曲前进！我们还纷纷参加了由学校组织的抗日募捐小分队，走街串巷，深入住户宅院，宣传动员。强调为了共同抗日，要有力出力，有钱出钱，后方百姓要为抗日前线捐献飞机大炮做出贡献。我们这些热心宣传抗日募捐的小朋友，也多将自己平时积攒的几元、几角、几分零花钱悉数投入捐献箱内。

  我五年级时的班主任杨祖雄，是一位学识渊博，有学者风度的老师。他在讲授语文和常识课时，善于用通俗易懂、生动形象的语言传授基本知识，通过讲各种历史故事的形式向我们灌输爱国主义的教育内容，同学们都很喜欢听他的课。有一天在讲到苏联时，他向全班同学郑重地推荐胡愈之著的《莫斯科印象记》一书。他只知道胡愈之是上虞人，并不知道我是胡愈之的侄子。他对该书的高度评价，给我留下一生难忘的印象，使我年少的心灵更增添了对大爹的崇敬。有一次，他以"战鼓"为题，要我们每人写一篇作文。记得当时我的作文大意是：在这国难当头的今天，我要使劲地敲响战鼓，鼓励有志气的爱国青年奔赴抗日前线奋勇杀敌，盼望到抗日战争胜利时，我将再次敲打着战鼓，去热烈欢迎抗日英雄的凯旋归来。没有想到这篇作文稿竟被杨老师送到《上虞日报》编印出版的《战鼓》周刊发表，我还收到了报社寄来的二角钱稿费，这也是我平生收到的第一笔稿费。

我们在六年级时的班主任是屠咸若。他是一位很有音乐才华的英姿焕发的青年教师。他担任全校许多班的音乐课，弹得一手好钢琴，教我们识读五线谱，学唱当时流行的各种抗日救亡歌曲，组织歌唱队到校外演出。当时上虞的一些爱国青年在敕五堂成立了青年抗日救亡协会，屠咸若老师也应邀参与他们的活动，帮助指挥抗日宣传队的歌咏演出。我自己也曾和几位同学一起参加过当时由抗日宣传队组织的爱国活报剧《最后一课》的演出。

随着岁月的流逝，我在中山小学母校学习时的众多老师中，唯有杨祖雄和屠咸若两位老师仍深深地刻印在我的记忆里。解放后，曾听说屠咸若老师一直在上海音乐界工作，但因不知其具体工作单位，无缘取得联系，直至看到1999年出版的《上虞名人录》，才知他已于1981年故世。至于那位杨祖雄老师，我一直猜测他是一位较早参加革命的老共产党员，可能他当时用的不是真名，后来始终没有听到过关于他的任何消息，也可能早就为人民的事业作出了牺牲。他是一位值得我终生怀念的小学老师。

战乱环境中读中学

在1939年夏我小学毕业时，上海、杭州一带早已被日寇侵占，只是由于我方主动炸断钱塘江大桥，才使日寇一时难以南进。当时在上虞县城内的金罍观，临时成立了一所战时中学，聘请一些战时回乡避难的有较高学历的知识分子任中学老师。我就报名进入这所设施较简陋的战时中学学习。给我留下较深印象的是一位教我们历史的老师温文尔雅，风度翩翩，据说曾当过大学教授，可惜已不记得他的具体名字了。入学不到两个月，我祖母突然病逝。在给祖母治丧期间，我边吃带壳花生，边与邻居小朋友玩，一不小心，将口中带壳花生呛入气管严重发炎，久治不愈，只好因病退学。不久该学校也在日机轰炸后停办。

1940年4月28日，敌机狂炸上虞县城，死伤百余人。一颗燃烧弹落在我家敕五堂西侧，将仅一巷之隔的胡氏古宅伦教堂化为灰烬；一颗杀伤力很大的爆炸弹落在敕五堂的东侧，将其紧挨的田野炸出一个深数米、直径约二三十米的大坑。由轰炸引起鸡飞狗跳的巨大爆炸声和近在咫尺高温燃烧的浓烟烈火，使我亲历了战争的恐怖场景，导致一度双耳重听，并加重了原有的病情。我几乎每天都要吐出几痰盂黄绿色的浓痰，晚上枕边也离不开痰罐。看中医服药久不见效，母亲和外祖父为给我治病操碎了心。偶得一土方，由外祖父定期从家中庭院内的一棵枇杷树，采摘一袋又一袋的枇杷叶送交我母亲，加冰糖熬煎成汤汁喝，有一定疗效，却仍难以根治。1940年秋，母亲亲自带我去上虞北乡白马湖畔的驿亭大同医院住院治疗，这是当时上虞唯一的一家西医院。住院约一月，每天服用消炎药，还是无法消除浓痰，只好黯然回家。但在接近年底的一天晚上奇迹突然发生了，半夜吐痰时似感到吐出一片花生壳。第二天一早仔细拨视痰罐，果然发现有一片裹着痰血的花生壳。从此以后，开始逐步恢复健康。这场大病，使我失去了一年多的求学时间。

1941年春，我终于进入梦寐以求的白马湖春晖中学学习。这是一所被誉为"北有南开，南有春晖"的浙江名校，以早年曾有夏丏尊、朱自清、丰子恺、朱光潜等众多名师任教而闻名于世。秀丽恬静的校园环境，"仰山楼"的课室和"二字房"、"曲园"的宿舍，以及当时教我们英语课的王文川校长，均给我留下了美好的回忆。令人非常遗憾的是，入学不到两个月，突闻日寇即将进犯浙东的消息，学校被迫停学遣散。

1941年5月24日，上虞县城沦陷。进城日本鬼子被放任数日闯民居奸淫掠夺。我们家也曾闯入鬼子，从楼上到楼下匆匆搜查一遍离去。所幸我和堂妹躲在灶间的柴堆后，母亲和堂伯母躲在侧屋一间破旧平房堆满脏乱杂物的方桌下，均未被发现。后来听说我们周围的邻居家有几位妇女惨遭强奸。若干月后，一个专供鬼子发泄兽欲的慰安所在东小街正式开张。我每次经过那里，都可在门口看到一些打扮较怪异的慰安妇。当时进上虞城的鬼子兵，最多不过百余人，竟要为他们专设一个慰安所！至今日本当局仍在竭力开脱有关慰安妇的罪行，真是不可理喻。

1941年冬，已在上海混不下去的父亲回到家乡，开始投靠日伪，成为他一生的耻辱。1942年夏，他要我报名参加两个月的日语补习班学习，当时我觉得学点日语也没什么不好，可在应对日本鬼子时少吃些亏。1943年春，他让我去余姚中学求学，那时余姚县城也是日占区。我与小学时一直同班的亲密同学黄伯政同往。我报的是初中春二插班生，跳了一年学历，黄伯政已比我高一个年级。我们的外语课分设英语和日语两个班，各人自愿选择，我选了英语班。记得在晚间休息时，常与黄伯政以英语单词的首尾字母搞接龙游戏玩，有助于多记住一些英语单词。还记得有一位教我们本国语文的青年教师，曾满怀激情地给我们讲解岳飞的《满江红》和文天祥的《正气歌》等古诗词，体现了中国知识分子不甘愿当亡国奴的正义心声。

我在余姚中学只读了一个学期。当年放暑假从余姚回到上虞老家时，县城已被刚从日伪军反正过来的打着抗日旗号的田胡子部队占领。田胡子要家父去南乡山区替他办报。当时在上虞南乡山区的泰岳寺，已由几位爱国青年教师共同创办了一所设施简陋、适应战时需要的春晖中学。父亲的报社离泰岳寺春晖中学仅几公里。从1943年秋开始，我就进入泰岳寺春晖中学学习，乘机又一次跳级，上升至秋三班。

泰岳寺是一所深山环抱的破旧古庙，由几十间门窗不全的房子围成三进大院。两侧厢房作教室，大雄宝殿当饭厅，宿舍都挤在后院，每间房的地面铺满密集紧挨的卧具。全校除了几块黑板和粗糙简陋的桌子板凳外，几乎没有任何专用的教学专用设备。教材主要靠老师刻蜡板用土纸油印。教室少阳光，晚上只靠几根灯芯草点燃的菜油灯照明。学习环境之艰苦，与白马湖春晖中学真有天壤之别。但当时很少听到有同学叫苦，因为大家心里明白，在这国难当头山河破碎的年月，自己能有机会进泰岳寺春晖中学学习已是十分幸运的了，所以一般都能认真刻苦地学习。老师们为我们的辛勤付出和克服诸多困难的敬业精神，着实令人感动。刘洁民的数学课，陈桑父、夏神臣的语文课，刘渭的英语课，徐如愿的化学课等，都很受同学们的欢迎。

虽然我进泰岳寺春晖中学学习，属跳级的插班生，但在班上的学习成绩一直名列前茅。记得有一天数学老师刘洁民病了，由毕业于浙江大学化学系的校长徐如愿来代课。在为我们解答几何求证难题时，有一个难题他在黑板上花了很多时间解答不出来，最后问同学们有谁能解答此题？我就走上前去很快作出解答，从此他对我刮目相看。我们的班主任刘渭老师，在我的期末学习成绩单中，总要写上"天资聪颖，学习成绩优异"之类的评语，使父母和外祖父都为我高兴。我在泰岳寺春晖中学学习共一年半，初中毕业后又读了一学期高中。这是我自小学毕业后连续求学时间最长的一段经历，也是我最难忘的一段中学求学经历。

失学后当小学教员

1945年春，自父亲离开《锦报》社后，我开始失学在家。当年夏，新四军浙东纵队一度解放上虞县城，胡愈之的朋友，时任浙东行署文教处处长兼鲁迅学院院长的黄源来我们家访问，父亲要他为我和序介、大成、令升等几个兄妹写了一封去鲁迅学院学习的介绍信，对此我们都很高兴。但由于我和序介、大成三人都是未成年的独子，三位母亲联合起来坚决反对，使我们三人的愿望成为泡影。最终结果是二妈只同意其女儿胡令升（即胡舒立之母）一人去鲁迅学院学习。当时在敕五堂内住了不少政工干部，他们得悉我们是胡愈之的亲属后，对我们特别热情，曾向我们赠送《新民主主义论》《论联合政府》等毛主席著作，成为我最早接受革命启蒙教育的重要阅读文献。

抗战胜利，新四军北撤，父亲一度被国民党政府拘捕入狱，家中生计困难。失学在家的我，只好托亲友介绍，去北乡当小学教员谋生。先后在驿亭敬修小学、五车堰经锄小学和小越谯国小学当了两年小学教员。由于国民党发动内战，官员腐败，治国无能，经济凋敝，物价飞涨，当时教师的工资多以大米等实物折算。我的每月工资由最初的90斤大米逐步提高到120斤大米，只能勉强维持家中生活。

我开始当小学教员时才17岁，比有些入学较晚的小学生大不了几岁。当小先生不太受同学们的尊重。我主要负责教高年级的算术课和低年级的语文课或常识课。课余时间不太愿与同学们多接触，经常躲在房间内看书。除了学习高中课本，准备将来有机会以同等学力身份报考大学外，还大量阅读身边能找到的古今中外的经典小说。有一位曾与我共事一年专教高年级语文的老教师徐炎周，有深厚的国学功底。他对我这个小同事，从生活、工作、学习各方面都给予热情的关怀和帮助，令我感激不尽。他曾创作积累了多首旧体诗，在我学会刻钢板后，主动帮他刻印了典雅的《诗集》，也使他特别高兴。

进入1946年后，由于国民党的统治越来越不得人心，在国统区内先后掀起"反内战，要和平；反独裁，要民主"和"反饥饿、反内战、反迫害"等群众运动的高潮。上海出版的《民主》《文萃》《周报》《群众》等众多进步刊物，成为宣传和动员群众的重要舆论阵地。当时在上海从事地下党工作的堂姐德华和堂妹令升，经常将她们看过后的上述刊物先寄到我处，然后由我再转给家乡的兄弟和亲友们共阅。这些刊物对我们的思想倾向革命的转变曾产生重大影响。我不仅如饥似渴地阅读这些刊物，还通过所刊载的广告，直接与生活书店取得联系，邮购艾思奇的《大众哲学》、沈志远的《新经济学大纲》等著作进行理论学习。

我在上虞北乡最后一年任教的小越曹家谯国小学，离白马湖春晖中学不到5公里。当时堂弟序介和堂兄大成都在白马湖春晖中学读高中，大成还是校学生会主席。我常利用星期天休假日去春晖中学与他们相聚。除给他们送去上海寄来的进步刊物外，还常与他们一起共议时局。他们曾下了很大功夫组织校内师生共同演出曹禺的名剧《雷雨》，在首场演出那天晚上，我特地摸黑赶到那里观赏助兴。每逢寒暑假回家，我们这几个兄弟更是经常在一起共同学习和交流思想。一位住在敉五堂内与我同岁的远房侄子，泰岳寺春晖中学的同学，后来成为历史学家的胡国枢，也常来参加我们这个学习交流群体。

曾担任过春晖中学校长、武汉大学教授，战后去台湾任教育处处长和台湾大学教授的教育家范寿康，是胡愈之的堂姐夫。他的老家范宅就在我们敉五堂的正对面。他有很多子女，曾就读于浙江大学物理系的次子范岱年，于1946年暑假回乡探亲，与我接触较多，彼此思想交流也较投合。后来他经常给我寄来一些由他们学生会编印的油印刊物和宣传材料，给我不少启发，使我也由此产生发动家乡亲友共同创办一份油印刊物的念头，得到大家的赞同和支持。通过一番努力，一份以浙大校训《求是》为刊名的由我一人负责组稿、编辑、刻印、发送的油印刊物终于在1946年冬与亲友们见面了。创刊号的供稿者，除序介、大成、国枢和我（以高羽为笔名）外，还包括当时远在杭州的小伯胡霍。文章内容含政论、时评、杂文、学习心得和随感小品等多种形式。《求是》先后共出了三期，每期只刻印数十份，广泛寄发给分布各地的我们所熟知的亲友，包括在上海从事地下工作的德华、令升姐妹，在浙大学习的堂表哥范岱年、老同学黄伯政等。该刊一直维持到我开始为去新加坡准备行程时才停刊。

第三章　远赴南洋投奔伯父胡愈之

经上海香港去新加坡

大爹胡愈之长期在上海进步文化界工作，因受白色恐怖的威胁，他在1928年3月中旬，准备赴法国留学前回到上虞丰惠老家，与亲人告别。正逢我刚出生没有几天，我父母请他给我取名字，他就给取了一个法国将军霞飞的名字作我的乳名，学名序威则是后来取的。我的几位堂兄弟都取外国伟人的名字作乳名。如二爹的儿子乳名林肯，学名序介；三爹的儿子乳名歌德，学名序文。大爹自己没有亲生子女，很喜欢我们这些侄儿侄女。大爹去法国留学不到三年就回国。"九一八"事变后，他就全力投入上海文化界的抗日救亡运动。"一·二八"淞沪战争爆发，商务印书馆被日机炸毁，大爹也大病了一场。1932年春夏间，大爹回上虞敕五堂老家养病。他从上海带回一箱子玩具和糖果，用旧报纸包成许多堆，把我们这些兄弟姐妹召唤在一起，让各人任意挑一堆。我挑了一堆打开一看，是一个装满糖果的小花篮，给我留下深刻的印象。当时我已4岁，开始懂事了，曾亲自向大爹说谢谢！当年初夏，大爹病愈后，就离开敕五堂老家重返上海，继续成为上海文化界抗日救亡运动的风云人物。直至全面抗战爆发，上海沦陷后，他才于1938年离开上海租界孤岛，去武汉、桂林等地继续坚持抗日文化宣传工作。

自大爹离开上海后，家乡一直未能获悉有关他的确切行踪和消息，后来只听说他已去了南洋。在战争结束前夕，有中国大陆媒体谣传胡愈之已在南洋流亡中病故的消息。由叶圣陶主编的《中学生》杂志还出了《纪念胡愈之专辑》，载有叶圣陶、茅盾、胡子婴等多人的纪念文章。战后我们看到了这本杂志，也都以为他已经不在人世了，心中都万分悲痛。直到1946年夏，从郑振铎主编的《民主》杂志上看到载有胡愈之撰写的文章《郁达夫的流亡与失踪》，文章还附有编者说明：胡愈之不仅仍健在人世，而且战后又回到新加坡创办了新南洋出版社和《风下》周刊。这真使我们喜出望外。我立即按编者在文末提供的通信地址试着给大爹去信，向他表述自己追求进步，向往民主，希望能去南洋参加文化出版工作的愿望。没有想到，不到一个月就收到他的回信，给我以热情鼓励，同意我去南洋工作。但需自行设法到香港，从香港去新加坡的川资和签证由他设法解决。

曾长期在上海《申报》工作，战时负责社论和副刊编辑的二爹胡仲持，在日伪统治的通缉和暴力威胁下，于 1940 年春离开上海孤岛去香港国际新闻社，曾担任《华商报》总编辑要职。日寇攻占香港后，在东江抗日游击队的营救下，被安全转移到广西，曾任《广西日报》（昭平版）总编辑。抗战胜利后到广州，受李济深之托筹办《现代日报》和《现代》周刊，却遭国民党政府封禁，只好重又回到香港国际新闻社。1946 年 11 月，胡愈之在新加坡创办了《南侨日报》，聘胡仲持为《南侨日报》驻香港特派员，使二爹的正常生活有了基本保障，他才决定将战时被留在家乡的二妈及其儿子序介和幼女胡明一起迁来香港同住。我获知此消息后，就决定先随同二妈去香港，然后再远赴南洋。

母亲对我去新加坡很不放心。但由于我的去意十分坚决，父亲给予支持，去香港与二妈和堂弟妹同行，到港后又有二爹照应，她也不好再进行阻拦。经过一番筹措，终于在 1947 年盛夏的一天启程。当时杭甬铁路和钱塘江大桥尚未修通。我们一行四人雇了一艘小木船，清晨从丰惠出发，驶至四十里河的上源闸口，渡曹娥江到曹娥汽车站，乘车至绍兴钱清镇，改乘小汽轮过钱塘江，至杭州火车站时已是黑夜，赶上晚班火车，第二天早晨才到上海。由德华姐妹接站和安排食宿。有几位在沪的亲戚还轮流带我们游览上海，逛当时上海最大的百货公司——先施公司和永安公司，逛与大爹给我所取乳名同名的霞飞路（今淮海路），进国泰电影院看电影，进"大世界"照变形的哈哈镜……让我这个刚进大城市的乡下人大开眼界。有关我们去香港的各项事务，均由仅比我大三岁的德华姐一手操办。我们在上海外滩黄浦江边登上一艘小海轮，经两天多的海浪颠簸，呕吐不止，终于熬到了香港。二爹亲自从码头把我们接到他的住处：港岛坚道 20 号国际新闻社宿舍。

二爹的住房面积只 20 多平方米，为安排我们的到来，将其分隔成内外二间。内间不到 10 平方米，只够摆下一张双人床，作为他和二妈的卧室。外间作为起居室，白天只放一张方桌、几把椅子，晚上支起三张专供我和序介、胡明用的帆布行军床。宿舍门前的坚道是一条沿半山腰的横向马路，乘车去闹市区需绕远，走纵向坡度较陡的小道，十多分钟即可到皇后大道。为了帮助二妈干点家务，我常去山下的市场代为购物。

二爹在离家不远的青年会馆租有一间办公室，雇用一名助手，订有香港出版的各种报纸。每天早晨他去那里阅览当地当天各报刊载的新闻，择其有重要新闻价值的用英语拟成电讯稿，赶在午前通过电报局发给《南侨日报》社编辑部，再由那里的编辑人员译成中文电讯供翌日刊用。因当时在香港与新加坡之间不能直接发送中文电报，需由《南侨日报》驻港特派员来承担此项主要任务。这是一项需有坚实新闻专业和外语基础的高水平、高效率的工作，为我亲眼所见。每天下午和晚上，他除抽时间翻译一些国外名著外，还要为《华商报》副刊及《青年知识》《文艺生活》等期刊写稿，在当时香港的出版界可经常看到胡仲持或以"宜闲"笔名发表的文章。

我因日夜盼等新加坡寄来签证而焦急的情绪被二爹发现后，他宽慰我别着急，办签证需费时日，安心在香港住些日子，在香港也可抓机会学习。他给我联系了由名记者陆诒开设的新闻工作辅导学习班，利用晚上时间去听了几次课，需缴一篇写报告文学的习作，我就下功夫写了一篇关于国民党政府为扩大内战如何在我们家乡抓壮丁的报告文学。二爹看了我的这篇文章后，首先肯定文章写得还不错，内容有意义，文笔也较通畅，只是对有些情节的用词过于矫揉造作，影响客观效果。他还郑重其事地对我说："文章应力求平实感人。"这是他给予我的可受用一生的深刻教育。

在香港住了将近一个月，终于等来了签证。由二爹替我买了船票，亲自将我送上船，并托朋友的一位与我同船的亲戚代为照应。海轮不大，我们都挤在底层的统舱里，环境极差。经四五天的海浪剧烈颠簸，仍然呕吐不止，吃不下多少东西。船到新加坡后，只允许乘坐三等客舱以上的乘客上岸入境，把我们这些底层统舱客全拉到棋樟山类似集中营的地方隔离两天，据说是怕我们带传染病菌进入新加坡市区。在允许我们入境那一天，我办完入境手续后，就匆匆地找了一辆三轮车，按我手写的《南侨日报》地址，把我送到了报社。根本没有想到大爹那天竟会亲自到入境口去接我。他拿了一张我托他办签证用的半身照片对入境者逐个对照，没有发现我，直到他回到报社后才见到我，立即用汽车把我接到他在加东海滨的家。

进新南洋出版社工作

当时建在加东海滨沙滩上的一所被称为亚答屋的高脚木屋，是大爹的挚友、原籍浙江温州的新加坡爱国侨商陈岳书无偿借给胡愈之、沈兹九夫妇居住的，离陈岳书家仅数十步之遥。

陈岳书曾是上海的印刷厂工人，因参加"五卅"罢工运动被开除而出走南洋。在新加坡辛勤创业取得较大成就，成为当地上海、江浙籍的侨领，积极支持陈嘉庚的抗日救国活动。战后他重回新加坡，除恢复经营其原有的侨兴国货公司、上海书局和生活印书馆等企业外，还出资帮助胡愈之创办新南洋出版社，同时也是由胡愈之任社长、陈嘉庚任董事会主席的《南侨日报》重要董事。

沈兹九在上海抗日救亡活动时期曾先后任《妇女园地》(《申报》副刊)、《妇女生活》(生活书店出版)主编，为上海妇女文化界的风云人物。抗战初投奔新四军，"皖南事变"后在周恩来、邓颖超的安排下，于1941年6月到新加坡协助胡愈之工作，9月二人登报结成终身伴侣。在新加坡被日军侵占前夕，他们夫妇与众多抗日文化人到印尼苏门答腊流亡三年多。战后回到新加坡后，夫妇共同创办新南洋出版社，出版由胡愈之以"沙平"笔名任主编的《风下》周刊和由沈兹九任主编的《新妇女》月刊。在胡愈之就任新创办的《南侨日报》社社长后，让沈兹九接任新南洋出版社社长。当时胡愈之的原配夫人，被我们称为好妈的罗雅琴尚在上虞家乡。她因自己不能生育，早就同意其夫另娶，但又坚决不愿办离婚手续。我刚到新加坡，就为如何称呼沈兹九发愁，只好征求大爹意见。他略加思索后回答我："就叫她沈先生好了"。从此我和胡氏家族的兄弟姐妹们都同社会公众人士一样，称她为"沈先生"。

我先在加东海滨的大爹与沈先生家中住了约一星期。大爹交给我的第一项任务是：将他以沙平笔名发表的连载于《风下》周刊的长篇小说《少年航空兵》剪贴成集，从头到尾认真阅读一遍，遇有错漏字或不明白处，以铅笔划出，供他最终修订后交香港文化供应社出版。这是他一生中所创作的唯一的一部长篇小说，是一部在印尼流亡期间开始写作的，以给华侨少年讲故事的形式，以梦游憧憬中的新中国为主要内容的科幻小说。我读后深为其优美的文字和奇特的情节所感动。一星期后大爹带我到新南洋出版社参加工作，主要安排我负责承办邮购和期刊订户的业务，同时兼顾门市部营销书刊的收款工作。

新南洋出版社和《南侨日报》社同设在吉宁街（Cross Street）42号一幢老旧的三层小楼内，楼下居中的前半间为新南洋出版社的门市部，后半间为《南侨日报》的印报机和发行部，编辑部和排字房等都在楼上。新南洋出版社除自己出版发行《风下》周刊、《新妇女》月刊及若干书籍外，门市部还大量经销来自香港新民主主义出版社、文化供应社和上海生活书店、开明书店的进步书刊。橱窗内、展柜上陈列着《资本论》《列宁文选》、毛泽东著作和众多左翼作家的书籍，供顾客任意翻阅选购。这对我这个刚来自国民党统治下被严重白色恐怖笼罩的中国大陆的人来说，很自然地把这里视为民主自由开放的文化乐园。

由于新南洋出版社离加东海滨郊区较远，每天乘公交上下班很不方便。大爹通过陈岳书的关系替我在市区内生活印书馆的楼上找了一个住处。从离出版社不远的莱佛士广场乘电车往北两站即可到生活印书馆。这是一幢面积较大，面对纵向马路（可能是今Cholia Street）的破旧的二层楼。楼下是生活印书馆的厂房，楼上办了一所后觉公学。这是一所为纪念马华教育工作者、世界语先驱、因抗日而遇难的郭后觉烈士，由陈岳书出资兴办的以烈士命名的小学校。聘请了一位由胡愈之推荐的青年世界语工作者吕咪任该校校长，晚上还给成人办世界语辅导班。楼上居中的一大间为教室和学员活动场所。东侧是吕咪夫妇的宿舍，我住在西侧被木板分隔成多间的小房间内。生活印书馆经理的一位白天在英语学校学习的名叫朝生的儿子，晚上与我同住一室。还有一位郭后觉烈士遗孀吴瑞英的内侄女，在生活印书馆当女工的桂兰大姐，是我们的邻居。他们都很热情地关照我的生活，一再叮嘱我对这里热带湿热气候一定要坚持早晚两次冲凉，将整桶凉水从头顶往脚跟倒。我所住的房内，不仅没有电扇，而且灯光暗淡，夜间蚊子很多。冲凉后只好早些钻进蚊帐看书，但因甚费眼力，看书较易发困入睡。

每天早晨起床冲凉、洗漱后，到楼下门口印度人摆的小摊上，喝碗牛奶咖啡，吃两片椰浆面包，就去出版社上班。每日中、晚两餐伙食，均由《南侨日报》食堂承包，饭后我很少逛街。当时新加坡的市容很差，远不及上海、香港，街道两旁都是一些二三层的老旧楼房，几乎看不到一幢像样的新建筑，逛街引不起我的兴趣。与华人商店的服务员接触，在语言沟通上有困难，他们多会讲当地通用的闽南话、广府话、潮州话、海南话等多种方言，我听不懂他们所讲的,他们也听不懂我带有浓重乡音的普通话,所以我也不愿逛商店。晚上少有可供消遣的去处。有时天气特别闷热,也想到室外去透气纳凉,但往远处怕回来时迷路,在近处却找不到绿化环境较好的空间。住处离新加坡河不太远,然而河湾里停满了众多渔船,码头环境杂乱。我曾报名进邻近的一家英语补习夜校学习,因老师是位印度人,其发音与我在国内所学的有很大不同,连最普通的英语句子也听不懂,不到一个月就退学了。后来我就在后觉公学听吕咪利用晚间开讲的世界语学习辅导课,听完他不到半年每周两个晚上的讲座。由于我没有什么特殊的业余爱好,在新加坡两年的晚上时间,除上述少量听课活动外,基本上只剩下看书和睡觉两件事。

星期日我常去大爹家。他们请了一位很热情的广东阿婶帮助料理家务,被照料得很好。我去那里,不仅可在海边游泳,还可吃到由阿婶精心制作的美味可口的饭菜。休息日在大爹家经常有宾客来访,使我认识了不少大爹的朋友,如当时在新加坡的文化人张楚琨、汪金丁、张企程等。有时我也利用休假日与出版社和报社的青年朋友同去海边郊游,每次必有平时与我工作联系最密切的同事陈镇权同行。我还记得曾有两次参加由《南侨日报》社组织的职工集体参观游览活动。一次是参观怡和轩俱乐部,那里曾是陈嘉庚常与胡愈之晤面交谈的地方。另一次是跨越柔佛海峡去马来半岛的柔佛公园游览,这算是在我两年新加坡生活中最远的一次出境游。

我在新南洋出版社的办公桌正处在离大门口不远的中间位置,每天进出报社的职工都会见到我,他们都知道我是胡愈之的侄子,有的还知道我的名字叫霞飞。这是大爹替我办新加坡入境签证时所用的名字。我却叫不出众多报社职工的名字,迄今只记得当时已有些名气的编辑、记者的名字,如胡伟夫、彭赫生、朱奇单、吴柳斯等。每天来新南洋出版社门市部看书、购书的顾客不少,那些富有青春活力的青年学生对书籍的爱好很引起我的注意。我自己也尽量利用无顾客登门时的空隙时间,广泛阅读由我们经销出售的各类丰富的图书。多数属于一般翻阅,如韬奋著《萍踪忆语》、陈原著《世界经济地理讲座》等,有的则自己掏钱以优惠价购买后带回宿舍认真阅读,如范文澜著的《中国历史简编》等。

大爹在开始安排我担任邮购工作时曾这样教导我:"不要轻视这一工作,它可以为南洋各地的华侨青年及时输送精神食粮,帮助他们进步。与邮购读者保持通信联系,既可以交流思想,建立友谊,又有助于提高写作能力。"通过邮购工作实践,我与一些邮购读者广泛建立了书面联系,除帮助选购书刊和邮寄外,有时还在书信往返中相互交流思想。我的邮购工作的服务面遍及现今的东南亚各国。凡是《南侨日报》发行所及的地方,就有新南洋出版社的邮购读者,我与邮购读者的通信均用"胡畏"的笔名。与我邮购通信较频繁的读者,已成为从未见过面的朋友。《风下》周刊创办了《风下》青年自学辅导社,还发动了读好书运动。我为了练习写作,曾在《风下》周刊"一周一书"专栏发表过几篇以"飞"字署名的短文,如对黎乃涵著《辛亥革命与袁世凯》、孙起孟等著《学习国文的新路》等几本好书的书评。同时还在《南侨日报》的"读者园地"栏，发表以"胡畏"署名的推荐刘白羽报告文学集《为祖国而战》的长文。

经历殖民地白色恐怖

到南洋后我才开始对新加坡与马来西亚在战争前后的一段历史有所了解。早在 1941 年 2 月，胡愈之就已敏锐地预感到日军侵犯南洋的战火即将逼近，连续在《南洋商报》发表六篇"论保卫南洋"的社论，惜未引起殖民当局的重视。

1941 年 12 月，太平洋战争爆发后，当地率先成立了由郁达夫任团长、胡愈之任副团长的"星洲华侨文化界战时工作团"，开办了青年战工干部训练班。接着又成立了以陈嘉庚为主席、胡愈之为执行委员兼宣传部长的"新加坡华侨抗战动员总会"，短时间内组织了三千多人的抗日义勇军。仅经一个多月战争，马来半岛境内的城市就均已陷入敌手，据守新加坡要塞的数万英军竟不打一枪，全部缴械投降。陈嘉庚和胡愈之、郁达夫等文化人在新加坡陷落前夕，匆匆撤离，去印尼流亡。那些由华侨青年组成的抗日义勇军，则多潜入马来半岛的丛林中，坚持开展抗日游击战争，成为马来亚共产党领导的抗日武装的重要组成部分。战争结束后，英殖民当局重回新加坡、马来亚接收胜利果实，与马共谈判，要求他们放下手中武器，走出丛林，允许他们以公开合法身份参与社会政治活动。这就是为什么在我刚到新加坡时尚能看到当局所给予的"民主""自由"等种种表象。待时机成熟就立即撕下假面具。

1948 年 4 月，大爹去香港办事。6 月，英国殖民当局颁布《英属海峡殖民地紧急法令》，宣布马共为非法组织，对大爹组织创立的中国民主同盟马来亚支部也严格限制其活动。7 月伯母沈兹九离新赴港，与大爹会合后同去大陆解放区参加新政协筹备工作。原新南洋出版社经理陈仲达和编辑部主任张明伦等也均相继被驱离回国。《风下》《新妇女》被迫停刊，门市部经销的不少书刊被列为禁书，曾有侦探来出版社对购书人进行监视，使前来购书的顾客明显减少，由继任的出版社年轻经理林子文勉强支撑门面。亲人的离开和当地形势的剧变，曾一度使我感到孤独和彷徨。

1949 年春，大爹从解放区通过香港地下组织给我转来一张字条，要我伺适当时机自行设法经香港回国。这一万里来鸿使我从内心深处感到无限温暖，从此我就作回国的积极准备。我在新南洋出版社的每月工资仅 10 元叻币（当时新加坡的货币），扣除伙食费和日常零用，每月只能结余三四元。至 1949 年 9 月，当我累计积攒到 80 余元，已凑足可供回国川资时，就决定在我来新加坡已满两年之际离开这里。买到赴港船票后，我先到大桥南路侨兴国货公司向大爹好友陈岳书辞行，没有想到临别时他送我一个用作川资补助的 100 元叻币的大红包，竟比我两年工资所积攒的还多。接着我又到大桥南路向上海书局经理、陈岳书的女婿温平辞行，他邀请当时我的领导林子文作陪，在一家餐馆为我践行。这也是我首次在新加坡的餐馆用餐。

9月下旬我到香港后,仍住在坚道20号国际新闻社宿舍,当时二爷一家都已先回解放区了。我去《华商报》社找到了曾任新华社新加坡分社社长、时任中共南方局统战部部长的饶彰风,向他反映《南侨日报》的有些上层人士想早日回国的愿望,并请他找人替我安排回国行程。

第四章　侥幸进中国人民大学学习

新中国成立之日到北京

  大概是 9 月 26 日，我登上从香港开往天津的英商太古轮。10 月 1 日船到塘沽时天已黎明，沿着海河缓缓行驶，进入市区后只闻两岸到处锣鼓喧天，谁都搞不清这究竟是怎么回事。直到船靠岸后，从前来迎接我们的天津市政府交际处干部的口中才知道，当日是中华人民共和国宣告成立的大喜日子。我们被安排到市内一个招待所住下后，我怎么也按捺不住当时高度兴奋的激情，总想能当天赶往北京亲睹开国盛事。与同船回国的个别青年朋友共同商量后，决定不与负责接待我们的交际处打招呼，自行去天津火车站购买当天开往北京的车票。遗憾的是只买到了晚班车票，到站时已是晚 10 点多了，广场上空偶尔尚能看到一些零星的礼花。由于我不知道大爹的具体住址，只好先找前门外的一家小旅馆住下。

  第二天一早，我叫了一辆三轮车直奔《光明日报》社打听大爹的住址，得知他住在东总布胡同沈（钧儒）老家中。我赶到沈老家时，大爹刚起床不久，见到我的突然到来，脸上露出由衷的笑容。随即将他手中为沈老起草的一份简短发言稿交给我，要我马上用放大字体誊抄一遍，供沈老当天上午参加庆祝中华人民共和国成立座谈会发言用。那天晚上在中南海怀仁堂举行庆祝晚会，有梅兰芳的京剧演出，大爹自己去《光明日报》社上夜班，将他的票让给我，托沈老的秘书王健带我同去看剧。我们到得较晚，只能坐在后排。一会儿全场观众自发起立，热烈鼓掌，欢迎毛主席的到来。我踮起脚尖往前看，只能看到一个模糊的高大背影。那一晚，确实给我留下了终生难忘的印象。

  在我到京后的第三天，大爹向我了解南洋的情况，并问我："回国后打算干什么？"我说："最好能先进短期政治培训班学习一下革命理论和政策，然后参加革命工作，干什么都可以。"大爹认为我的要求合理，让我先写一份自传性材料给他看。我花了两三天时间写出一份自己所经历的简单历史材料，大爹和沈先生看后都比较满意。

插班华北大学俄文大队

大爹曾亲自带我去华北人民革命大学报名。该校已卓有成效地开办了多期政治培训班，为输送大批南下革命干部做出了很大贡献。但在我们前去报名时，却被告知该校即将停办，不再招收新学员。我着实为自己进不了人民革命大学而苦恼。所幸过了些日子后，大爹在一次会议上碰到当时任华北大学教务长的钱俊瑞，了解到当时华北大学正在开办俄语短期培训班，从海外归来的青年学员可优先照顾。大爹就请他给我开了个介绍信。第二天我拿了他的介绍信去位于铁狮子胡同4号原段祺瑞执政府的华北大学，顺利地成为该校俄文大队的插班生，给我发了一本俄语教材、一个笔记本、一只马扎（用麻绳编织的折叠小凳）、一副碗筷、一床棉被、一套棉军装，开始部队式的学习生活。

俄文大队开办俄语学习班已一个多月，我作为插班生被编入二班，在学习互助组的帮助下，很快克服学习困难，迎头赶上。同学们对我都很热情友好。担任我们班长的是一位我早就耳熟的来自马来西亚的华侨青年许征帆（乃妙）。他曾是大爹创办的《风下》青年自学辅导社的优秀学员，《南侨日报》和《风下》周刊均发表过他的文章，后来他到香港进著名民主人士创办的达德学院学习，与我堂弟胡序介是同班同学，回国后即入华北大学学习。所以我和他一见如故，很快成为同学挚友，没多久他就介绍我参加了新民主主义青年团。

刚进华北大学时遇到的最大生活关是主食，粗糙的高粱米饭和坚硬的玉米面窝窝头，开始时使我这个吃惯大米饭的南方人实在感到难以下咽，遇到每周有一二顿以白面馒头改善伙食时就狼吞虎咽。对白菜、萝卜等副食我倒能完全适应，不计什么口味。每逢星期日我都要去沈老家看大爹，当然，也可以顺便改善一下伙食。在那里经常可以见到沈老女婿范长江一家子。中午我们与沈老全家同在一张长条桌上用餐。只我一人身着一套臃肿、肥大、脏了也无法换洗的草绿色棉军服，尽管大家并无丝毫嫌弃我之意，自己却总觉得有些不自在。好在大爹和沈先生不久就搬到大牌坊胡同24号的一幢二层小楼去住，那里离新成立的国家出版总署较近，署长胡愈之和沈先生被安排住进小楼上层，副署长周建人一家则住在小楼下层，各有门户出入，互不干扰。从此我去大爹那里就再无拘束之感。

我在华北大学俄文大队学习不满三个月，快要结业前才获知我们的俄语学习是为筹建中国人民大学作准备的。因为中国人民大学将聘请多位苏联专家前来授课，需要事先培养一批懂俄语的青年学员，以便届时能进行必要的交流。

转入中国人民大学本科

作为中国人民大学前身的华北大学，是一所战时在解放区创办的具有光荣革命历史传统的高等学府,是由最早的陕北公学演变而来的。1948年经党中央决定,将原华北联合大学和北方大学合并成立为由吴玉章任校长,范文澜、成仿吾任副校长的华北大学,为迎接全国解放战争的胜利培养了大批干部。新中国成立后,中央又决定在华北大学的基础上,筹办全国首家新型高等学府中国人民大学。

1950年初,在华北大学的大操场上,隆重地召开了有千余人参加的庆祝中国人民大学成立大会。由吴玉章校长亲自主持,有朱德、刘少奇等多位中央领导人莅会,坐在正中主席台。广场上紧凑有序地坐满了众多学员和教职工。我班同学所坐的位置离主席台较近,将中央领导人的身影和风貌看得真真切切。在会上做主题报告的是刘少奇,主要讲为什么新中国刚成立,中央就决定要创办中国人民大学这所新型大学。当前我们所面临的建设新中国的任务极为艰巨,需要为建设新中国培养大批优秀人才。至于如何将中国人民大学办成不同于国内现有大学的新型大学,主要突出了两点:一为重视学习苏联建设的先进经验,二为在培养青年知识分子学员的同时,也培养有工作经验的工农干部。报告正进入关键阶段时,突然上来一位身穿黑色旗袍的女同志,走到少奇同志的身边耳语了几句。他就匆匆地结束了报告,与她一起离去。会后我们才知道,那位漂亮的女同志就是少奇同志的夫人兼机要秘书王光美。当时毛主席尚在苏联,由少奇同志代为主持国家大事,可能因遇到什么特别紧急的事情,急着等他回去处理。

中国人民大学最初的专业设置偏重于培养有关计划、统计、贸易、金融、工业经济等各方面的经济管理人才,有些专业还分为长期培养的本科和短期培训的专科。我们这些从华北大学俄文大队转来的学员,在自愿报名和统一分配相结合的基础上,被编入各有关专业的本科学习,我被分配到计划系国民经济计划原理本科学习。作为一个只有两年半中学学历的我,竟侥幸地进入了新型大学本科学习,其内心的欣喜之情真是难以言喻。班上的同学也有未经俄文大队学习直接进入的,我还记得当时有刘少奇的女儿刘爱琴、张澜的女儿张淑延、夏衍的女儿沈宁,以及蒙古族的同学农合和巴音蒙和等。

在苏联专家尚未成批到来之前,给我们授课的主要还是靠原华北大学的老师。我们曾听了由众多名师开讲的大课,如宋涛的"政治经济学"、萧前的"辩证唯物主义与历史唯物主义"、尚钺的"中国通史"、胡华的"新民主主义革命史"、孙敬之的"中国经济地理"等。此外,校领导还邀请一些文化界的名人,如胡乔木、艾思奇、周扬、曹禺等来学校广场做学术报告。

调经济地理教研室任教

抗美援朝战争爆发后,全校青年学员均以高昂的爱国激情共同表态:为了抗美援朝,保家卫国,愿在任何时候听从国家的调遣。没有想到,在1951年年初,我和杨树珍、郭振淮等五位计划系的本科生竟被调到系内的经济地理教研室当教员。尽管在我的内心深处是多么不愿意离开大学本科学习岗位，但在当时的大环境下，只能坚决服从组织的调遣。直到改革开放后，校方才给我们补发了一张毕业证书，算是我们已在建校初提前毕业。

人民大学经济地理教研室是全国最早设立的经济地理专业教学研究机构。创设之初只有五位来自华北大学的地理老师。教研室主任孙敬之（1909~1983），河北深泽人，北京师范大学史地系毕业。抗战时参加革命，1940年进华北联合大学创办史地系，培养地理教学人才。中国人民大学成立后主讲"中国经济地理"课程，主持编写新中国首部《中国经济地理讲义》。副主任仇为之（1917~2001），山西曲沃人，1942年西北大学经济系毕业，1946年进晋冀鲁豫解放区北方大学任教，1948年后转入华北大学、人民大学，协助孙敬之共同开创中国经济地理教学工作。由华北大学转来的另三位青年教师，除祝卓毕业于北京师范大学外，王经、张之均为原华北大学史地系学员。按苏联顾问提出的建议，人民大学创办的与计划、统计、财贸、经济有关的各专业均需要开设"中国经济地理"课程，这就使经济地理师资紧缺成为突出矛盾。将我们这几个只有一年大学学历的本科生调到经济地理教研室当教员，是为解当时燃眉之急所采取的一项特殊措施。

人民大学在建校之初，教员都还没有职称，只分为主讲教员和辅导教员两大类。当时在教研室内能开大课主讲"中国经济地理"课程的只有孙敬之、仇为之和祝卓三人。我们都是辅导教员，相当于助教职称，负责将听大课的学员分成小班组织课堂讨论，进行复习辅导。我只给大课主讲祝卓当了一学期辅导教员，那时我对经济地理学还是一个门外汉。为了不使自己出洋相，只好认真钻研"中国经济地理大课"的讲义，多看一些有关的参考资料，尽量使同学们能对课堂讨论产生兴趣。更没有想到的是，第二个学期教研室领导竟决定让我也担任大课主讲教员，简直是把我"赶鸭子上架了"。我只好硬着头皮边学边教，结合备课不断充实自己在地理和经济方面的基础知识，大量参阅有关自然地理、区域地理、农业、水利、工业、交通运输和城市方面的著作，密切关注有关全国各地经济建设的新闻报道，以丰富讲课的内容。

1952年，苏联经济地理专家巴达绍夫应邀来人民大学经济地理教研室讲学，为配合苏联专家讲学，培养经济地理专业人才，学校先后招收了两批学员成立研究生班，第一批有刘再兴、周起业、方文等，第二批有梁仁彩、石庆武等。苏联专家给两届研究生系统讲授了"经济地理学理论"及"世界和苏联经济地理"。详细论述和介绍了苏联经济地理学中的两大学派：以巴朗斯基为代表的区域学派和以费根为代表的部门学派的不同的理论体系结构。我们这些青年教师也与研究生一起听讲，感到收获很大。通过两年多的由被动到主动的边教边学到边学边教，终于使自己开始进入经济地理专业的大门，并对其产生了浓厚的兴趣和感情。

我不仅尽最大心力做好自己的教学工作，而且还热心于为大家服务，任教研室工会小组长这一社会工作，使我成为计划系党支部的重点培养对象。1952年夏，我由王经、张之两位青年党员介绍，写了入党申请书。他们考虑我的家庭出身问题，要我在申请书中着重检查自己在父亲被判为历史反革命时立场有否动摇，我就如实地写下了以下这么一段经历：

在父亲将被判刑时，母亲曾给我来信，请大爹托黄源写个关于胡师柳曾在抗战时期帮他做过一些工作的证明。我就把母亲的信给大爹去看。他阅后说："你父亲在狱中肯定会谈到他和黄源的关系，法院会直接向黄源去了解的，我不便参与此事。"尽管在这一过程中自己对此没有作任何表态，但在内心深处还是希望大爹能让黄源开个可减轻我父亲罪行的证明，这说明那时我的阶级立场还不够坚定。

党支部在讨论我的入党申请时，对我的上述思想汇报持肯定态度，认为这是我有政治觉悟的表现，支部大会一致讨论通过，同意吸收我入党。然而在上报校党委审批时，却未被党委书记批准。他认为从我所交待的思想汇报可看出，家庭出身对我的阶级立场还是有相当影响，有必要再考验我一段时间。自我回国后一直把争取早日成为光荣的中国共产党党员，作为自己最大的追求目标。这次支部讨论通过而未被党委批准，使我受到很大挫折。我曾经产生过这样的想法：如果我当初不交待母亲来信的问题，不就平安无事地入了党吗？但转而又认为自己这样做是对的，是出于对党的忠诚，于心无愧。党支部帮助我，要我经得起这次考验，我也向党表示，愿意接受组织上对我的长期考验。

以孙敬之为领导的人民大学经济地理教研室，自1953年苏联专家撤离回国后，继续自办了三届研究生班，为新中国培养和输送了大批经济地理专业人才。1953年，孙敬之亲自率领我和方文、梁仁彩去中国科学院参加《中华地理志》经济地理的编写。1954年，孙敬之慨然答应其老战友、北京大学党委书记兼副校长江隆基和新任北大地理系主任侯仁之的请求，允许其亲密副手仇为之率领青年教师胡兆量和新毕业研究生杨吾扬、魏心镇等精兵强将前往北大创建经济地理教研室。历届研究生班毕业的学员被分配到全国各地的高等院校后，多数成为各校经济地理教学的领导或业务骨干。孙敬之作为新中国经济地理学的重要开拓者，人大经济地理教研室作为培育新中国经济地理专业人才的重要孵化器，均功不可没。

第五章　编写中华地理志经济地理

中华地理志编辑部

1952年7月，苏联科学院地理研究所副所长沙伊奇科夫访华，带来该院院长斯米扬诺夫致中国科学院郭沫若院长的信函，提请考虑关于苏联与中国科学院可否合作编撰中华人民共和国地理志的问题。院领导对此十分重视，经院长会议讨论后，同意中苏合编《中华地理志》，由竺可桢副院长具体负责此事。竺老召开有众多院内外地理学家参加的座谈会，拟订中苏合编《中华地理志》的具体编辑方针，以及分为自然地理和经济地理两大部分的编写大纲，由院长会议讨论通过，并经上报政务院批准。后因一直未见苏联合作方的回复，考虑此事亦属国家需要，就决定自行组织力量编写，明确由竺可桢副院长任《中华地理志》总编辑。

从1953年开始，抽调各方面的专业力量组成《中华地理志》的调查和编写队伍。

自然地理方面的专业力量较强。地貌：地理所的施雅风、陈述彭、沈玉昌，北师大的周廷儒；气候：地球物理所的张宝堃；水文：地理所的罗开富、郭敬辉；土壤：土壤所的马溶之和文振旺；植物地理：植物所的侯学煜和北大的陈昌笃；动物地理：动物所的郑作新。以上都是我国当时自然地理学和生物学界的名家。地理所派出相应的青年研究人员王明业、丘宝剑、李涛、汪安球、张荣祖等配合他们工作。

经济地理方面的专业力量相对较弱。由中国人民大学的孙敬之教授作为中国科学院的聘任研究员，负责《中华地理志》经济地理部分的调查和编写工作。从地理所抽调邓静中、孙盘寿、曹婉如、李文彦、李慕贞，从中国人民大学借调胡序威、方文、梁仁彩，共同组成最初的9人编写组。除孙敬之外，绝大部分是年仅二三十岁的青年地理工作者。我们在开始时集中办公的地点，就在离原人民大学经济地理教研室不远的船板胡同的一个小四合院内。我们曾参加过几次竺老在东城干面胡同召开的有关《中华地理志》编辑工作的会议，有幸见到过众多地学名家。

1953年年末，在北京市按规划拨给中国科学院建设的中关村园区的北端，一幢近代物理所大楼和一幢被称为"四所"的长列式二层楼房相继建成。1954年年初，中国科学院中华地理志编辑部在中关村正式挂牌成立，我们都搬进中关村"四所"楼内工作。所谓"四所"即地理、经济、遗传、动物四个研究单位。当时属社会科学的经济研究所也归中国科学院管辖。后来成为我国著名经济学家的吴敬琏、刘国光、孙尚清等人都曾与我们同在一个楼内办公。应该说，我们和近代物理所（又称原子能所）的职工，同为最早进驻中关村的第一批科研人员，那时中关村的大部分地区还是一片广阔的田野。

编写区域经济地理

孙敬之领导的中华地理志经济地理组，在成立之初就强调这是一项在国内无前人经验可借鉴参考的开拓性科研工作，要大家充分发挥集体智慧，边干边学，通过实践总结，不断提高编写水平。在组织大家认真学习苏联经济地理学家巴朗斯基有关区域经济地理的理论和方法以后，一致认为编写中华地理志经济地理也应将重点放在区域经济地理。为了能更好地反映我国各地区的经济发展及其空间分布的客观规律，必须深入到全国各地区做实地调查研究，取得翔实的地理资料，进行科学、系统的区域分析和地理描述，才能较好地保证区域经济地理的编写质量。为了取得经验，决定先选择冀南地区作为开展区域经济地理调查和编写的试点。

1953年秋，孙敬之带领经济地理编写组全体同志到冀南地区（含石家庄、邢台、邯郸等专区）进行为期三个月的经济地理调查。深入到城市、农村、工厂、矿区、棉区、山区……访问干部和群众，取得大量第一手的经济地理资料。回京后，就如何总结和编写《冀南地区经济地理》调查报告问题，从拟定统一编写提纲，各人分工编写初稿，到最终修改定稿，均让大家敞开讨论，充分发扬学术民主。我以初生牛犊不怕虎的锐气，敢于对别人所写初稿提出修改加工意见，引起孙敬之的重视。邓静中对调查报告的统稿作出较大贡献。在1954年年初完成调查报告初稿后，向竺副院长进行全面汇报，得到他的充分肯定。在数万字调查报告的基础上浓缩而成的论文："冀南地区经济地理"发表于《地理学报》1954年第2期，成为新中国成立以来首篇发表的区域经济地理的范本。对于该文在主持人孙敬之以下众多作者的署名顺序问题，采纳了我的建议，按各人起草初稿的主要章节顺序排列，邓静中负责自然条件和农业，位居前列，我负责交通运输和个别城市甘居末位。我和方文、梁仁彩三人的工作关系也在1954年由人民大学借调转为中国科学院地理研究所的正式职工，给我们助理研究员的职称。

在孙敬之的主持下，通过集体讨论，一致同意将全国划分为华北（京、津、冀、晋、豫、鲁）、东北（辽、吉、黑）、华东（沪、苏、浙、皖）、华中（鄂、湘、赣）、华南（粤、桂、闽）、西南（川、滇、黔）、西北（陕、甘、青、宁）和内蒙古、新疆、西藏十大经济地理区，按十大区进行调查和编写。1954年先集中全组力量调查内蒙古、山西和河北，然后分组调查河南和山东。建国初保密制度很严，向各级地方政府收集内部经济资料很不容易，好在我们有中国科学院开具的介绍信,而且编写《中华地理志》是经政务院批准立项的,所以我们到各地调查时,基本上都能得到各级地方政府的大力支持。我们到呼和浩特调查时,正逢刚与原绥远省合并后扩大的内蒙古自治区成立七周年,举行盛大的由乌兰夫主席亲自检阅的群众游行庆祝活动,孙敬之被邀请登上主席台,我们也都上了观礼台。通过对各地长时间、大面积的广泛调查访问和实地考察,极大地丰富了我们的经济地理知识,对我们的专业成长帮助很大。

1955年,编写组全力投入内蒙古自治区和华北地区经济地理书稿的编写工作。孙敬之指定我协助邓静中共同负责对这两个地区各人所写初稿进行统一修改定稿,最终交他审阅。在1955年基本完成的两本书稿的署名方式定为:孙敬之主编,在多位编写者名单中将邓静中和我放在前列。《内蒙古自治区经济地理》于1956年,《华北经济地理》于1957年,均由科学出版社公开出版发行。1958年,苏联翻译出版了《华北经济地理》一书的俄译本。

自1955年以来,编写组的成员有较大变动,曹婉如、邓静中相继调离编写组,新增了曾任徐特立秘书的李松生,人民大学研究生班毕业的申维丞和黄勉,厦门大学历史系毕业的宋力夫和开封师范学院地理系派来与我们一起工作学习的讲师李润田等人。1956年开始兵分三路,同时进行区域经济地理的调查和编写。孙盘寿、李文彦、李慕贞负责华中地区,我和李松生、方文、李润田等负责华东地区,梁仁彩、黄勉、申维丞负责华南地区。1957年均先后完成以上三个地区经济地理的书稿,并相继于1958、1959年由科学出版社出版。

去沈阳学习和结婚

组织上根据我几年来的工作表现,决定对我进行重点培养。1957年4月,党支部讨论通过吸收我入党,很快得到上级党委的批准,使我实现了多年来梦寐以求的愿望。接着,地理所领导又决定派我出国去苏联留学,攻读经济地理或交通运输地理专业的副博士研究生,使我喜出望外。5月,我去沈阳中国科学院干部学校学习,接受出国前的俄语培训。学员均为来自科学院各研究所的助理研究员和研究实习员。有一位来自苏联的女教师,重点教我们如何进行俄语的日常会话。

学校离沈阳北陵公园较近,学习环境不错。正好那时我的亲叔胡霍(学恕)在沈阳制药总厂任车间主任,全家都住在企业职工宿舍里。我的堂兄胡大成,在抗美援朝时参军被调到沈阳军区后勤部门从事宣传教育工作。所以我利用星期日常去找他们相聚,谈心叙旧,并不感到身居他乡的寂寞。当时我考虑最多的是,自己已近而立之年,出国留学至少需要三年,能否在出国前完成婚姻大事。然因爱人小我7岁,尚在天津师范大学求学,使我心中仍有所犹豫。亲戚们都劝我早下决心,争取婚后出国。

我的爱人黄亦春是胡大成的亲表妹,胡大成的父亲胡伯恩是胡愈之的堂弟,被我称为三伯，其妻黄亚素是黄亦春父亲黄清野的亲姐。上世纪 30 年代，黄清野在其兄黄树滋任校长的白马湖春晖中学任教多年，与住在白马湖平屋的文化界名人夏丏尊的亲侄女夏觉夫相识成亲。黄亦春的母亲夏觉夫从小由夏丏尊养大，与夏丏尊的女儿，后来成为叶圣陶大儿媳的夏满子，胜似亲姐妹。通过我和黄亦春的关系，使胡、黄、夏、叶四大家族联成紧密的亲戚关系网。

我和黄亦春开始相识于 1952 年，那时她刚从徐州转来北京市女十一中念高中。她父亲早在 1951 年年底由叶圣陶介绍进人民教育出版社工作。星期日，我常去东城南小街小油坊胡同看望时任中国青年出版社编辑的三伯胡伯恩夫妇，黄亦春也常去看望她的姑妈和姑父。那时她才 17 岁，我只把她看成小妹妹。经过两年的接触交往，彼此开始产生恋情。她母亲对我们二人的关系起了重要促进作用。最初他们家住在东四八条，离叶圣陶家很近，我常去看他们。她母亲和满子阿姨都说在我小时候曾抱过我，很喜欢我。那是在 1932 年，我父亲在白马湖主编《上虞声》三日刊时，常带我到平屋夏家去玩。1956 年春，亦春母亲被确诊患胃癌。不久，他们的家搬到景山东街人民教育出版社的宿舍区。为了探病，我去他们家就更勤了。年底她母亲病危时，亦春特从学校请假回家在她身边护理。她要我们二人在她面前正式明确关系。我们当然满足她的需求，二人手牵着手，向她行三鞠躬礼，算是履行了订婚手续，使她憔悴不堪的脸上露出了一丝微笑。1957 年春，她病逝后，由我出面负责操办她的丧葬事项。

经亲友们的开导，使我消除了婚后过早生育的顾虑后，就决定向组织上正式提出结婚申请。学校领导同意专为我们结婚临时腾出一个房间。亦春携带叶圣陶大儿媳满子姨妈和夏丏尊大儿媳秋云舅妈共同购赠的全套供结婚的床上用品来到沈阳，由班上几位热心的同学共同策划筹办，终于在 1957 年的 8 月 24 日，为我们举行了简单而隆重的婚礼。

在沈阳学习期间，全国掀起了反右斗争的高潮。我们这些学员，来自各地不同的研究单位，对各人的历史和政治思想状况互不了解，难以开展彼此间揭发和批判的政治运动。学校当局只能要求大家对有关重要文件进行认真学习和讨论。

10 月，沈阳学习结业后回到北京。不久接到院人事部门的通知，取消我出国去苏联留学的资格，没有告知被取消的具体原因。我在校学习的成绩优异，政治上也没有出任何问题，唯一的可能是我的学历太浅。全班同学都是大学本科毕业生，仅我一人只有大学一年学历。在整风运动中，有不少人批评我们的党在选拔人才问题上过于"重政治、轻业务"，可能这对业务主管部门产生一定影响。我本想通过这次出国学习可为自己的浅学历镀上一层金，没有想到最终还是使我的希望落空，这对我的打击不小。使我唯一得到安慰的是，通过这次去沈阳学习，提前完成了婚姻大事。

编写的合作与友谊

回京后，我重新投入区域经济地理的编写工作。为了加快编写的进度，广泛开展了所内外的合作，并充分利用了黑龙江流域、甘青地区、新疆维吾尔自治区等区域自然资源综合考察的研究成果。自 1958 年以来，相继完成了由孙盘寿、李文彦、李慕贞合作编写的《华中地区经济地理》，由梁仁彩、黄勉、申维丞合作编写的《华南地区经济地理》，由胡序威、李松生、熊忠英、李润田、方文合作编写的《华东地区经济地理》，由吴传钧、李振泉、梁仁彩、李慕贞等合作编写的《东北地区经济地理》，由孙盘寿、孙承烈、申维丞、黄勉等合作编写的《西南地区经济地理》，由胡序威、刘再兴、李文彦、任金城、徐培秀、赵令勋等合作编写的《西北地区经济地理》，由周立三、佘之祥、蔡清泉、沈道齐合作编写的《新疆维吾尔自治区经济地理》，均陆续在 1959～1963 年期间由科学出版社出版。全国十大经济地理区，只暂缺西藏自治区。

以上这套中华地理志区域经济地理丛书，从现代的观点看，学术水平不高，存在问题不少。但毕竟这是我国第一套从无到有的区域经济地理丛书，其有开拓性的历史价值不容低估。应该说这是一项自新中国成立以来由所内外广大经济地理工作者共同合作完成的重要成果。

我在参与区域经济地理调查和编写的过程中，自始至终都感受到同志间的亲密合作和友谊。在编写组内，邓静中、孙盘寿、李文彦、梁仁彩等同志对我业务上帮助较大，相互切磋交流，无任何保留，使我受益匪浅。尤其是邓静中，学识渊博，治学严谨，既深思熟虑，又颇多创意，使我很受启发。孙敬之的夫人李慕贞，来自徐特立老人身边的李松生和来自人民大学的方文，都是解放战争时期入党的老党员，他们对我政治上的关怀和业务上的支持，使我深感组织的温暖。全组同志都一心一意共同搞好调查和编写，是一个很好的合作团队。

在与我合作调查编写的众多同事中，只有一位后来从南京大学地理系毕业分配来的女同志，曾一度使我产生过不愉快，主要是为了《西北地区经济地理》一书的稿费分配问题。《西北地区经济地理》是多方协作的产物，由中国人民大学经济地理教研室的刘再兴负责甘肃，由北京师范大学地理系的任金城负责宁夏，由当时已调往中科院资源综合考察委员会的李文彦负责青海，由我负责陕西并兼顾西北全书的统稿定稿工作。1958 年我带了她这个助手，共同参加陕西省的经济地理调查。回所后让她先起草约占陕西全省近 2/3 篇幅的初稿。因她尚属新手，缺乏经验，水平受限，我对她的初稿进行了大量的修改和加工。至于我对西北全书的统稿，宁夏部分加工量稍大，甘肃、青海部分加工量相对较小。《西北地区经济地理》一书出版后，只有几百元稿费，我采取简单化的办法，按四省区不同字数的比例分配，陕西省部分我与她对半分。不料她对我提出意见，认为我负责全书的修改统稿，应从其他省区文稿中提取加工费，不应该在陕西省篇幅内与她平分。这使我难以给她作出正面的回答。

曾与我一起参加调查和编写的，还必须提到一位来自河南开封师范学院地理系的李润田。学校为了培养他，特派他来中科院中华地理志编辑部参加区域经济地理的调查和编写的实践。1956～1957 年，他参加华东地区经济地理的调查和编写，与我朝夕相处，成为彼此心仪的亲密战友。他比我大 3 岁，结婚较早，已育有两个子女，夫人身体不好，无工作，家庭负担较重。《华东地区经济地理》一书出版后，我除了给他应得部分稿费外，还从我的稿费中多寄给他 30 元。对此他一直感激不尽。1958 年，在他完成西南地区经济地理调查后，即返回开封师范学院，担任地理系副主任。改革开放后，曾历任河南师范大学副校长和河南大学校长，成为我国地理学界继竺可桢之后的第二位大学校长。他廉洁奉公，一身正气，埋头实干，废寝忘食，深入基层，关心群众，为提高教学质量和改善学校环境费心尽力，给老师们新盖了不少宿舍楼，自己却一直守住在拥挤简陋的老楼，校园内口碑之高众所共知。他与我一直保持着密切的联系，至今逢年过节都要互通电话问候。我为有他这么一位终生相交的挚友而感到荣幸。

第六章 探索为区域经济建设服务

地理研究所经济地理室

中国科学院地理研究所的前身,是1940年成立于重庆的中国地理研究所,1947年迁至南京,规模仅数十人,还包括大地测量专业。南京解放时,坚持留守在地理所的仅周立三、施雅风、吴传钧、高泳源等9人。新中国成立后,在竺可桢的主持策划下,将南京中国地理研究所筹建为中国科学院地理研究所,1953年年初经政务院批准成立。当时由周立三任代所长,所址仍在南京,下设两个学科组:地理组(组长周立三)和大地测量组(组长方俊)。1954年,黄秉维调来地理所任代所长。1955年学科组调整为:自然地理组(黄秉维、罗开富为正副组长),经济地理组(周立三、吴传钧为正副组长),地图组(方俊、陈述彭为正副组长)。1958年,中国科学院地理研究所一分为三:主体部分迁北京,由黄秉维任所长;大地测量部分迁往武汉,成立中国科学院武汉测绘制图研究所,由方俊任所长;南京当地仍保留一部分研究力量,成立中国科学院南京地理研究所,由周立三任所长。

中国科学院地理研究所迁北京后,合并了中华地理志编辑部的研究力量,全所进驻中关村新建成的生物大楼。在所内创建了自然地理、经济地理、地貌、气候、水文、地图6个研究室。全所人员规模迅速扩至百余人。

经济地理研究室的首位主任吴传钧(1918~2009),江苏苏州人,1940年南京中央大学地理系毕业,1943年获硕士学位,1945年赴英国利物浦大学研究生院留学,1948年获博士学位后回国,受聘于中国地理研究所。自中科院地理所迁京后,曾长期任经济地理研究室主任。1979年开始任地理所副所长,1984年当选国际地理联合会副主席,1991年当选中国地理学会理事长和中国科学院院士。他是新中国经济地理与人文地理学科发展的重要引路人。他和孙敬之都是对我一生从事经济地理科研业务产生过重大影响的老师。

经济地理室的科研人员,除来自原地理所和人民大学外,还不断从若干重点大学地理系新培养的经济地理专业本科毕业生中得到补充。输送最早也最多的是南京大学,其次是北京大学和中山大学。在研究室初建时科研人员仅20余人,至1965年已增至约50人。为加强党对研究室的领导,早自1961年从解放军转业调来团级老干部张之英,任经济地理室副主任兼党支部书记。

遵循院、所提出的"任务带学科"和"科研为生产建设服务"的方针，经济地理室自成立以来，一直强调要为我国各地经济建设服务。因建室之初正遇"大跃进"高潮期，全室主要按任务分组，由吴传钧、李文彦负责区域资源综合考察研究，由邓静中、程鸿负责农业区划和人民公社规划研究，由胡序威、梁仁彩负责区域规划研究。"大跃进"遇挫，各种规划喊停后，开始恢复按学科分组：综合经济地理组（含人口与居民点地理），孙承烈、孙盘寿任正副组长；工业地理组，吴传钧兼组长，胡序威任副组长；农业地理组，邓静中、程鸿任正副组长。此外还有历史地理组（黄盛璋任副组长）和世界地理组（李慕贞、徐成龙先后任副组长），后改由所直接领导。当时李文彦已调院自然资源综合考察委员会综合经济室任职。1964年，张之英、孙承烈、程鸿等调往西南支援成都新建地理研究机构后，吴传钧不再兼工业地理组组长，由胡序威、梁仁彩任工业与运输地理组正副组长，邓静中、方文任农业地理组正副组长，孙盘寿、申维丞任人口与居民点地理组正副组长。随之，邓静中和我被相继聘任为经济地理室副主任，我还兼任经济地理室党支部书记，成为协助吴传钧领导经济地理室的副手。

室主任吴传钧不仅口才好、文笔好、外语水平和学术水平高，而且有较强的科研组织能力。他曾向经济地理室全体成员提出著名的"三三制"和"三基学习"的科学管理要求。"三三制"即 1/3 时间搞科研，1/3 时间做总结，1/3 时间抓学习。"三基学习"即指与科研有关的基本理论、基本知识和基本方法学习。这对促进经济地理学科的发展，不断提高其科研水平，曾发挥重要作用。

初探区域规划研究实践

在我国经济建设进入第一个五年计划高潮后，有众多重大工业建设项目亟需尽快进行规划选址定点，有必要积极开展联合选厂及包含新工业区和新工业城市的区域规划。1956年5月，国务院作出《关于加强新工业区和新工业城市建设工作几个决定》，其中指出："区域规划就是在将要开辟成为新工业区和将要建设新工业城市的地区，根据当地的自然条件、经济条件和国民经济的长远发展计划，对工业、动力、交通运输、邮电设施、水利、农业、林业、居民点、建筑基地和各项工程设施，进行全面规划；使一定区域内国民经济的各个组成部分之间和各个工业企业之间有良好的协作配合，居民点的布置更加合理，各项工程的建设更有秩序，以保证新工业区和新工业城市建设的顺利发展。"

为开展区域规划，国家建委曾在 1956 年设立区域规划局，并参照苏联经验颁布了《区域规划编制和审批暂行办法（草案）》。但不久又改为在城市建设局之下设区域规划处主管其事。因初期的区域规划主要结合联合选厂及新工业区和新工业城市规划进行，规划地域范围较小，建设部门所依靠的主要研究力量，多限于建筑科学和工程科学领域。1958年开始"大跃进"后，新建的中小企业大量增加，区域规划工作随之向较大地域范围展开，引起国内经济地理学界的关注和重视，开始加大对区域规划研究的投入。

早在参加《中华地理志》区域经济地理调查编写之初，我就认为经济地理科学的发展，不能只停留在对区域经济地理现状的分析和描述，还应对区域经济地理面貌的未来变化进行科学的预测和规划。当我了解到区域规划的基本内容要求后，就开始对区域规划情有独钟，认定区域规划将是经济地理学最能发挥作用的研究领域之一。

在基本完成中华地理志区域经济地理编写任务后，我和梁仁彩、申维丞、张务栋等于1959年初夏，开始去四川参加由建筑科学院区域规划研究室主任吴洛山领导的区域规划调研工作。当时开展工作的主要参考文献：一为1958年出版的由建筑科学院区域规划研究室吴洛山、林润青等集体编写的小册子《区域规划编制方法初步研究》，二为由城市建设局区域规划处编印的内部参考文件《区域规划文集》第一集。

要在四川全省开展区域规划，首先遇到的问题是，如何将全省划分出若干个既有密切经济联系又各具经济特色的经济区，然后再分区进行规划。吴洛山就先把这一分区任务交给我们。经我们在省会城市成都向省政府各部门调查，搜集大量有关经济资料进行系统分析，草拟成《四川省内经济区划初步方案》，获得吴洛山的高度赞赏。

随后，我们与建科院的同志联合一起分成两组参加区域规划的调查研究。胡序威、申维丞参加重庆地区，梁仁彩、张务栋参加泸州—宜宾地区。素有全国火炉之称的重庆，在那年盛夏特别炎热，气温多在39℃以上，白天晚上全身不断出汗，电风扇根本不管用，需不断饮用加盐的凉开水以补充体内水分。机关只在上午办公，严重影响工作效率，最终只能勉强完成一份重庆地区区域规划的草案交账。与我们共同参与重庆地区规划调研的多来自清华和同济大学建筑系的青年科技人员，给我的印象他们都很精明能干。现在尚能记得名字的只有两位。一位是重庆地区规划的领队吴贻康，有较强的组织领导能力，还擅长绘制各种规划草图。听说后来他不再从事建筑和规划方面的工作，改革开放后曾担任过科技部国际合作司司长。另一位是名叫单兰玉的女同志，后来曾担任过青岛市规划局局长，有一次我去青岛开会曾见到过她。

1959年12月，建筑工程部城市建设局在辽宁朝阳市召开全国性的区域规划经验交流会，地理界也有几家单位应邀参加这一会议。除由我代表中科院地理所出席外，记得还有北大魏心镇、南大崔功豪、人大张志刚等参加。我们不仅同建设部门、建筑与工程学科的专业人员一起参加分组交流活动，我还代表地理界向大会作了关于在区域规划中如何发挥经济地理学科作用的发言。发言稿曾被收入由当时主持会议的区域规划处处长张器先在1960年编辑付印的内部文件《区域规划文集（第二集）》。1960年年初，中国地理学会在长春召开全国经济地理学术研讨会，我与梁仁彩、申维丞等合作撰写提交会议的论文《区域规划与省内经济区划》，刊载于 1962 年科学出版社出版的《1960 年全国地理学术会议论文选集（经济地理）》。

1960 年春夏之交，我应辽宁师范学院地理系的邀请，协助齐绍崑、梁喜新带队开展辽宁丹东地区的区域规划研究，梁仁彩、沈文雄则与南京大学地理系的宋家泰、崔功豪等合作，参加由城市建设局区域规划处领导的江苏徐州地区的区域规划研究。当年因"大跃进"受挫，国民经济严重困难已开始显现，各地开展的区域规划均相继戛然叫停。从此，建设部门和建筑科学有较长时期退出区域规划研究领域，而地理学界却一直对区域规划研究维持藕断丝连的感情。

1961 年中国地理学会在上海召开由竺可桢致开幕词的经济地理学术讨论会，我在会上提交的论文《经济地理学在地区经济开发中的作用》，发表于《地理》期刊 1962 年第二期。其中心思想就是要阐明：在区域经济建设总体部署和区域经济综合开发过程中经济地理学所能发挥的综合性和地域性的独特作用。

海南热带作物布局调查

1961 年，我国国民经济进入严重困难时期，中央发出需大兴调查研究之风的号召。吴传钧在组织我室研究人员承担云南、华南热带生物资源综合考察有关热带作物开发布局的研究任务时，除派遣孙承烈、孙盘寿、梁仁彩、郭来喜、张务栋等分赴云南、广西、广东、福建等省进行面上调查外，还要我率领沈文雄、徐志康、谢观正等去海南岛对热带作物布局进行点面结合以点带面的深入调查。为此，他亲自带我去找当时的海南热带作物研究所所长兼热带作物学院院长何康（即我国改革开放后的首任农业部部长）和海南农垦局的领导，向他们汇报我们对海南热带作物开发和布局的调查计划，得到他们的大力支持，同意为我们的调查创造条件。

我们调查组到海南后首先进驻儋县的热带作物学院，学习有关热带作物的基本知识。那里有热带作物园，栽有橡胶、椰子、油棕、腰果、剑麻、咖啡、可可、香蕉、胡椒、槟榔、菠萝、木瓜等各种热带、南亚热带作物。还有图书资料室可为我们提供有关各种热带作物的习性、栽培与加工技术，及其对自然与社会经济条件的要求等众多书刊文献资料。何康的秘书梁子驯，为我们的学习作出精心的安排。他自己就是一个热带作物专家，成为我们可以随时向他请教的老师。

我们到海南农垦局调查时，受到该局设计室主任张再科等人的热情接待。不仅向我们详细介绍海南热带作物农场开发建设的历史过程和当前面临的主要问题，为我们提供了详尽的生产建设统计资料和各种规划设计方案，同时还派专人陪同我们到农场进行蹲点调查。我们曾到儋县、琼海等县的热带作物农场进行为期多天的深入调查，与农场职工同吃同住，了解发展中的问题及其可供选择的合理解决途径。当时存在的最大问题是粮食供应高度紧张，农场职工都在挨饿。我们不论在农场调查还是在热带作物学院学习时，都难以吃上白米饭，基本上靠吃木薯充饥。木薯是一种热带多年生灌木的白色长条块茎，其味类似白薯却无糖分。由于它是一种能在热带速生高产的淀粉作物，曾为缓解海南地区的粮荒作出特殊贡献。当时海南地区的副食品供应也很紧张，几乎每天辅佐主食木薯的只有空心菜，而且空心菜都长得很粗壮，有的老得都啃不动，被大家戏称为"无缝钢管"。

我们在海南全岛进行数月点面结合的热带作物布局调查后，返回北京做调查总结，完成了《海南岛发展热带作物的调查报告》。就如何在海南全岛分区因地制宜发展以橡胶为主的多种热带作物，以及如何协调处理热带作物与粮食生产的关系，土地开发与增加未来劳动力的关系，国有农场与人民公社的关系，热带作物生产与加工运输的关系等，提出合理化建议，受到当地政府和农垦部门的赞赏和肯定。

1961年，全国正处在粮食供应最紧张的时期。我们回北京后生活状况虽略比在海南时好一些，但因缺乏油水，只靠较低的粮食定量，仍常有饥饿感。尤其是我爱人黄亦春，自1959年大学毕业后被分配到河北北京师范学院（即后来迁至保定的河北大学）数学系任助教。1960年被学校派送到门头沟农村插队锻炼，与贫下中农同吃同住同劳动。当时正遇饥荒，劳动强度大而粮食定量不够吃，导致全身浮肿。1961年回校后浮肿一直未消。更令人揪心的是在这生活艰难的岁月，她竟怀上了孕。那年11月大儿子天羽降生，当时我们还没有分配到住房，亦春产后只好住到大爹家中去坐月子。大爹和沈先生将当时国家配给的一点少得可怜的营养品都让给孕妇吃，我们在京的几位伯母和姨妈也都用特高的黑市价买鸡煮给产妇吃，保证了母乳对婴儿的喂养。大爹特别喜欢天羽这个孩子，他常说这是我们胡家的长孙。

1962年，中央提出发展国民经济"要以农业为基础"和实行"调整、巩固、充实、提高"的方针，使国民经济形势渐趋好转。所、室领导很重视对农业生产布局的地理研究及其理论方法的总结。早在1960年由邓静中主持完成的《中国农业区划方法论》一书，曾对后来在全国开展的农业区划研究产生重大影响。所以吴传钧要求我们在海南和云南、华南热带作物调查的基础上搞一个我国热带作物布局的理论总结。由我草拟了一个《中国热带作物布局的理论探讨》的总结编写大纲。经大家讨论修改后，由各人分头负责下列各章编写：吴传钧，热带作物布局的自然条件评价；张务栋、胡序威，社会经济条件对热带作物布局的作用和影响；孙承烈，我国热带作物布局的主要原则；沈文雄，我国热带作物的布局特征和地区合理组合问题；徐志康，热带作物布局与发展农业生产问题；郭来喜，热带作物加工工业的布局问题；张务栋，热带作物地区的运输网布局问题；孙盘寿，热带作物布局中的劳动力问题；胡序威，热带作物布局中的综合平衡问题；梁仁彩，热带作物布局研究工作的内容与方法。各人初稿完成后经大家反复讨论修改，最后由我统一加工定稿，花了不少精力，1962年夏交科学出版社，于1963年出版。作者署名，吴传钧列首位，我居第二，其余均按各章编写顺序。吴传钧对这一理论专著的出版比较满意。虽其社会影响远不及邓静中主编的《中国农业区划方法论》，但这毕竟是一本在国外罕见，在我国热带作物布局研究领域中唯一的理论专著，也是我一生参与农业地理集体研究的唯一的一项理论研究成果。

华北地区工业布局调研

1962年下半年，在吴传钧的亲自主持下，认真组织经济地理室和工业地理组的全体人员进行学科基础理论和基本知识学习。在上世纪50年代，经济地理学的基础理论深受苏联经济学家费根的《资本主义与社会主义生产配置》理论专著的影响。在当时国内著名经济地理学家孙敬之与曹廷藩之间，曾长期存在经济地理学研究对象的生产力配置论和生产配置论之争。双方投入这一论争的人不少，连当时孙敬之手下的青年教师胡兆量，也参与同孙敬之唱反调的这一学术讨论，孙敬之对此毫不介意，很大度地进行答辩，充分体现了学术民主。我对这一名词概念之争不太感兴趣，所以没有参与这场争论。自1959年陈云在《红旗》杂志发表的《当前基本建设工作中的几个重大问题》一文中，对工业布局问题进行精辟论述后，大家认为将俄语的"размещение"一词由"配置"改译为"布局"更为合适。从此国内经济地理学界都以"生产布局"或"生产力布局"替代"生产配置"或"生产力配置"。吴传钧在1960年发表于《科学通报》的《经济地理学——生产布局的科学》一文中提出："以研究生产布局为中心的经济地理学，是一门介于社会经济科学、自然科学和生产技术科学之间，具有强大生命力的边缘科学。"得到全室一致的赞同和拥护。

自从我参与工业地理学科组的领导工作后，始终认为要研究解决具体的工业布局问题，不能只靠一般性的工业布局原则或原理。必须深入了解各种主要工业门类在不同企业规模、技术水平和工艺流程，企业产能所需的能源、原材料、水源、土地和劳工及其厂外运输、与上下游企业协作配套要求、三废排放对环境影响与综合利用可能等。要研究在不同地理区位和地理环境建设同类企业如何进行单位投资和生产成本比较等技术经济问题。

吴传钧最早开始招收的研究生，第一位是1960年来自中山大学的陈汉欣，指定我为辅助老师；第二位是1963年来自北京大学的陆大道，指定梁仁彩为辅助老师。在1962~1963年期间，还从北京大学、中山大学分配来多位经济地理专业优秀毕业生，充实了工业地理组的研究力量。从1962下半年开始，全组集中精力攻读工业方面的专业书籍，学习工业布局的技术经济知识，组织必要的学习心得交流，收获不小。但大家也一致认为，学习工业布局的技术经济知识，不能只从书本中学，更要重视通过工业布局调查研究的实践学习。

1963年，吴传钧和我主动与国家计委华北组联系，为配合落实国民经济"调整、巩固、充实、提高"的八字方针，建议开展华北地区工业布局的专题调查研究，获得他们的同意和支持，给我们开介绍信，为我们到华北各地和重要工业企业做调查研究创造有利条件。吴传钧、汪一鸣负责工业布局与工业用水，胡序威、陈汉欣负责钢铁工业，梁仁彩、胡廷佐负责化学工业，郭来喜负责建筑材料工业，张如春负责纺织工业，分头进行华北地区工业布局的专题调查研究。

我和陈汉欣面对"大跃进"大炼钢铁导致钢铁企业遍地开花的乱局，重点选择北京（石景山、特钢）、天津、唐山、邯郸、宣化、承德、太原、临汾、长治等地的钢铁企业及相关的矿山和煤矿，进行深入调查。从采矿、选矿与烧结，采煤、洗煤、配煤与炼焦，炼铁、炼钢与轧材，到产品销售运输和"三废"排放处理等各个环节，分析现有各钢铁企业的发展潜力和存在问题，为调整钢铁工业的布局提供依据。调查研究花了好多时间，直到1964年年初才完成调查总结报告。我和陈汉欣完成的《华北地区钢铁工业发展和布局问题的探讨》，连同工业地理组内的其他同志完成的调查报告，组成具有机密性的《华北地区工业布局专题研究报告》，受到国家计委华北组的重视。

正在我忙于进行华北地区钢铁工业布局专题调研期间，接亦春通知，她又怀上了我们的第二个孩子。当时地理所已给我在中关村80楼分配到一间20平方米的住房。因大孩天羽年龄还不足两岁，还不能进幼儿园入托。只能把我母亲接来北京，代为照料孩子。1963年5月生下女儿天军，一家五口挤在一小间房内，一张大床、一张小床、一张婴儿床、一张桌子、几把椅子，摆满室内空间。晚上睡觉时，在我们的大床与母亲的小床之间拉起一条布帘相隔。她对这样的居住环境很不习惯。而且那时粮食和副食品的供应还比较紧张，需特高价购买营养品，连限量供应产妇的鸡蛋也不能充分保证，经常吃不到大米饭，使她对北方的饮食也没有好印象。年底家乡来信催她回去后，就再也没有来北京。她在北京的时间不到一年，帮助我们解决了带孩子的不少难题。而我却只忙于自己的工作，很少抽时间陪她逛逛北京城。只在离别前陪她参观了故宫和颐和园，还单独陪她上馆子吃了一顿。对此她就已心满意足，露出一脸高兴。我却至今仍愧对母亲，没有在当时为她多抽些时间，多尽点孝心。

三线建设战略布局研究

1964年8月，毛泽东在一次讨论内地建设的会议上指出："要准备帝国主义可能发动侵略战争，现在工厂都集中在大城市和沿海地区不利于备战。工厂可以一分为二，要抢时间迁到内地去。各省都要搬家，建立自己的战略后方。"于是为备战调整全国的工业布局：将东部沿海划为控制建设和部分工厂内迁的一线地区，将内陆腹地划为重点建设和吸纳沿海工厂内迁的三线地区，介于一线地区与三线地区之间的则为可以进行适当建设的二线地区。

为适应战备需要，全国重新设立华北、东北、华东、中南、西南、西北六大区，中央在各大区设立分局。在原国家计委华北组基础上成立的华北局计委，熟知我们对华北地区工业布局有较好的调查研究基础，委托我们承担华北地区经济建设战略布局的研究课题。我和梁仁彩、张务栋、胡廷佐、汪一鸣等经过一番补充调查，于1964年年底完成《华北地区经济建设战略布局分区设想》报告，将整个华北地区划分为若干个在发展战略上不同对待的经济建设类型区。一为沿海控制地区，下分严格控制地区、适当控制地区和有建设有控制地区；二为内地建设地区，下分重点建设地区、为建设创造条件地区和一般建设地区；三为边疆建设地区，下分内蒙草原牧业建设区和大兴安岭林业建设区。报告以绝密文件报送华北局计委。

1965年，内地的大三线建设已进入如火如荼阶段。川西南金沙江边离攀枝花铁矿区不远的渡口，在建大型钢铁基地，尚需为另建第二基地寻找备用厂址。中国科学院要我们地理所参加西南综合考察队，承担为新工业基地选址的考察任务。我被任命为西南综合考察队工交分队队长，带领经济地理专业的申维丞、郭来喜、胡廷佐、杨冠雄，地貌专业的唐邦兴、尹泽生，水文专业的张静宜，负责在六盘水煤矿区周围，寻找可利用攀枝花铁矿与六盘水煤炭的钟摆运输建设新钢铁基地的备用厂址。根据当时三线建设的工业布局要"靠山、分散、隐蔽"的原则，我们跑遍了川滇黔接壤地区的广大山区。那时的西南山区公路质量等级很低，不断的爬坡、下坡，路窄、坡陡、弯急，行车途中经常遇到险情，令司机和我们车上的人都为之捏一把汗。我们寻找了不少离新建的川滇或滇黔铁路不太远，有水量较大的河川经过和面积相对较大的山间盆地，进行钢铁基地选址。有的地方找不到大比例尺的地图，就由在大学学过大地测量课程的郭来喜、尹泽生等带领大家，自行测量，绘制盆地平面图。回所后我们完成了《川滇黔接壤地区新工业基地选址考察报告》，对可供选择的若干厂址，进行了综合的技术经济论证比较，并提出倾向性建议，以绝密文件上报国家计委。国家计委的一位副主任还专门听取了我们的汇报，肯定我们为此所作的贡献。但后来随着形势的变化，一直没有在西南地区另建第二钢铁基地。

1965年春，中国地理学会在广州召开经济地理学术讨论会，我与胡廷佐合作撰写提交会议的学术论文《工业布局的技术经济论证》，是对我们几年来从事工业布局研究的方法论探讨和总结。论文就资源的合理开发利用，重点工业企业的产品方向和合理规模，在一定地域范围工业企业的合理组合，厂址、工业点、工业基地的合理选择，工业区开发建设的方式和程序等技术经济论证的内容和方法进行了系统的论述，成为那次会议讨论的中心议题。该文发表于《地理学报》1965年第3期。

第七章 "文革"期间经历劫难与磨炼

参加武威农村"四清"

早在1963年,我国农村就已开始进行以"四清"(清理账目、仓库、财务、工分)为主要内容的社会主义教育运动。1964年我们在北京听过刘少奇关于开展农村"四清"运动的讲话和王光美关于桃园"四清"经验介绍的录音。1965年毛泽东提出关于农村社会主义教育运动的二十三条,"四清"的内容改为"清政治、清经济、清组织、清思想"。并强调这次运动的性质是解决社会主义和资本主义的矛盾,运动的重点是"整党内那些走资本主义道路的当权派"。这成为后来进行"文化大革命"的主要口号。

1966年年初,所党委要我带领经济地理室和气候室的十多位队员到甘肃武威中坝公社参加农村"四清"运动,经受农村阶级斗争锻炼和接受贫下中农再教育。随我来中坝公社的经济地理室人员有工业与运输地理组的郭来喜、赵令勋、汪一鸣、杨冠雄等及农业地理组的蔡清泉、毛汉英、叶舜赞、谢观正、李荣生等。农业地理组的科研人员自1963年以来,在邓静中的领导下,开展全国农业区划农作物复种北界调查及河北邯郸地区和甘肃酒泉地区的专区级农业区划的试点研究,取得了一系列重要成果,成为全所科研攻关的重点,任务繁重。但他们仍然抽调不少人员前来参加农村"四清"。

领导武威中坝公社"四清"工作队的队长是一位来自甘肃永靖县人民武装部的王部长,我作为副队长负责宣传教育方面的工作,另一位副队长是来自解放军的冷营长,负责组织建设方面的工作。汪一鸣协助我搞宣传教育工作,经常起草有关运动进展情况的通讯报道。由与我们同来的业务辅助人员张国珍专门负责打字。赵令勋协助冷副队长搞组建工作,经常下生产队做调查研究。我和汪一鸣、赵令勋等平时都住在公社宿舍,其他同来的同志都下到生产队蹲点,与贫下中农同吃、同住、同劳动。我作为工作队的领导,也需要经常深入生产队,吃住在贫下中农家中,发动贫下中农群众揭发批判生产队、生产大队和公社各级干部的多吃多占、以权谋私等问题,或动员干部主动交代自己的问题,帮助犯错误的干部作深刻的检查,以求取得贫下中农群众的谅解。

当时的武威农村还十分贫穷。我们在贫下中农家中用餐,一日两顿都只能喝很稀的玉米糊,加上一点咸萝卜干。屋内除土炕和灶台外,基本上都是家徒四壁,几乎没有什么家具,连犯错误的干部家中也多如此。我们在生产队蹲点的四清工作队员每周回公社一次,汇报交流运动进展情况,顺便也给大家改善一下伙食,可吃上白面馒头,偶尔还能吃上一顿红烧肉。领导中坝公社四清运动的王队长,有较好的民主作风和较高的政策水平,将运动的重点始终放在对犯错误的农村干部进行深刻的社会主义教育上,没有发生大的偏差。

5月初,吴传钧带领经济地理室的徐培秀、徐志康、郭焕成、娄学翠、刘安国、周熙成,自然地理室的谭见安、胡朝炳,水文室汤奇成,业务处的杨淑宽等10余人来武威县进行农业区划调查研究,试图为开展县域的农业区划取得典型经验。其所以选择武威县,可能与我们正在武威参加农村四清运动有关。

其实,早自1965年11月10日《文汇报》刊载姚文元的《评新编历史剧〈海瑞罢官〉》一文,不久由《人民日报》加"编者按"全文转载后,北京就已开始在酝酿史无前例的"文化大革命"的巨大风暴。1966年5月16日发布的中共中央通知,宣告了"文化大革命"的开始。6月中旬吴传钧和我均被调回北京参加"文化大革命",在武威的农业区划调研组和四清工作队人员也均随之陆续回京。

挨批斗中参与造反

1966年6月1日《人民日报》发表《横扫一切牛鬼蛇神》的社论,尖锐地指出:"在短短的几个月内,在党中央和毛主席的号召下,亿万革命群众、广大革命干部和革命知识分子,以毛泽东思想为武器,横扫盘踞在思想文化阵地上的牛鬼蛇神,其势如暴风骤雨,迅猛异常,打碎了多少年来剥削阶级强加在他们身上的精神枷锁,把所谓的资产阶级'专家'、'学者'、'权威'、'祖师爷'打得落花流水,使他们威风扫地。"这实际上将知识分子精英阶层中的专家、学者、权威等都打成代表资产阶级的牛鬼蛇神。所以吴传钧刚回到北京,就与邓静中、陈述彭、赵松乔、沈玉昌等一起被造反派划入资产阶级学者权威进行批斗的牛鬼蛇神行列。我因还不够这一资格暂被靠边站。

没有多久,在邮电学院红卫兵批斗胡乔木时将胡愈之也揪去陪斗的消息传到地理所后,造反派也开始对我进行批斗。给我戴上两顶帽子:一是"地主阶级孝子贤孙",困难时期曾把地主母亲接来北京住;二是"反革命修正主义分子",反对毛泽东思想。说我是"地主阶级孝子贤孙",我承认,因为我确实从来没有把自己的母亲看成阶级敌人。说我反毛泽东思想,我不承认,因为在我思想深处曾对毛主席和毛泽东思想无限崇拜。我为自己几个子女的取名均来自毛主席语录或诗句,如老大"天羽"有"鸡毛上天"之意,老二"天军"取自"六月天兵征腐恶",当时即将出世的老三我也早已为他取好"天新"之名,指"敢教日月换新天"。造反派却批我这都是"打着'红旗'反红旗"。9月,几个造反派来抄我的家,拿走一些无关紧要的东西，其中有岳父留给黄亦春收藏的一些老解放区的钞票和邮票，他们说拿去看看，以后会还给我们的，但后来一直查无踪影。因抄家不细，我幼时与父亲合影的唯一的一张照片，未被发现抄走。怕他们重来抄家，我下狠心将其付之一炬，致使孩子们至今从未见过祖父留下的身影。12月，经济地理室的造反派将我和吴传钧、邓静中、方文等一起归入"牛鬼蛇神"，给我们戴上纸做的高帽，绕917大楼游行示众。

自1967年1月上海造反派向中共上海市委夺权成立上海市革命委员会后，各地造反的重点转向各级党委的当权派。地理所的造反派将我们这些主要由新中国培养的在各研究室担任副主任或支部书记的青年中层干部，如我和自然地理室的汪安球、气候室的左大康、水文室的刘昌明、地图室的廖克、地貌室的陈治平等，组成中层干部造反队，要我们自我革命，反戈一击，着重揭发批判所党委的资产阶级反动路线。

有一位青年造反派，帮助我们分析地理学界和地理所内无产阶级和资产阶级两个阶级、两条路线斗争的历史。他把人民大学的孙敬之早期曾批判地理学界和地理所内某些人的资产阶级地理环境决定论，以及后来地理所党委要发展吴传钧等人入党时曾遭当时在所内任党支部委员的李慕贞（孙敬之夫人）的反对等事实，上升为无产阶级与资产阶级两个阶级和革命路线与反动路线两条路线的斗争。我也完全接受了上述观点。他要我就此内容起草了一份揭批所党委资产阶级反动路线的大字报，写成后有十余人共同签名，曾招来众多人围观。这是我在"文革"中，也是一生中所犯的最大政治错误。后来吴传钧在与我谈心时曾说过，他和黄秉维当时对我们的这张大字报都很有意见。其实孙敬之在人民大学，早在1959年批右倾机会主义思潮时就被批为"思想右倾"而遭处分。1966年初，他受已从北大党委书记岗位调到兰州大学任党委书记兼校长的老战友江隆基的邀请，出任该校地理系主任。没有多久，文化大革命爆发，兰大的造反派把江书记和他都斗得很惨。

在1967年春天的某一个晚上，我们这些中层干部造反队队员，被集中在食堂开夜车替所内的造反派大量誊抄大字报，搞得很晚才各自回家休息。第二天一早，有人从食堂挂出的众多大字报中，发现有一张汪安球抄写的大字报，把"×"打到伟大领袖的名上。很快就被所内的"保守派"利用，贴出造反派包庇纵容现行发革命分子汪安球的大字报，并将他揪上汽车，去中关村游街，高呼"这就是地理所造反派包庇的现行反革命分子！"造反派明知这是晚上困倦时的笔误，但也不敢为他辩护，提出两派联合共同召开批斗现行反革命分子汪安球的群众大会。会上批斗之声震天价响，会后又边呼口号边押解绕大楼游行数圈。可怜这个神志较脆弱的白面书生，1961年获莫斯科大学地理系副博士学位的汪安球，经不起这突如其来的猛烈打击，竟于当晚走上自尽绝路！

自从1967年5月《人民日报》发表长文批判刘少奇的《论共产党员的修养》后，我室的造反派迅速把批斗的重点转向我。原来在我任党支部书记期间，有不少青年团员积极争取入党，我要团支部书记、共产党员赵令勋把他们组织到一个学习小组内，共同学习《论共产员的修养》，我本人也给他们讲过自己的学习心得。那时所党委曾把我视为"又红又专"的标兵之一，对青年科研人员产生过一定影响。所以现在造反派要通过批判刘少奇的黑《修养》，把我批成黑《修养》的黑样板。造反派认为，经济地理室的吴传钧、邓静中等人已是死老虎，而我还是一个未被批臭的危险人物，所以集中力量对我进行一次又一次的批斗，让吴传钧、邓静中、方文等都作为我的陪斗。

关进"牛棚"度日如年

1968年5月，"文革"开始清理阶级队伍。因吴传钧早年在南京中央大学学习时曾代表全体学生对前来视察的蒋中正校长致欢迎词，被打成"反共老手"；邓静中解放前曾为国民政府国防部二厅提供过有关苏联地理的应征文稿，被打成"特务"；方文这个解放前曾在北京被捕经营救出狱的中共地下党员，被打成"叛徒"；把我这个出生于反革命家庭的党支部书记，则被打成混进党内的"阶级异己分子"。6月，我们都被送进受专政队管制的"牛棚"。在院部的《造反报》上还发表了一则具有轰动性的新闻报道："地理所经济地理室揪出了一个反革命小集团！"

全所把我们这些被视为阶级敌人的干部关进"牛棚"的共二三十人，包括党委书记于强，还有吕炯、赵松乔、陈述彭、沈玉昌、宛敏渭、文焕然等一些老专家，以及左大康、郭来喜等业务骨干。我们被圈在917大楼顶层的一间大房间内，各人打地铺连成一片，每天背诵毛主席语录，"早请示、晚汇报"。白天在大楼周围的园地劳动几小时，除草、松土等农活不重，对保养身体还有好处。最令人难受的是，在"牛棚"内除毛著外，不让看其他任何书籍，每天常为如何消磨时间发愁。

其实，在我被关进"牛棚"期间，我爱人黄亦春在政治、经济、工作、生活诸方面所经受的压力和艰辛，远甚于我。造反派在政治上给她施加很大压力，要她与我划清界限，揭发我有否偷听过敌台广播之类的问题。还通过当时黄亦春任教的北京市第123中学革委会主任做她的工作，说什么"胡序威的反革命性质问题已是铁板钉钉的事，赶快在定罪前与他离婚，否则就要戴上'反革命家属'的帽子了"。在经济上造反派封存我的银行存折并加大对我每月120元工资的扣留比重，只给我发每月15元的生活费和两个大孩子在幼儿园的每月应缴费36元，要黄亦春独自负担新生幼儿天新的抚养费，也没有考虑给我在乡地主母亲的生活费。当时亦春的每月工资只56元，把只有一岁多的幼儿寄养在学校附近一位工人家中，每月需付35元，又不能不给我母亲寄每月10元的生活费，这样就使她自己所留的生活费特别紧张。当时正逢学校"复课闹革命"，要求每个老师包一个班，工作十分繁重。因学校在北太平庄，离地理所917生活区较远，平时她就住在学校不回家。只能逢周末骑自行车把孩子从幼儿园接回家，还得自己花钱给他们做吃的。有一次因天新患细菌性痢疾住院治疗曾向学校借钱，不料那位校革委会主任竟说出这样的话："地理所的革命群众扣了你们的工资，我们借钱给你，不就成了革命群众的对立面吗？"就这样害得亦春自己经常因手中无钱，只能靠啃窝窝头充饥。

我们家原在917生活区4号楼3层分有二室一套住房，被人看上了。我被关进"牛棚"后，造反派就勒令我搬家，把家具都搬至2号楼底层的一间房内，与一位行政干部全家同住一个单元。1968年9月，已7岁的大孩天羽需从幼儿园转到离生活区不远的大屯小学上学。他妈无法每天回家照看他，平时只好让他一人在917生活区独居。为解决他的吃饭问题，经造反派同意，允许他跟随我进地理所食堂同吃。他小小年纪倒很守时，每逢我们这些被专政对象集体排队前往食堂用餐时，他必然及时赶到，尾随在队伍的最后面。突然，有接连两天未见他从学校和生活区赶来用餐，可把我急坏了。后来才知道，他因患重感冒发高烧卧床两天不起，经邻居通知亦春后，她无法向学校请假，只好把天羽带到学校宿舍以便亲自护理他康复。都是因为我，使亦春和孩子们遭受诸多磨难和煎熬，我身在"牛棚"无法相助，能不感到度日如年！？

"五七干校"劳动锻炼

1969年1月，中央发出"干部要下放劳动"的指示。早在1968年下半年，学习黑龙江省革委会为安置被精简干部和被打倒干部在柳河创办"五七干校"的经验，中央各部委也多纷纷在农村办起了"五七干校"。1969年春，在军宣队的干预下，我们这些在"牛棚"受审尚未定案的干部被允许周末和节假日回家，对我们经济上的管制也开始有所放松。4月，地理所第一批下放干部去湖北潜江"五七干校"劳动。6月，我们这些从"牛棚"释放出来的人作为第二批下放干部也来到同一"五七干校"。

到潜江"五七干校"后，我被编入一连三排五班，还要我担任五班班长，地图室的苏时雨任副班长。原党委书记于强被放在我们班，时任一连连长的革命小将魏某也编在我们班内，与我们同住一间宿舍，我得经常听从他的指挥。后来又陆续分批进来郭来喜、黄秉维、胡超炳、邹治遂、王洁、杨克定等"五七"新战士。自所长黄秉维进入我班后，副班长改由自然地理室的胡超炳担任。

潜江县地处湖北江汉平原的腹地。"五七干校"系建于十多年前由一片低洼地改造而成的农场。大片农地的四周挖有很深的排水沟。在河川和排水沟两岸有不少被血吸虫病菌寄生的钉螺，若直接与皮肤接触，易感染上大肚子血吸虫病，将终生难以根治。虽然自解放以来，在防止血吸虫病方面已取得很大成就，但当时尚未完全灭绝。所以我们一到学校，就受到这方面的特别告诫，要大家遇连天大雨，水漫宿舍区时，务必穿上高筒胶鞋，避免皮肤与污水直接接触。

农地种植的主要是棉花和小麦。平日的主要农活是播种、施肥、除草、松土、打枝、采摘棉花等。在我们班内干农活能力最强的是于强、郭来喜和一位来自行政部门的勤杂工小万。如果我们在开始时各分一垄边干边前进。于强、郭来喜和小万三人，似乎不怎么费劲，就能轻松麻利地冲在领先位置。我和副班长鼓足干劲往前赶，始终落在他们后面一大截。落在最后面的还是黄秉维和几位女战士，由先干完一垄的再往回干迎接他们。尽管我曾对黄秉维说：要量力而行，落在后面没关系。后来考虑像这种劳动竞赛式地干活，怕黄秉维承受不了压力，身体吃不消，就改为将黄秉维与女战士组合在一起，二人各一垄。遇到采摘棉花时，女战士们变成干活的快手，改由我和黄秉维合作包垄。

我们连还有一个班专门负责养猪、养家禽和炊事工作，平时伙食搞得很不错。遇节假日改善伙食时需从各班抽人帮厨。连队的生活起居完全军事化。早起、早睡、按时熄灯。黄秉维的床就在我的正对面。熄灯后他常在蚊帐内打手电看书，我不好阻挡他，只能劝他晚上蚊帐内看书不要太久，一怕光线不好影响视力，二怕睡眠不足影响身体。其实我自己也曾后悔在来干校时没有带点可看的书出来，有时在熄灯后因久不能入睡而苦恼。于强在班内的表现只是埋头劳动，很少与班内同志聊天。连长告诉我，有人揭发于强是假党员，专案组尚未定案，我们应给他点政治压力，让他交代自己的问题。

"五七干校"很重视学习毛主席著作和组织革命大批判。早期革命大批判的重点指向反对周总理的"五一六"分子。1970年2月在庐山召开中共九届二中全会后，将大批判的重点转向曾任中央文革领导小组组长的陈伯达。我们都是结合学习毛主席最新指示和有关中央文件，开展革命大批判，一般都是不针对周围任何人的高射炮。只是有时为促于强交待问题也曾旁敲侧击地给他一些政治压力。但后来证明于强的假党员问题全属别人诬告。我和先后两位副班长经常写些有关我们班学习最高指示和开展革命大批判的通讯报道，多次被学校广播台转播。怎么也没有想到，约在1970年11月，我竟被一连"五七战士"评为学习毛主席著作积极分子，与校内评出的其他几位积极分子同去北京参加中国科学院学习毛主席著作积极分子代表大会。这对那些曾坚决主张打倒我的造反派多少起到震撼作用。

开始恢复地理科研

1971年7月，我随同大批"五七战士"从湖北干校回到北京地理所，被分配到一连三班参加科研业务工作。在我们去干校期间，地理所造反派已砸烂原按学科分的各研究室。编成按任务分的三个连队：一连负责外国地理和地图研究，二连负责增温剂研制、海洋气候和边疆地理研究，三连负责党政机关与行政事务。一连连长廖克和三班班长李德美、副班长张成宣等都是从苏联留学回国的。三班主要研究苏联地理为总参二部服务。自1968年珍宝岛事件后，得随时准备与苏联开战。记得我刚到一连三班不久，就和毛汉英一起出差去上海搜集有关苏联的资料。

自当年 9 月 13 日林彪摔死在温都尔汗后，全国开始加快落实解放干部的政策。我所专案组对我的历史问题经长期审查，最后只抓住一个集体参加三青团的问题不放。原来在我的入党申请材料中曾提到，1944 年我在泰岳寺春晖中学学习时，三青团来校发展组织，班上同学都集体参加了，只我和王某、陈某三个同学躲在山沟里复习功课准备初中毕业考试，没有参加三青团。想不到"文革"期间在专案组调查过程中，竟有一位前面提到的同学也承认自己曾集体参加了三青团（据我所知，他有一位与他同村同族的同学是三青团的分队长，可能后来也给他发了团证）。专案组就认定我隐瞒了集体参加三青团的历史，曾多次找我谈话，只要我承认集体参加过三青团就可立即解除对我的审查，无非想证明我至少在这个问题上不老实。我也明知集体参加三青团根本算不上什么政治历史问题。但我决不能因只图早日解放而不顾事实，违心地承认自己曾集体参加过三青团。这样就使双方形成僵局。最后还是由军代表根据群众讨论的多数意见拍板，按尊重本人意见结案。

1971 年年底，由刘西尧主持的中科院领导团队，作出将仍滞留在五七干校的科研人员全部撤回北京，并将自然资源综合考察委员会的全体人员合并到地理研究所的决定。为此，时任地理研究所军代表的连润之指定左大康、胡序威和杨淑宽等组成业务调查组，要求通过调查研究，就如何迎接与综考会的合并，明确今后的科研任务和调整相应的科研机构提出建议方案。

左大康为原气候研究室副主任兼党支部书记，莫斯科大学地理系的副博士，解放前的中共地下党员和浙江大学学生会主席，学风严谨，刚毅正直，组织领导能力强。杨淑宽毕业于北京大学地理系自然地理专业，文革前就已在所业务处工作，比较了解地理所以往的各项主要科研业务。我们除了广泛听取所内群众对恢复地理科研的各种意见外，还特地拜访了竺老，向他讨教。在 1972 年 2 月 24 日的《竺可桢日记》中有此记载。同时还邀请了几位所外的著名地理学家，如南京大学的任美锷、华东师范大学的李春芬等前来与所内专家共议此事。通过各种交流会和听证会，终于完成了地理所全面恢复科研业务的建议方案。除继续保留正在进行的外国地理、边疆地理、海洋气候、地图等研究项目外，明确全所仍继续坚持为农业服务的主要研究方向，以黄淮海地区旱涝碱综合治理及资源合理开发利用为重点研究领域。恢复原科研体制，调整为综合自然地理、地貌、气候、水文、经济地理、外国地理、地图、航空相片判读利用（即后来的遥感应用）8 个研究室。综考会转来的科研力量，将被分别并入上述相应各研究室。

地理所业务调查组的任务完成后，左大康和杨淑宽均留在所业务处工作。其后左大康曾历任业务处处长、副所长和所长。我则重新回到经济地理研究室任职。

第八章　坚持地区生产力布局研究

经济地理室变异重组

1972年春，我回到经"文革"后期短暂变异重组的经济地理室，任该室领导小组副组长兼党支部副书记。邹敏任领导小组组长兼党支部书记。她是一位在解放战争时期大别山根据地参加革命的女干部，"文革"前曾任地理所人事科科长。显然，她在研究室主要代表党的政治领导，同时负责总管全室的行政事务，科研业务则主要由我负责。当时吴传钧、邓静中、李文彦等均因历史审查尚未结案，只让他们先恢复科研业务，暂不给安排领导职务。这样就把研究室的业务领导重担全压在我一人身上，自感压力甚大。尤其是从综考会合并到经济地理室的原由李文彦负责的综合经济室和原由黄志杰、徐寿波负责的动能室共三四十人，连同从地理所各连队初步回归经济地理室的二三十人，形成一支总计六七十人的科研队伍，如何安排他们的科研任务，面临较大难题。经过一番筹划，决定在全室分设农业、动能和工交三个科研组。

农业组由原经济地理室的农业地理组和原综合经济室的农业经济组合并而成。我建议由吴传钧任农业组组长，负责开展农业方面的科研任务，却未获所革委会的同意，非要在其上再配一个年轻干部徐培秀当组长，只让吴当副组长。但谁都明白，农业组的实际业务负责人是吴传钧。我同意吴传钧的建议，以强调"农业学大寨"要因地制宜为由，组织全国地理界的力量编写《中国农业地理》丛书。我和吴传钧共同去找了当时的农业部部长杨立功汇报此事，得到他的大力支持。我们还共同主持召开了有全国各地农业地理和农业经济工作者参加的"中国农业地理丛书"编写工作会议，组织各地的力量来共同参与《中国农业地理》丛书的编写。对全国分省区的农业地理，我室农业组只负责宁夏回族自治区的调查和编写，以此作为分省区农业地理编写的试点向全国推广。由黄勉、郭焕成、倪祖彬、李荣生等6人合作完成的《宁夏农业地理》一书，于1975年由科学出版社出版。全组集中主要力量共20余人投入《中国农业地理总论》的调查和编写。从调查提纲、编写提纲到各章节初稿都经过集体的反复讨论和修改，最终由吴传钧、邓静中、徐志康和来自南京大学地理系的宋家泰共同负责统一加工定稿，迟至1980年才交付科学出版社正式出版。

动能组全由原综考会综合动能研究室转移过来的十余位科研人员组成，组长黄自杰、副组长徐寿波均为原研究室负责人。当时由动能组的一位工人出身的青年干部支路川担任经济地理室党支部委员。我基本上不太过问他们的科研业务。他们直接与国家计委节能办公室联系，承担有关二次能源合理利用等节能方面的研究课题。后来徐寿波、黄自杰等都转入国家计委能源研究所工作，孙九林、郎一环、姚建华等仍留在恢复后的综考会。徐寿波和孙九林二位都还先后当选中国工程院院士。

工交组由原经济地理室工交组和原综合经济室工交组的回归人员合并而成，共十余人。由来自综考会的黄让堂任组长，来自地理所的陆大道和赵令勋任副组长。我和李文彦均被编入该组，我把自己从事科研工作的重点也放在这个组。根据地理所拟定的主要研究方向，决定在黄淮海地区开展以地下资源合理开发利用为基础的地区生产力布局综合研究。

由综考会合并过来的科研人员中，尚有十余位以自己的专业不适合从事研究室内上述各项科研任务为由，暂未编入具体的科研组，允许他们自行组织学习或联系别的工作。其中包括由原社会科学部经济研究所于1965年转到综考会综合经济室的原生产配置组全体人员，如王守礼、冯华德、容洞谷、黄荣生、黄载尧、陈栋生、李凯明等。他们中有人认为生产配置或生产布局的理论研究是他们的强项，经济地理学只擅长于对具体地理现象的分析和描述，难以上升到理论的高度。所以他们多不愿与我们一起参加地区经济分布现状的地理调查。

除吴传钧外，王守礼和冯华德是当时我们研究室内两位资历很高的研究员。"文革"前邓静中还只是副研究员，李文彦和我还只是助理研究员，均在晋升职称申报过程中突遇"文革"而中断。王守礼（1905~1992）早年毕业于北京大学经济系，解放前曾在西北大学经济系和厦门大学经济系任教，解放初曾在中央财委和国家计委任职。他著述的《新经济地理学》小册子，为新中国成立后最早出版的经济地理学术著作，也是我在人民大学最早接触经济地理专业时的启蒙读物。冯华德早年毕业于南开大学政治系，后由该校经济研究所派往英国伦敦政治经济学院学习经济，回国后曾在上海中国经济研究所任职，解放后转入中国科学院经济研究所工作。他在《经济研究》发表的几篇有关水利枢纽布局经济效益综合论证的高水平的论文，曾引起我的关注。所以我对王、冯这两位老专家都很尊重。常向他们汇报研究室各项科研工作的进展情况，逢年过节或他们因病住院时必前往问候。自1975年综考会又从地理所分离出去后，原生产配置组的研究人员均随之回综考会。其后，除冯华德、容洞国仍留综考会外，王守礼随动能组去国家计委能源所，黄载尧、黄荣生、陈栋生等回到恢复后的社会科学院经济所和工业经济所。据我所知，仅陈栋生一人在工业经济所继续坚持以生产布局为主要内容的区域经济研究，并与我们长期保持较密切的业务联系。

鲁西南煤矿地区调研

1973年春，我与工交组的负责人，打着当时科学院提倡的"开门办科研"的旗号，去山东省计委联系科研任务，受到他们的热情接待。尤其是遇到一位毕业于北京大学的我的上虞小老乡倪永康（后来曾任山东省计委主任），他建议我们先在鲁西南的煤矿地区开展生产力布局的综合调查研究。

鲁西南的济宁、枣庄地区，大部分为平原沃野，东侧为丘陵山区，地下埋藏有丰富的煤炭资源。有平原中央凹陷形成的串联在一起的昭阳、南阳、独山、微山四湖即著名的山东南四湖，全国南北大运河穿行其间。开发已久的枣庄煤矿、正在开发建设的兖州煤矿和将要开发建设的滕南煤矿均位于湖东的津浦铁路沿线地区。山东省计委希望我们就这一地区的资源综合开发利用和生产力合理布局问题提出科学建议。

1973年5~9月，由我领队，与工交组的十余位科研人员共同前往山东济宁枣庄地区开展调查研究。由李文彦负责煤炭资源开发利用，黄让堂负责电力工业布局，陆大道负责煤化工和水资源开发利用，陈航、张文尝负责交通运输，我负责煤矿地区的综合开发和综合协调。

这一地区已探明的数十亿吨煤炭资源储量中，80%是可供动力燃料的优质气煤。可供炼焦用的优质肥煤主要分布在南端枣庄矿区，然因其开发历史较久，已无多大发展潜力。所以当地煤矿开发建设的重点，势必首先集中于北部气煤储量丰富、开采条件优越的兖州矿区。介于兖州矿区和枣庄矿区之间的滕南煤田，气煤储量亦大，其北侧的可采层距地表远浅于兖州矿区南侧的可采层，但矿区地势平坦，潜水位高，离南四湖近，井下开采后的塌陷区范围均系高产农田，很易形成塌陷湖。因此开发滕南煤田比开发兖州煤田更须特别注重，如何尽量设法减轻采煤塌陷损失问题。

本区煤炭资源大量开发后，将成为我国东部沿海的重要动力煤供应基地之一。原煤除经津浦铁路直接南下，或部分转陇海铁路经连云港海运南下外，还应注意充分利用大运河水运，修建从矿井直通大运河码头的铁路支线，经水路直供江苏的城乡动力用煤。

区内气煤资源的大规模开发，加之在南四湖周边水源供应相对有保障，为发展本区的电力工业提供了优越条件。除扩建已有的济宁、枣庄、藤县、韩庄等电厂外，还建议在邹县境内选一厂址兴建百万千瓦以上的大电厂，西与济宁、菏泽联网供广大鲁西南地区用电需要，东与鲁中地区联网，向胶济铁路沿线的山东经济核心地带送电。南边的藤县、枣庄、韩庄等电厂则主要向南与江苏徐州地区联网。南边的电厂有仍在燃用枣庄肥煤原煤的，是对宝贵炼焦煤资源的浪费，应尽量让肥煤原煤入洗，燃用洗后的中煤，其不足部分可由北边的气煤补充。

当时在利用本地煤炭资源基础上发展起来的焦化和化肥工业，具有小、土、散的特点，在枣庄、滕县、邹县、兖州、济宁等县市均有广泛分布。以土法炼焦和以土焦作合成氨原料的小化肥厂,不仅导致浪费宝贵资源,提高化肥生产成本,而且还严重污染周围环境。为了缓解农业对化肥的需求,在尚未能利用外来石油天然气资源制合成氨的现实条件下,有必要重点改建藤县、兖州的焦化厂,改土焦为机焦炉,并利用焦炉气作合成氨原料,提高气煤的洗精煤在化工用焦中的配煤比重。但必须加强对污水排放的处理,对有些经处理后一时尚未能完全达到排放标准的污水,可先在附近找防渗的小水库蓄污,待汛期到来后再稀释排放。

这一地区当时还存在大量利用南四湖芦苇资源和农区稻草资源发展起来的一大批小造纸厂,挟带大量碱液和纤维素的工业废水排入南四湖,导致南四湖水生态环境严重恶化。保护好南四湖的水资源和水环境,对鲁西南济宁、枣庄地区的长远发展和维护人民福祉极为重要。而今在利用当地资源基础上发展起来的焦化、造纸等资源型加工企业,恰恰是对南四湖污染威胁最大的。因此必须狠下决心,严把污水处理和污水排放这一关。

区内现有的主要城镇济宁、兖州、邹县、藤县、枣庄等可侧重发展为当地农区和矿区服务的农业机械、排灌机械、矿井设备、电器、农产品加工等工业。因原经济地理室人口与居民点组的科研人员尚未归队,故此次调查中未涉及工矿镇居民点的布局。

我根据各人提供的专题调查报告,按以上主要思路撰写了综合性的"济宁枣庄地区煤炭资源开发利用与工业布局有关问题的调查报告",在报告的结尾曾提出开展这一地区区域规划的建议。该报告在1974年3月提交山东省计委后,引起他们的很大兴趣。他们认为有关煤炭、电力、化工、交通、水利等具体开发建设项目,可主要依靠专业性的规划设计研究单位,但对区域的综合开发,包括资源的综合利用、企业的综合布局、环境的综合治理等,还得靠我们的经济地理学科充分发挥作用。这对于具体负责区域经济建设的综合部门省计委来说尤为重要。于是他们就向我们提出了下一步接着研究淄博石油化工基地和胜利油田的任务。

淄博与胜利油田调研

自上世纪60年代在东北地区勘探发现我国第一个大油田大庆油田后,紧接着在山东黄河三角洲又探明发现了第二个大油田胜利油田,这个消息直至1974年才对外公开报道。当时胜利油田的原油年产量已超过1 000万吨。已有部分原油通过80公里的输油管线输送至淄博石油化工总厂炼制成多种成品油,并生产合成氨等部分化工产品。山东省希望能把淄博石油化工总厂进一步发展成为生产塑料、化纤和合成橡胶三大合成材料的强有力的综合性石油化工基地。

在山东省计委的组织领导下,由中国科学院地理研究所、山东省化学石油工业局、轻工局和胜利石油化工总厂等单位共同派人组成淄博地区工业布局调查组,于1974年8~12月在淄博及其周围有关地区进行了近四个月的以石油化工为主的工业布局调查研究。胜利石化总厂还组织了一个厂内规划班子与调查组内外配合。

地理所实际参加此项调查的科研人员有，胡序威、黄让堂、陆大道、陈航、马清裕、赵令勋和周世宽。胜利石化总厂计划处的技术员赵模堂和省化工局的技术员小吕一直跟随我们一起调查，省轻工局的一位技术干部只在涉及化纤问题时与我们共同调查。胜利石化总厂计划处的潘处长，是一位石油化工专家，与我们密切合作。他不仅是教我们学习石油化工基本知识的好老师，而且对我们钻研石油化工地理布局问题甚感兴趣，也是愿与我们共同进行探索的好伙伴。我们的这次调查研究之所以能取得较理想的成果，离不开他的共同参与。

我们这次调查研究，重点是要论证在淄博石油化工总厂附近新建一个以 10 万吨乙烯和 8 万吨聚酯设备为中心的石油化工区的现实可能性，主要就原料供应、水源条件、工业区选址等有关问题进行分析和论证。

淄博石化总厂当时的常减压炼油能力已大于北京和上海的石化总厂，但可供制乙烯的裂解原料轻馏分油却少于北京、上海，这是因为胜利油田的原油含烷烃比大庆原油少，含硫却比大庆原油高。还由于当时淄博炼油厂属燃料型，以生产汽、煤、柴油为主，为了提高成品油的质量，还需利用部分轻馏分油制氢后进行加氢精制，相应减少可供乙烯的原料。当时该厂实际每年可能提供乙烯的裂解原料仅 10 万吨，相当于生产 10 万吨乙烯所需裂解原料的 1/4。经我们调查研究后，提出以下三个主要途径以解决乙烯原料供应问题：（1）通过现有企业的挖潜改造，提高炼油能力，扩大轻油来源。根据国内已有的较成熟经验，将该厂已有的两套常减压炼油装置，年炼油 600 万吨的能力，在"五五"期间进行扩建改造，将炼油能力提高到 750 万吨是完全有可能的。这样就至少可为乙烯每年提供 30 万吨裂解原料。此外，将现有的铂重整装置改为多金属重整装置，使芳烃产量由原设计的 5.2 万吨/年提高到 9 万吨/年，为生产 8 万吨聚酯提供充足原料。（2）充分利用胜利油田的凝析油资源。目前胜利油田的集输方式多在油井或接转站进行油、气、水的分离，在原油稳定过程中所产生的轻质凝析油资源由于量小而分散，难以回收利用。凝析油多为初馏点–110℃馏分，是很好的裂解和重整原料。根据大庆经验，胜利油田若能在"五五"期间，将油井喷出的油、气、水全部密闭输送到集中处理站进行分离，就可集中回收宝贵的凝析油资源，为淄博石化总厂每年提供 10 万吨的凝析油资源是完全有可能的。（3）建设新炼油厂，扩大原油加工现模，为石油化工提供充分原料。胜利油田在"五五"期间原油产能将扩增两倍，在山东淄博以东地区另建新厂扩大炼油能力亦具备条件。总之背靠胜利大油田，解决淄博发展石油化工的原料问题应有可靠保证。

水源供应条件成为淄博发展石油化工的重要制约因素。淄博地区现有工业和城镇的日耗水量已达 60 万～65 万方，若上 10 万吨乙烯和 8 万吨聚酯及其配套设施，需新增日耗水量约 15 万方。供水有否保证，成为各界争论的热点。有人以邻近石化总厂的辛店水厂在 1965～1974 年期间地下动水位下降 14 米，平均每年下降 1.4 米为由，说明这里的水源供应已很紧张。根据我们调查，淄博地区 1964 年的降水量高达 1 253 毫米，为特大降水年，高出该地区多年平均降水量（730 毫米）47%以上。在地表水的大量补给下，作为水厂开始有地下动水位记录的 1965 年数据就过高，在 1965～1970 年间动水位下降 14 米应属正常回归，在 1971～1974 年间不仅不见下降，还略有回升。通过调查，还发现在石化总厂、电厂、水厂等各大用水户之间还存在着虚报用水量和互争水源的人为紧张。经我们对淄博地区的水资源条件进行全面客观的综合评价，尤其是充分吸纳了水文地质部门近几年对当地地下水资源进行勘探的新成果，得出为近期在淄博发展石油化工提供 15 万方/年的水源供应绝无问题的结论。我曾和陆大道共同参与淄博地区水源条件的调查研究，在此期间我发现，他是一位有卓越才能的难得的科研人才。

此外，我们还就淄博新石油化工区的产品方向、选址、环境保护和城镇建设，以及淄博以东地区另选第二石油化工基地等一系列问题进行了论述。

1975 年 3 月完成《淄博及其以东地区以石油化工为主的工业布局有关问题调查报告》送交山东省计委后，引起省委领导的高度重视。接到省委书记苏毅然要亲自听取我们汇报的通知后，我们就邀请当时的所革委会主任老李和室党支部书记邹敏共同前往济南南郊新建的胜利宾馆。在我向苏书记汇报的过程中，他曾提出多个专业性较强的问题，我都从容、自信地作出令他满意的回答。他充分肯定我们的调查研究成果，认为这对山东省正在向国家申请引进大型乙烯和聚酯装置有很大帮助。为了表示对我们的感谢，他在听完汇报后，亲自在宾馆餐厅主持对我们全体调查组人员的宴请。原先在省计委内有一位对我们的调查研究一直持有怀疑的处长也立即改变了态度。曾在地理所"斗、批、改"中多次鼓吹"经济地理无用论"的所革委会主任老李，在我们第二天陪他同游济南趵突泉时，当着众人的面正式表态："看来经济地理学对国家还是很有用的。"

为了使已取得的淄博地区石油化工布局调查研究成果得以进一步落实和拓展，我们接受省领导的建议，当年又把队伍拉到东营胜利油田地区开展调查。完成了"山东胜利油田油气资源的合理利用与有关工业布局问题的调查报告"，其中包括"胜利油田天然气资源合理利用问题""胜利油田凝析油资源的回收利用问题""关于胜利油田所产孤岛原油和红光原油的合理利用与加工地点问题"等系列专题报告。

冀东调查险遇大地震

1976 年，我们将地区生产力布局调查研究的重点由山东转向河北。"文革"前我们在进行华北地区经济建设战略布局研究时所结识的领导干部董晨，已由那时的华北局计委负责人改任后来的国家计委重工业局局长。他要求我们在河北唐山、秦皇岛地区开展冀东重工业基地的综合调查研究。唐山开滦煤矿已成为我国开采历史悠久、规模巨大的优质动力煤和炼焦配煤生产基地，秦皇岛是开滦煤的重要输出港。近年来，区内已探明的铁矿资源相当丰富，除已开发建设的为首钢提供大量炼铁精矿粉的迁安矿区外，还在滦县发现了大铁矿，已新成立了唐山矿山建设指挥部以统一筹划对新矿区的开发。唐山市内的钢铁、水泥、电力、机械等重工业已有一定基础，如何进一步发挥作用？有否可能在冀东地区新建一个大型钢铁联合企业？宜在何处选址？尚可发展哪些协作配套企业？交通和城镇建设布局作何调整？水源供应与环境保护等问题如何解决？

带着以上一系列问题，我和李文彦、黄让堂、陆大道、陈汉欣、赵令勋、陈航、张文尝、马清裕、周世宽等人组成冀东工业基地调查组，于1976年5月中旬前往唐山地区调查。当地政府极为重视，由地区招待所妥善安排我们的食宿，并派地区计委的专职干部马德禄全程陪同我们调查。约用了两个月时间，我们对唐山地区和唐山市的主要经济管理部门、重点厂矿企业进行了详细的调查访问，对区内的交通运输、电力供应、水利、环保等基础设施以及可供新建工业区的场址进行了全面的考察。进入7月下旬，李文彦和陆大道在完成自己分内的调查任务后因家中有事先回北京，陈航、张文尝和周世宽三位先去秦皇岛市做港口调查。我和黄让堂、陈汉欣、赵令勋、马清裕共5人在地区计委干部老马、唐山矿山建设指挥部规划处胡处长（冶金部矿产司下放干部）和技术员小徐的陪同下，由矿区建设总指挥部派司机开小面包车一路送我们到唐山市周围的各矿山做调查。

7月27日下午，在调查完唐山市近郊的最后一个小矿山张家庄铁矿后，我们准备当晚去秦皇岛与陈航、张文尝会合。胡处长他们一再建议，由他们随小面包车直接把我们送到秦皇岛。对他们的好意，均被我婉言谢绝，只要求把我们送到唐山近郊的古冶火车站上车。在相互挥手告别时，眼看着这辆载着曾陪伴我们多日连司机共三人的小面包车从古冶站开回唐山中心市区。我们于当天傍晚到秦皇岛市，因招待所已客满，临时安排住进附近旅馆。7月28日3时42分，我在熟梦中突然被剧烈的晃动震醒。人们均在惊慌中跑出户外，大家都意识到发生了大地震，但不知震中在哪里。直到上午10时左右才传来确切消息，震中就在唐山市的中心区。为了不使在京的亲属为我们担心，想给北京发个报平安的电报，不料在秦皇岛与北京之间竟连续两天不通电信，这可把在京的亲属们吓坏了。当时我们的家中都还没有安装电话，大爹急于了解我在唐山出差有否遇险，竟叫勤务员去电报局给黄亦春发电报询问，闹出想在本地通电报的笑话。29日晨我们乘公交车到山海关换乘火车，北绕锦州、朝阳、承德等地，于30日下午安全地回到北京。所内同事和亲朋好友都为我们这次侥幸脱险而表示庆贺。

9月初，我们应唐山抗震救灾指挥部唐山重建规划组之邀，前往唐山机场参加唐山市的震后重建规划工作，对震后的唐山市区进行了全面考察。亲眼目睹了整个唐山震后城市彻底被毁的惨状，民房建筑、商店、厂房和办公楼宇基本上都是一塌到底，个别屹立未倒的建筑，也多被削去外墙，将室内原有的陈设完全暴露在外。同事张文尝用带来的高级相机拍摄下大量珍贵的震后唐山的历史镜头。

我们找到了曾陪同我们一起调查并同去秦皇岛的唐山地区计委干部老马，他以沉痛和激动的心情，向我们诉说：地震中岳母遇难，他爱人和三个孩子也均被压伤，是解放军把他们从瓦砾中救出来的。要不是他陪同我们一起去秦皇岛，也将难逃此劫。他还带我们去看了曾住过两个月的唐山地区招待所，所住楼房已全部坍塌。震前我们原曾打算，在秦皇岛调查一星期后再回到唐山地区招待所做整个冀东地区的调查总结，所以临走时只随身用小口袋带走几件替换衣服和盥洗用品，行李箱均留在招待所。计委老马帮助我们找到了看管这一片区的解放军，把他们代为搜寻保存的几只箱子全部归还给我们。虽然箱子全都被压扁了，但打开一看，里面的物品，包括马清裕的手表和我向大爹借阅的新版本《西行漫记》均丝毫无损。

看来还是我们的命大，若唐山大地震早来一天或晚来一周，我们也均将呜呼哀哉。最使我心里难过的是唐山冶金矿山建设指挥部的胡处长、小徐和那位面包车司机，如果不是那天晚上我过于谦让，拒绝他们继续陪同直接送我们去秦皇岛的好意，就可以救下这三个人的宝贵生命！回北京后，我和赵令勋等曾通过冶金部矿产司找到胡处长的家，见到了他的夫人和两个孩子，既表示慰问，也表达歉意，其结果却更增加了家属的哀痛。

第九章　密切与城市规划界的合作

参加唐山市震后重建规划

自从我们早期通过区域规划工作与主管城市建设和城市规划的部门建立联系后，我们经常将有关地区生产力布局的调查研究成果向他们报送，有时还亲自向他们汇报，因而使他们对我们经济地理专业的特长还比较了解。所以当1974年全国高等院校的经济地理专业开始恢复招生后，向各部门调查对经济地理专业人才的需求时，城市规划部门的领导都表示城市规划需要大量经济地理人才，于是北京大学、南京大学、中山大学、杭州大学都开始以经济地理（城市规划）专业的名义培训学生（干部）。1976年9月初，在唐山震后才一个多月，知道我们震前曾在唐山地区进行调查研究的国家建委城市规划局，以唐山市抗震救灾指挥部的名义通知我们，要我们立即自带帐篷前往唐山机场参加唐山市震后重建规划工作。

当时唐山抗震救灾总指挥部的主要负责人是原国家建委主任谷牧，常驻唐山负责实际指挥的是副主任张百发，主持唐山市震后重建规划工作的则是原国家建委城市规划局的领导曹洪涛。他是一位革命老干部，据说在抗日战争时期，他曾是著名的铁道游击队的政治指导员。解放后长期在建设部门任职，有很强的事业心，能统揽全局，虚怀若谷，为推动和发展我国的城市规划与区域规划工作所作出的贡献，受众人共赞。

曹洪涛为领导唐山市震后重建规划工作，在唐山机场设立了一个可容多人开会的特大帐篷。与他同住在内的，有其手下的得力干将王凡和周干峙这两位城市规划专家。还有一位年轻的重要助手王长升，他是1963年毕业于中山大学经济地理专业的高才生，后来曾任全国市长培训中心主任。我和李文彦、黄让堂、陆大道、陈汉欣、陈航、张文尝、马清裕、周世宽连同司机小王共10人来到机场后，就在他们的大帐篷东南侧支起两个小帐篷，里面都摆满行军床。在大帐篷的西侧和北侧，则为清华大学建筑学院、上海市规划院和沈阳市规划院共同应邀前来参加唐山市震后重建规划的工作队所架设的多个帐篷。在来自清华大学建筑系的规划队伍中就有我国城市规划的名家吴良镛。

曹洪涛很重视城市规划与区域规划的联合，强调不能只就城市论城市，应从区域的角度来研究城市。因此他要求我们根据震前的调查研究，向全体参加重建规划的人员详细介绍震前的唐山市区和唐山地区的基本经济情况，煤炭、铁矿石等重要地下资源的分布状况，重要工矿企业和城镇人口的空间布局，城市的功能分区，区域性基础设施建设和环境保护方面存在的问题，等等。在唐山市重建规划的总体框架形成过程中，我们都曾多次参与集体讨论。吴良镛对区域规划问题特别感兴趣，曾多次就唐山地区的规划问题，与我个别交换意见。王凡和周干峙也常来我们的帐篷串门，相互间敞开思想交流。

我们根据对震后调查的唐山市地震烈度分布图的了解，铁路南的城市居民区和机械工业区为11度的最高烈度区，损毁情况也最为严重，铁路以北则多为10度或9度区，在北边离唐山中心市区仅20余公里的丰润县城，地震烈度则仅7~8度，损失较轻微。我们还考虑到震前在市区东北侧的以钢厂、焦化、电力、水泥为主的重工业区，有著名的红龙、黄龙、灰龙、白龙四大污染源导致对唐山市区大气环境的严重污染。所以我们提出，震后唐山市的重建，不一定都按原样恢复工业的布局。建议在丰润县城以南建新工业区，用以吸纳需从铁路南重灾区迁出重建的部分以机械为主的工业企业和人口；将受损较重的污染性企业启新水泥厂迁至丰润县境内离卑家庄石灰石原料基地较近的地方；将迁不走的唐钢改建成为由炼铁、焦化、炼钢、轧钢等组成的钢铁联合企业，并大力加强其"三废"治理。在讨论过程中，各规划组都同意我们在丰润建新区的方案，而且同去现场进行实地考察。遗憾的是，后来的启新水泥厂，既在丰润建立了新厂，又在唐山老区恢复了老厂。

我们在唐山机场参加规划工作共历时两个多月。9月9日毛主席逝世，我曾出席了由张百发主持的追悼会。10月中下旬，听到了先在党内传达的"四人帮"已被捕的喜讯。组内的李文彦和黄让堂在调查完开滦煤矿和电厂后先回北京。11月上旬，我和陆大道等共同完成了"建设新唐山规划中有关工业与城镇布局的初步设想"的初稿。报告分为以下几部分：一、在震前唐山工业和城镇布局中需要解决的几个问题，二、合理布局的指导思想和具体贯彻的原则性意见，三、对唐山市区的规模控制和原有企业调整布局意见（1.留在市区的重点企业，2.外迁的重点企业，3.需解决严重污染问题的重点企业），四、在冀东建设小城镇与工业点的条件评价和布局设想。

曹洪涛和王凡、周干峙、吴良镛等在听取我们的成果汇报后基本上都认同我们的观点和建议。他们对我们汇报时所用的反映唐山地区区域规划现状的草图很感兴趣，希望能将此幅草图也留给他们用。我考虑此幅草图还不够精确，且有一些重要内容被遗漏，于是就决定为城市规划局正式绘制一幅"唐山地区区域规划现状图"。在我身边只留下马清裕一人，让陆大道带组内其他成员先回北京，并从地理所调来一位绘图员。我们三人合力共同奋战一星期，终于清绘制成一幅漂亮的、内容丰富的区域规划现状图供他们用。

在党的坚强领导、全国各地的大力援建和全体唐山人民的拼搏奋战下，唐山市的震后恢复重建工作取得光辉的成就。1986年7月28日唐山市人民政府在"唐山市抗震救灾纪念碑"前的广场举行隆重的抗震救灾10周年纪念活动。似乎只有吴良镛和我二人代表曾参与唐山市震后重建规划的专家应邀参加这次纪念活动。我们二人的座位紧挨在一起，他还特地为我在纪念碑前摄影留念。由于我在唐山大地震前后曾有一段传奇性经历，加以曾多次参与有关唐山市和唐山地区的规划论证工作，包括京津唐地区国土规划研究、冀东钢铁工业基地选址、唐山市发展规划、京唐港和曹妃甸港的开发论证等，我在一生的专业经历中，始终对唐山怀有一种特殊的感情。

领导分工由工交转向城市

早在 1973 年，资源综合考察委员会又从地理所分离出去，"文革"结束后原从综考会合并到经济地理室的科研人员，基本上都已回到综考会，只留下李文彦、张文尝、周世宽等少数几位。曾分散在所内各室的原经济地理室科研人员，除梁仁彩、申维丞、毛汉英、裘新生"文革"后继续留在外国地理室外，其余基本上都已回到经济地理室。我为曾在手下工作过的两位北大同届毕业的优秀科研人才的流失而感到遗憾。一位是汪一鸣，因在所内长久解决不了他的家庭两地分居问题，被调到宁夏回族自治区农科院工作，后来长期成为宁夏自治区计委和发改委的首席顾问，撰写出版了《宁夏人地关系演化研究》等重要科学著作。另一位是胡廷佐，因在"文革"期间造反到院部，"文革"后不愿再回地理所工作，由我引荐到城乡建设部城乡建设经济研究所任职，改名胡欣。他专心致志地充分利用业余时间从事地理学术专著的写作。由立信会计出版社为其出版的 60 万字的《中国经济地理》专著，曾连续出了五版，成为我国经济地理的畅销书，日本还为其出了日译本。他与江小群共同完成的《中国地理学史》，曾由台湾文津出版社出版，获得业界好评。

改革开放后，全面落实党的干部政策。1978 年，吴传钧恢复经济地理室主任，邓静中、李文彦、胡序威任副主任，邓静中分管农业地理组，李文彦分管工业与交通地理组，要我分管城市与人口地理组。1979 年，吴传钧升任地理所副所长，由谁接替经济地理室主任就成为问题。我知道吴传钧有意让李文彦接班，怕我有意见，先让党委书记李子川找我谈话，试探我的态度。我主动推荐李文彦，因为李文彦资历比我高，入党比我早，且在综考会综合经济室任职时就已是室主任。"文革"后期他曾在我的领导下支持我的工作，彼此相处得很好。所以，改革开放后，我也愿意在他的领导下合作共事。后来从南京大学传来说我想离开地理所的消息，纯属人们的主观臆测。一个良好的有战斗力的科研团队，必须在领导干部之间和上下、左右之间，为实现共同目标而精诚团结，密切合作，能上能下，互谅互让。

"文革"前由孙盘寿领导的人口与居民点地理组，主要从事华北地区的一些小城镇调查并着手编制大比例尺的人口分布图。吴传钧对该组的工作一直不太满意。"文革"后回到经济地理室的原人口与居民点地理组成员只有孙盘寿和马清裕二人。新增了一位从农业地理组转来的叶舜赞。他 1961 年毕业于苏联哈尔科夫农学院土地规划专业，1962 年自黑龙江农垦大学转来地理所从事农业地理土地利用研究。"文革"后他要求转入经济地理室新组建的城市与人口地理组，因土地规划也包括居民点规划。他的外语基础较好，曾被吴传钧利用联合国大学资助派往荷兰航空航天测量与地学学院（ITC）城市调查系进修。还有一位1957年毕业于南京大学经济地理专业的张孝存，曾在城市规划界工作多年，见识较广，愿来我所经济地理室城市与人口地理组工作，很受吴传钧和我的欢迎和器重，被任命为该组副组长。1978年新从北大经济地理（城市规划）专业毕业分配来所的两位工农兵大学生，也都安排在这个组。组长孙盘寿是一位勤勤恳恳、埋头工作、品行高尚的忠厚长者，只是开拓创新意识不强。吴传钧要我分管这个组，使我感到有些为难。因为他的资历比我深，年岁比我大一轮。尽管平时我对他比较尊重，彼此相处关系还不错，只是由于对某些学术观点或科研成果评价标准等存在某些认识差异，有时还难免会对我有些意见。

虽然源于室领导的分工，我开始由工交转向城市，但本人的主要研究方向仍然是兼顾城镇与工业布局的区域规划。

遇车祸疗养学英语练翻译

1977年11月的一天下午，我从城里骑自行车回大屯917生活区的家。在我即将到家路经无信号灯的十字路口打手势往左拐时，突然从后面冲来一辆疾驰的大卡车，剐上我的车把，将我向前抛出10多米远。我被送到阜外医院急救时曾数小时昏迷不醒，可把家属急坏了。最后的诊断结论为脑挫伤。原来这辆闯祸的卡车司机是朝阳医院的职工，正在练习驾驶，尚未取得驾驶证。所以我的这次车祸完全是他们的责任事故。在阜外医院完成一个疗程后，转到他们自己的医院继续治疗。由于脑伤的恢复需要一个较长的过程，春节后又由他们送我到小汤山疗养院继续疗养，半年后才痊愈出院。

小汤山疗养院的环境较好，每天可洗地热的温水澡，有大夫指导进行理疗。大夫同意我每天可抽一两个小时用于学习，以利逐步恢复大脑功能。我就决定用于学习英语和练习翻译英语专业文献。我随身带来一本车祸前从地理所图书室借阅的英国学者R. C. Riley著的英文版《工业地理学》（*Industrial Geography*），试着翻译其第一章："工业区位理论简介"。这是该书理论性最强、翻译难度最大的一章。我靠英汉词典的帮助，并参考了某些有关文献，硬着头皮啃下了这块硬骨头，用两个多月的时间完成了二三万字的中文译稿。出院后先送吴传钧审阅，获顺利通过，被编入地理所印发的区域规划参考资料《工业及城镇布局理论方法》，广泛发送给地理界同行学习参考。在魏心镇编著出版的《工业地理学（工业布局原理）》（北京大学出版社，1980年）一书中有关西方学者的工业区位理论简介一章，大量引用了该译文的论述和图表。因我的译文没有正式出版，故未能注明引用文献出处。但我对此项辛勤付出所取得的译文成果甚感欣慰。我对其中某些重要专业名词应如何翻译曾煞费脑筋。如

Agglomeration 一词,《英汉词典》译为"凝聚、成团",厉以宁译为"积聚",我译为"集聚"。因为我们经常讨论工业布局的集中与分散问题。"集中"和"分散"只是反映不同的空间分布现象,"集聚"或"扩散"则是反映趋向集中或趋向分散的一种动态的客观过程。"集聚"比"积聚"似更通俗确切。所以现在学术界和社会上已广泛应用"集聚"这一术语。

在我住院疗养期间,在建设部的推荐下,由地理所组织李文彦、陆大道、叶舜赞、马清裕、裘新生、王国清等集体翻译完成了苏联国家建委城市建设研究设计院编的《工业区区域规划原理》书稿,经叶舜赞、陆大道等校改后交中国建筑工业出版社于 1979 年出版。这对研究我国的区域规划很有参考价值。我自己也曾结合工作需要译过一些俄语著作。如在编写《中华地理志》区域经济地理时,曾与李文彦合作翻译出版了一本《乌拉尔》小册子。在进行地区工业布局研究时,曾与郝乃毓、郭来喜等合作翻译了苏联著名工业布局专家普洛勃斯特著的《社会主义工业布局概论》一书,我分工翻译了该书的最精华部分第三篇:"生产的社会组织形式与工业布局",近 7 万字。原定 1965 年由商务印书馆出版该书,因受当时中苏关系恶化影响而被搁置,直到改革开放后的 1987 年才正式出版。迄今我仍认为原苏联对工业布局研究的学术水平不低于西方发达国家,尤其是普洛勃斯特有关工业布局的技术经济论证很值得我们借鉴。

人文经济地理学界的巨变

改革开放使我国的人文经济地理科学发生巨大变化。中华人民共和国成立后的前三十年,我国地理科学的发展深受苏联的影响。在人文地理方面的诸学科中独尊经济地理学,将政治地理、文化地理等均斥为伪科学。而且对经济地理学的研究又主要限于农业、工业、交通运输等生产部门,即所谓生产布局或生产力布局研究,不研究商贸、金融等流通领域及各种服务性行业的布局,人口、城市和乡村居民点地理被勉强纳入经济地理的研究范畴。这种为发展人文地理、经济地理所设置的诸多人为障碍,严重束缚了地理科学广泛为国家发展服务的潜力。改革开放解放了人们的思想,才拓宽了我国人文经济地理科学的发展视野。

1979 年 12 月 28 日至 1980 年 1 月 3 日,在广州召开了中国地理学会第四次代表大会暨学术年会。这也是中国地理学会在改革开放后首次召开的对我国人文经济地理科学的发展曾产生过重大影响的大会。到会代表共 300 余人,我所经济地理室的几位领导人,以及郭来喜、陆大道、郭焕成、徐志康等几位青年科研骨干都出席了这次会议。会上由我国人文地理学界的老前辈南京师大教授李旭旦做有关"复兴人文地理学"的重要学术报告,其后在报刊正式发表,得到胡乔木的支持。从而使广义的人文地理学,以及经济地理学和人文地理学的各分支学科,都得到不同程度的发展。

在同一个会上,由吴传钧、郭来喜联名提交的论文"开发我国旅游资源,发展旅游地理研究"，对创建我国旅游地理学这一新学科，具有里程碑意义。为适应改革开放后我国旅游产业迅速兴起的需要，早在 1979 年 8 月，由吴传钧策划，在经济地理室内新创建由郭来喜、杨冠雄、宋力夫等人组成的旅游地理学科组。在其后几年内，他们进行了大量不同类型地区旅游资源及其开发利用的调查研究，参与了某些重要旅游景区的规划论证，撰写了众多旅游地理方面的论文，编印了《旅游地理文集》供旅游学院开设旅游地理专业课程教学参考。他们为我国早期开拓创建旅游地理这一崭新学科功不可没。

通过这次广州会议，也进一步推动城市地理学从经济地理学中分离出来，形成相对独立的分支学科，开始涌现出许学强、周一星等一批卓有成就的城市地理学家。这对我所经济地理室内城市地理的研究力量相对较弱形成不小的压力。然而不管人文地理的各分支学科如何发展，经济地理学在其中的核心地位不容撼动。因为在人文地理的各分支学科中，最能为我国经济建设这一中心任务发挥作用的是经济地理学，这已被国家的有关主管部门广泛认可。而且经济地理学本身就包含众多分支学科。我们研究区域和城市也都离不开经济地理学和城市地理学。所以我们多愿以复合的"人文经济地理学"替代单一的"人文地理学"。

广州会议的最后一项任务是，改选中国地理学会的领导成员。孙敬之早在 1953 年召开的中国地理学会第一次代表大会上就已被选为副理事长，兼党的负责人，且曾连任多年。1959 年他在中国人民大学的反右倾机会主义运动中，遭受不白之冤被错误地给予开除党籍的处分，直到 1962 年平反后才恢复党籍。经"文革"浩劫后，他以浴火重生的喜悦心情前来广州参加这次有重要历史意义的会议，被列入大会主席团成员。没有想到理事会经最终改选后，他只被选为普通理事，连常务理事也未选上，致使他愤然提前离会而去。不管怎么说，孙敬之曾为新中国经济地理学的开拓和创建作出过重大贡献，编著出版了我国第一部《中国经济地理学》的大学教材，主编了全国第一套《中华地理志》区域经济地理丛书，培养了大批经济地理专业人才。在新中国成立初期对资产阶级地理学术思想的批判中，他犯过一些过火的错误，后来也曾向某些受伤害者道过歉。广州会议期间中国地理学会的实际掌权者对孙敬之缺乏一种应有的宽容和大度，以致引起孙敬之的众多学生和追随者的不满，很快筹建成立了一个以孙敬之为会长的"全国经济地理教学与研究会"，与"中国地理学会经济地理专业委员会"相对峙，出现了全国经济地理学界的分裂局面，成为这次广州会议的最大憾事。据我所知，经济地理学界有不少人，如北大的胡兆量、北师大的邬翊光、河南大学的李润田等，两边的活动都参加。我因身在地理所，不便参加他们的具体活动，但仍与他们中的不少人保持密切的友谊联系。

城镇与工业布局区域研究

曹洪涛自"文革"结束后，一直主管全国的城市规划工作，后来改任国家城市建设总局副局长和城乡建设部副部级顾问后，仍继续分管或兼顾城市规划工作。王凡是城乡建设部的首任城市规划司司长。他们二位都大力支持我们地理所开展区域规划研究。在改革开放初，建设部就拨出万余元科研经费为"城镇与工业布局的区域研究"立项，委托我所组织全国经济地理界的力量开展不同类型地区的区域规划调查研究。这是我首次运用院外的科研经费，组织广大的经济地理界同行，开展大规模的区域规划调查研究。我请华东师范大学的严重敏、张务栋等开展上海地区的城镇体系研究，南京地理所的丁景熹、吴楚材等开展苏锡常地区城镇群体的研究，姚士谋、张福保等开展南京地区的城镇体系研究，杭州大学的林国铮、钱伯增等开展宁波地区城镇的发展和布局研究，南京大学的崔功豪开展湘东地区城镇体系的初步研究，中山大学的吴永铭、倪兆球开展珠江三角洲地区工业布局特点与类型研究，长春地理所的李树彦、穆英华等开展长春地区城镇体系结构的研究，东北师大的石庆武开展东北林区工业和城镇布局研究，北大的魏心镇和李秉仁开展不同类型石油化工基地布局的区域研究。

我们地理所的区域规划研究力量，先集中一段时间完成了因地震而中断的冀东工业基地调查研究的系列专题报告。于1979年夏，以区域规划调查组的名义，将队伍调往由沈阳、抚顺、鞍山、本溪、辽阳五市组成的辽宁中部地区，与省计委经济所、省城市建设研究院、长春地理所、辽宁师范学院地理系等单位密切合作，开展了几个月大规模的调查研究。由我负责起草的针对这一地区工业发展中存在的若干主要问题提出科学合理建议的综合调研报告"辽宁中部地区合理开发利用资源，调整工业结构和布局问题的探讨"，受到辽宁省计委的高度重视，将其作为省计委的正式文件印发给辽宁省和辽中地区五市的经济建设与城市建设各有关部门参考。随后，我们又按照建设部下达的区域规划研究课题的要求，着重探讨辽宁中部地区有关工业和城镇布局的一些规律性问题。由我和赵令勋、周世宽、张雷共同完成"辽宁中部地区的资源开发与工业布局"（其中涉及工业企业的合理布点部分曾率先在《城市规划》1980年第5期发表），由孙盘寿和叶舜赞共同完成"辽宁中部地区城镇的发展和布局"。此外，还由马清裕完成"论工矿区城镇的发展与布局"，由陈汉欣完成"以冶金为主的工矿地区工业合理布局的探讨"，由周世宽完成"以海洋化工为主的工业地域组合的区域研究"。

由于"城镇与工业布局区域研究"课题的参加单位众多，各单位的工作进度不一，所完成的成果质量也良莠不齐。我们曾召开了多次学术讨论会、经验交流会和初稿评议会，有些单位提交的成果还是难以令人满意，致使该项成果拖了几年未能及时结题。因我自1982年参与国土规划工作后任务较重，难以抽较多时间对此项集体研究成果进行统一修改加工。在一次所有协作单位都有人参加的审稿会上，共同推举北大仇为之、华东师大严重敏和东北师大石庆武三人组成编辑组，负责按大家讨论意见对最终成果进行必要加工，实际上为此付出较多的是仇为之。最后经我审阅定稿，直到1984年才将该项成果交付科学出版社。仇为之坚持要以我为主编的名义出版，我感到这样不合适，改由该科研项目的主持单位中国科学院地理研究所主编，并在"前言"中说明各人的贡献。

同样在总结布局经验教训与探索布局规律基础上完成的陆大道的"工业成组布局研究"、陈航的"城市港口合理布局研究"、张文尝的"城市铁路合理布局研究"，也均为丰富城市与区域规划理论作出了贡献。

参与天津市总体规划修编

唐山大地震对天津市的损害远比北京市严重，1980年由周干峙率领正在筹建中的中国城市规划设计研究院的规划队伍，开展天津市总体规划的修编工作。他希望我所经济地理室能组织力量从区域规划研究的角度协助他们的工作。因当时我和孙盘寿、马清裕、叶舜赞等正紧张地忙于建设部下达的"城镇与工业布局的区域研究"课题任务，只好让新从城市规划界转来我所任城市与人口地理组副组长的张孝存负责，由赵令勋、陈航、陈汉欣、周世宽、张雷、孙俊杰、杨挺秀、刘建一等共同组成天津区域规划调查组前往。与我有深交的出生于天津的同窗好友留苏副博士、时任人民大学生产布局教研室主任的杨树珍，闻讯主动与我联系，愿共同参加此项调查。我就请他任该调查组的学术顾问。未曾料到，他们经过几个月的调查研究，由于领队缺乏经验，一直形成不了最终的调查报告，未能及时从区域规划角度为天津市总体规划的修编提供科学依据。传来了周干峙对我所调查组的工作表示不满以及有些城市规划界人士对地理界能否搞规划有所非议的消息，我只好挤出时间亲自赶赴天津。

首先我认真倾听了组内同志在前一阶段各自所做调查研究及其形成某些观点的详细汇报，同时阅读了调查研究所搜集的大量参考资料，从中归纳出一些重大问题让大家敞开讨论，各抒己见，集思广益。对某些自认为尚需进一步深入研讨的问题，亲赴现场考察，并作一些必要的补充调查。前后共花了一个多月时间，终于完成了约2万字的"天津市经济发展条件的区域分析"报告。

该报告对天津市这个北方经济中心及其周围环境的历史演变，港口、水源、能源方面的资源合理开发利用与主要工程设施，重要产业部门的发展条件与内在潜力等，进行了系统的区域分析，同时还针对城市总体规划修编中有待解决的某些问题提出科学建议。例如，天津市虽地处五河下梢，因整个河北平原严重缺水，各河上游建水库拦蓄后，非汛期天津的城市用水十分紧张，周围不丰的地下水资源已因严重超采而形成大面积下陷漏斗，为缓解这一突出矛盾，建议在滦河潘家口水库建成的同时，开展直接向天津供水的引滦入津工程。除多方设法节约城市工业用水外，还可利用城市周围的若干成片洼地建设平原水库，尽量多拦蓄一些汛期排放入海的淡水。从长远看，还需通过大运河从黄河（近期）或长江（远期）调水。关于天津市港口自从在塘沽建新港区和在海河口建挡潮闸后，是否还需要恢复海轮经海河航道直通天津市区的问题，我们持坚决否定意见。因为天津市自从在塘沽建新港区，在海河口建闸后，已由河港向海港发展，这完全符合自然发展规律。河口建有挡潮闸的海河干流实际上已成为淡水蓄水库，对缓解天津城市供水有一定积极意义，若恢复海轮通航，势将影响海河水质。而且为改善市区海河两岸的城市交通，势必还需要增建多座横跨海河两岸的大桥，为维持海河的海轮通航，将会大大提高建桥的难度和成本。最后我们还建议：在天津市滨海地区，具有靠近港口，靠近油、气、盐等资源产区，荒滩地较多，排污净化条件相对较好，可就近利用海水等许多优点，应列为今后重点开发建设地区，将天津市需要新建的大型骨干企业项目尽量放到滨海地区，重点建设好塘沽和大港两个卫星城镇。

周干峙等人看了我们这份调查报告后，很快就改变了对我们的态度，增进了城市规划界对地理界的了解和信任。该报告全文被刊发于由社会科学院经济研究所创办的内部刊物《经济研究资料》1981年第8期。

首创研讨中国城镇化问题

早在1978年，建筑学会下属的、恢复重建的城市规划学术委员会会议在兰州召开，由曹洪涛任主任委员，金瓯卜、吴良镛、侯仁之等任副主任委员，地理界的马裕祥、许学强、姚士谋、胡序威、崔功豪、魏心镇等均被列为委员，基本上涵盖了培养城市规划专业人才的高等院校和从事区域与城市规划研究的主要地理研究机构。1981年在石家庄召开第三届城市规划学术委员会会议，曹洪涛提名郑孝燮任主任委员，吴良镛、王凡、刘诗峋、周干峙、董鉴泓、胡序威等任副主任委员，自己却主动退出，与任震英、金经昌、侯仁之、宋家泰等同任顾问。在城市规划学术委员会之下新设立了区域规划与城市经济学组，由宋家泰、胡序威任正副组长，地理界的委员们基本上都参加这个学组的活动。时任学术委员会秘书的夏宗玕，工作特别热情，与地理界的委员和专业人士的交往十分密切，对区域规划与城市经济学组工作的开展起到了重要推动作用。

宋家泰与吴传钧是南京中央大学地理系的同班同学，新中国成立后他一直在南京大学地理系任教，改革开放政策落实后，成为主持该校经济地理教研室的首位教授。当时我还只是副研究员，无论年龄和职称他均高我一辈。但他和我相处没有一点架子，相互尊重，彼此信任，共同商量如何把我们这个学组的活动搞得有声有色。我们都认为经济的工业化必然会引起人口的城镇化。南大地理系吴友仁早在《城市规划》1979年第5期发表"关于我国社会主义城市化问题"的论文，这也是我国第一篇论述城市化问题的文献。遗憾的是，此问题不仅未引起社会和学术界的重视，甚至还有人反对我国走城市化道路。原来早自我国"大跃进"后国民经济出现三年困难期以来，就一直强调要严格控制大城市，积极发展小城镇。而且习惯于只把行政区划建制设市的城镇称为城市，大量未设市的城镇，包括众多城镇人口已超过10万的县城均不能称为城市，只能称为城镇。所以把国外的Urbanization这一术语译为城市化，易被误认为只发展大中城市，不发展小城镇，而且反映城市化水平的指标一般都是指城镇人口占总人口的比重。所以我们主张以城镇化这一术语代替城市化,并决定以召开有关城镇化道路问题的学术讨论会作为我们这个学组活动的开门红。

1982年12月6日至10日,城市规划学术委员会区域规划与城市经济学组在南京召开中国城镇化道路问题学术讨论会,这在全国是首创,引起有关各方的重视。会议由学组组长宋家泰主持,由时任中国城市规划设计研究院院长周干峙代表城市规划学术委员会致开幕词。时任国家计委国土局规划处处长方磊,城乡建设部城市规划司区域规划处处长吴万齐和中国城市规划设计研究院区域所所长邹德慈等均前来出席这次会议。有众多从事经济地理、城市地理及区域与城市规划教学研究的专业人员提交论文和参加会议,到会人数共70余人。会上宣读的有些论文很精彩,给我印象最深的是北大周一星的论文"关于我国城镇化的几个问题",尤其是其中关于城镇化的地域差异分析,使我首次发现同行中的这位杰出人才。我所经济地理室也为参加这次会议准备了几篇论文。我原想请孙盘寿写一篇全面论述城镇化道路问题的论文,他说有困难,只交了一篇"50年代以来国外大城市及其郊区空间结构的演变",虽属高质量的论文,毕竟远离研讨我国城镇化的主题。我只好与马清裕商量,在我的具体帮助指导下,请他赶写一篇"我国城镇化的特点和发展趋势分析"的论文。该文写成后本可由我们二人共同署名,但为了让他有更大显示度,我决定退出。自己从另一角度又写了一篇"我国城镇化问题浅议"的论文,同时提交会议。其中某些内容观点二文难免有重复之处。会议结束时由我作总结发言。会后由李秉仁撰写了有关这次城镇化道路讨论会的通讯报道,刊载于《城市规划》1983年第1期。

1982年12月下旬,在我们的南京会议刚结束不久,于光远任理事长的中国自然辩证法研究会在北京召开了"全国城市发展战略思想学术讨论会"。这是在城乡建设部支持下召开的全国第一次讨论城市发展战略思想的学术讨论会。这也是一次高规格的会议,费孝通、吴良镛、侯仁之、刘开渠、李铁映、曹言行、周干峙、邹德慈、陈为邦等众多知名人士参会。不少参加南京会议的地理界人士,如胡序威、周一星、崔功豪、姚士谋、董黎明、马清裕等也都受邀携带各自的论文参加这次北京的会议。显然,城镇化问题也是城市发展战略的重要组成部分。会后由中国自然辩证法研究会秘书长周林负责将会议论文选编成《城市发展战略研究》一书,于1985年由新华出版社出版。这也在一定程度上扩大了我们地理界的社会影响。

第十章　迎来国土与区域规划春天

国土整治研究班讲座

1981年4月,中共中央书记处作出《关于搞好我国国土整治工作的决定》,要求国家建委"不能只管基建项目""要把我们的国土整治好好管起来"。1981年9月,国家建委举办了从各省(市)建委及若干部门抽调干部80余人参加的国土整治研究班,请相关各方的领导和专家20余人做学术报告。其中多数是结合自己主管的或主要从事的专业,讲与国土整治有关的问题。例如,水利部部长钱正英讲"我国的江河治理问题",农业部部长何康讲"我国农业区划和农业发展问题",中科院综考会的阳含熙讲"生态学与国土整治",冯华德讲"自然资源综合考察与国土整治",地理所的孙惠南讲"中国自然地理概况",北京经济学院的孙敬之讲"关于我国人口问题与解决途径"等。只有于光远讲的"关于国土工作的几个问题",吴传钧讲的"因地制宜,整治国土"和我讲的"国土规划与区域规划",才是完全针对国土工作本身的综合性论述。国家建委主任韩光、副主任吕克白,以及正在筹建国土局的徐青、方磊等人对我们所讲的内容都很感兴趣。

韩光还亲自找吴传钧和我面谈,要吴传钧详细介绍地理所能为国土整治做些什么工作。听完汇报后,他明确表示:"看来国土工作与地理研究的关系最密切"。有一天,我院地球科学部的领导李秉枢要我陪同去见韩光,向他介绍地球科学可在哪些方面为国土工作服务。当韩光得知我刚从南京参加城镇化道路学术讨论会回来时,要我同时汇报南京会议的情况,说明他把城镇化问题也视为国土建设的重要内容之一。他曾向我们表示:今后要把管好国土建设作为国家建委的中心任务。

1981年10月,国务院批准国家建委上报的《关于开展国土整治工作的报告》。11月,国家建委成立了以徐青、陈鹄为正副局长的国土局,由国家建委副主任吕克白分管国土局的工作。几乎与此同时,在于光远的倡导下,成立了由杜润生任会长、于光远任副会长的中国国土经济研究会,要吴传钧和我担任该研究会的正副秘书长。

1982年春,国务院副总理万里在中南海主持召开有关国家机构改革的会议,涉及新的国土管理机构如何设置的问题。于光远、钱正英、何康等均为正式受邀代表,韩光主任特为吴传钧和我争取作为列席代表参加这次会议。在讨论到有关国家建委和国土管理机构的设置问题时，吴传钧和我都大胆争着发言。吴传钧建议将国家建委改为类似于苏联的生产力研究委员会。我则建议将国家建委改为国土建设委员会，统管全国国土空间的建设布局，使其与主管国民经济发展规划的国家计委各有侧重。万里副总理当时没有表态，但事后表明我们的建议没有被采纳。不久，国家建委与国家计委合并，原国家建委主管的国土工作业务及其机构划归国家计委主管。原国家建委副主任吕克白转为国家计委副主任，继续分管国土工作。徐青任国家计委委员、国土局局长。当时的国家计委主任宋平与吕克白是老战友，他也大力支持国土工作。

国土规划与区域规划

通过国土整治研究班的学习、讨论和总结，明确要搞好国土整治，必须通过考察、规划、立法、监管等不同环节，全面加强对国土开发、利用、治理、保护的综合管理。我不同意有人只把国土视为自然资源的总和，更不同意将国土资源等同于土地资源。我认为国土是指国家主权管辖范围内的地域空间，既是资源，也是环境。我在《国土规划与区域规划》文稿中，给国土规划作出如下定义："国土规划就是要因地制宜，有效地综合开发利用不同地域的自然资源、劳动资源和经济资源，为在特定的地域空间发展生产，从事各项建设，治理和保护环境，改善和丰富人民生活，提供最优方案。"同时还指出：国土规划可分为全国性国土规划和地区性国土规划，后者亦即我们通常所称的区域规划。我就是想要通过开展全国国土规划使区域规划得以在我国复活。我还着重论述了国土规划与区域规划所具有的战略性、地域性、综合性的基本特征，与城市规划、经济区划、经济发展规划的相互关系，以及国土与区域规划本身应包含的各项主要内容。

国家计委副主任吕克白、国土局局长徐青及其下属规划处正副处长方磊和黎福贤都很同意和支持我的上述观点和主张。方磊早年在建设部门曾接触过区域规划的工作，黎福贤则为1963年毕业于中山大学经济地理专业的高才生，他们都认为地区性的国土规划就是区域规划。吕克白、徐青等领导考虑，要管理好国土，首先要搞好国土规划，而要取得编制国土规划的工作经验，可先从开展某些地区性的国土规划试点入手。因这是由国土规划部门主持开展的规划，可称其为地区性国土规划，不一定改称为区域规划。

国家计委国土局在初期推动某些省区先开展国土规划试点工作的过程中，组织有关地区性国土规划的立项论证、内容审议、工作汇报、经验交流、成果验收等各种会议活动，徐青局长一般都邀请我共同参加。他虚怀若谷，经常就如何开展地区性国土规划问题征求我的意见。第一批地区性国土规划的试点工作，有东北师范大学地理系参加的吉林松花湖地区国土规划、杭州大学地理系参加的浙江宁波地区国土规划和南京大学地理系参加的湖北宜昌地区国土规划。1982年9月，国土局还与华东师大地理系合作开办"国土工作干部培训班"，为各省（区）市开展国土规划工作培养和输送干部，曾请我去做国土规划的专题讲座。

1982年12月，在第五届全国人民代表大会第五次会议通过的《中华人民共和国国民经济和社会发展第六个五年计划（1981~1985）》中，首次专列一章（第二十四章）阐述"国土开发和整治"，并明确提出在"六五"期间要编制若干重要地区的国土开发整治规划，其中就包括京津唐地区国土开发整治规划。

京津唐地区国土规划

国家计委国土局决定亲自抓京津唐地区国土开发整治规划，将其作为开展地区性国土规划的重要试点，组织在京的众多科研机构投入此项工作。由北京经济学院人口研究所的李慕真负责人口，中国城市规划设计研究院的张启成负责城市，中国人民大学计划系生产布局教研室的杨树珍负责工业，国家经委综合运输所的金瓯负责交通运输，中国农业工程研究设计院的范志书负责农业，国家经委能源研究所的王家诚负责能源，中国水利科学院水资源所的陈志恺负责水资源，中国环境科学院的杨本津负责环境，开展与京津唐地区国土开发整治有关的各项专题研究。同时将"京津唐地区国土开发与整治的综合研究"课题交付中国科学院地理研究所承担。

为此，地理所组成了由吴传钧、胡序威、孙盘寿负责，经济地理与自然地理专业各占半数共计40余人参加的"京津唐地区国土开发与整治的综合研究"课题组。由于当时吴传钧正在郭焕成、沈象仁、沈洪泉等人的协助下，集中主要精力抓重点课题"1∶100万中国土地利用图的编制研究"及其后的《中国土地利用》专著编写，所以对京津唐地区的研究课题只在开始时挂了个名；孙盘寿也只抓与人口和城镇有关的研究；致使此项综合研究课题实际上由我全权负责。

1983年1月，国家计委国土局在北京召开京津唐地区国土规划研究各专题组和综合课题组之间的调查研究工作汇报和经验交流会。会上对各自的初步调研成果进行探讨和相互沟通协调，对某些重大问题形成了基本共识。会后再分头进行将近一年的深入调查和总结。

1983年年底，完成了由我和陆大道、孙盘寿、陈汉欣、张文尝、叶舜赞、马清裕、赵令勋、梁华山、刘建一、张雷、孙俊杰共同参与，经我统稿定稿的"京津唐地区国土开发与整治的综合研究"报告。同时还附有"京津唐地区国土开发整治的地理基础研究（专题报告集）"，内含：赵令勋，矿产资源评价；尤联元、卢金发、陈志清等，地貌条件及其评价；沈建柱、王德辉，气候资源的特点分析；童鼎钊等，水资源及其利用评价；王荷生等，植物资源及其合理开发利用途径；徐志康，土地资源评价及其合理开发利用；邢嘉明等，自然环境演变及区域开发过程；杨冠雄、宋力夫等，旅游资源地理基础及分区开发利用设想；孙盘寿、叶舜赞、马清裕，城镇人口的增长及城镇体系的发展。

1984年3月，由国家计委副主任吕克白主持的"京津唐地区国土开发整治综合研究"课题成果验收评议会在河北廊坊召开，有国家和京津冀各有关部门的领导和专家及参与合作的众多科研机构业务人员共百余人参加。会议主要听取我的综合课题汇报和徐志康的土地利用专题汇报。我的汇报重点论述了京津唐地区的发展条件和特点，在开发整治过程中需要综合解决的几个主要问题，以及对今后开发整治的若干战略设想。其中包括：战略地位与规划目标，经济发展方向，地域开发方向，三大城市分工和发展方向，城镇人口增长与城镇布局，重要工业基地布局，交通、能源、水源等基础设施建设布局，按不同资源、环境条件提出开发整治综合分区设想。徐志康的专题汇报，主要介绍京津唐地区土地资源的类型、分布特点、利用现状和存在问题，指出今后合理开发利用的方向。他对这次汇报内容的准备比我充分，把有些基本数据记得滚瓜烂熟，讲得也十分精彩。总的来看，我们的研究成果汇报取得较圆满的效果，与会代表都同意我们的基本观点和基本方案。会后，吕克白对负责课题组与国家计委日常联络工作的赵令勋说："通过这次会议说明你们的研究成果有水平，你们的研究队伍是一支能打硬仗的队伍。"主管国土规划的处长方磊和黎福贤也说："你们干得漂亮，对这个结果我们都很满意。"其后，《京津唐地区国土开发整治的综合研究》成果曾获中国科学院科技进步二等奖和国家科技进步奖三等奖。获奖人的名次我按实际贡献大小排列，陆大道位居第二。

令人遗憾的是，由于编制《全国国土总体规划纲要》的任务急于上马，京津唐地区国土开发整治的调研任务完成后一直没有正式编制《京津唐地区国土规划》，使我们通过调研形成的对优化国土空间布局的某些重要战略设想未能全部成为现实。例如，我们对京津唐地区的城市分工和产业布局，曾明确将北京市定位为全国政治文化中心和国际交往中心，应着重发展知识密集型产业和各种现代服务业。对首都既有的大耗能、大耗水、大运量、占地广、污染较严重的冶金、化工等重化工业，尤其是处于城市上风向、上水源地的污染严重的首钢石景山厂区，必须严格限制其发展。资源密集型的能源、原材料工业应重点向冀东地区转移，而且冀东新建钢铁基地应主要在沿海可建深水港的地点选址。而后来的现实情况是，首钢在石景山厂区的规模被一再扩建，由我们调查时的年产钢150万吨逐步扩大到后来的年产钢800万吨。我们曾建议在唐山海边适宜建深水港的地方建设冀东新钢铁基地，由我起草上报中央后，曾惊动了陈云、李先念等多位中央领导人，纷纷对此作了批示。只是由于个别领导支持首钢在内陆建新钢铁基地，致使我们的方案被搁置。但对冀东钢铁基地的选址问题，仍长期存在着沿海和内陆之争。首钢曾为在冀东迁安铁矿区选址和山东兖州煤矿区选址，接连召开了较大规模的专家论证会，我也均受邀参加，对所选厂址都被到会绝大多数专家所否定。一直拖到进入新世纪后，因北京筹备2008年的奥运会特别重视环保问题，首钢才被迫停止石景山厂区的生产活动，决定迁往唐山曹妃甸，建崭新的深水港区和现代化的新钢铁基地，可惜为时已稍嫌晚。

早在进行冀东钢铁基地选址调查前，我们就已发现，我国的铁矿石资源并不丰富，而且许多大铁矿都是含铁量在40%以下的贫铁矿，需经粉碎细磨的选矿流程，才能从几吨贫铁矿中选出一吨含铁量高达60%左右的精矿粉，经烧结或聚成球团进高炉冶炼，严重增加生产成本。巴西、澳大利亚等国储量巨大的铁矿区则多为不需选矿可直接用于冶炼的富铁矿。所以从我国钢铁工业的发展趋势看，从国外大量进口富铁矿将势所必然，这也是为什么我们从冀东钢铁基地的选址开始，一直主张把大型钢铁厂建在沿海港口的主要缘由之一。然而，由于后来我国对钢铁工业出现新的大跃进严重失控，不仅导致生产大量过剩，而且多数是在内陆原有众多钢铁企业的基础上不断扩建而成，没有集中力量在沿海建成几个高度现代化的大型钢铁企业，为现今对钢铁工业布局进行供给侧改革带来不少困难。

在1984~1985年期间，地理所还在福建、山东等省开展地区性的国土规划研究。其中由郭来喜、赵令勋等十余人完成的《湄洲湾地区国土规划》，受到福建省领导的高度重视。

全国性国土规划纲要

1985年3月，国务院批准国家计委"关于编制全国国土总体规划纲要的报告"。国务委员、国家计委主任宋平很重视此项工作，亲自进行工作部署，成立了"全国国土规划办公室"。当时吕克白虽年龄超限已卸任国家计委副主任，改由徐青接任，但宋平仍要克白主持全国国土规划办公室事务。新任国土局局长陈鹄任规划办公室副主任，新任副局长方磊则任规划办公室综合组组长。地理所派遣我和陆大道（经济地理）、郑度（自然地理）、王景华（环境）、任鸿遵（水资源）五人参加编制《全国国土总体规划纲要》的综合组工作。我们在讨论和起草有关全国国土规划纲要的总体框架结构及其主要观点和思路方面，曾发挥了积极的作用。

1985年夏，吕克白、徐青在怀柔主持讨论修改由综合组起草的《全国国土总体规划纲要》（以下简称《纲要》）初稿，我和陆大道作为地理所参与《纲要》起草的执笔人参加了这次讨论的全过程。吴传钧则作为受邀的知名专家前来共同参加讨论。会后根据大家讨论提出的意见，陈鹄又带我们去唐山集中精力进行《纲要》初稿的修改。由陈鹄负责修改定稿的《纲要》，先以"征求意见稿"形式征求中央有关部门的意见，按各部门反馈意见再做了一些修改后报送宋平主任审阅。

1986年夏，宋平指定国家计委政策研究室主任刘洪对《全国国土总体规划纲要》进行逐项逐条的认真推敲和文字加工，并要方磊、利广安和我三人协助他工作。9月初完成了可提交全国性会议讨论的《纲要》版本。9月中旬国家计委在京召开由宋平主持的"全国国土总体规划纲要讨论会"，谷牧、宋健和有关中央部委及省（区）市领导人出席了这次会议，一些国内知名的经济学家、地理学家、生态学家也应邀到会参加讨论。会议肯定了《纲要》的基本内容，同时提出了一些进一步完善的建议。其后对《纲要》又进行了几次修改后才上报国务院。我因开始承担全国海岸带的调研任务而离开了国土规划的工作。

《全国国土总体规划纲要》共分以下九章：（一）国土资源的基本状况；（二）国土开发整治的目标；（三）国土开发的地域总体布局；（四）综合开发的重点地区；（五）基础产业布局；（六）国土整治与保护；（七）国土开发中几个问题的对策；（八）有待进一步研究的若干问题；（九）规划纲要的实施。我和陆大道主要分担了第三章及部分第四章内容的起草，以及根据讨论意见进行初步修改加工的工作。

在国土开发的地域总体布局一章中，划分了全国三大经济地带，论述了开发布局的主要轴线，选择了综合开发的重点地区。

自1949年以来，对我国生产力布局的战略研究，长期只重视如何正确处理沿海与内地的关系，有些过于笼统。改革开放后，国家计委常务副主任房维中曾召开会议专门研究如何在全国划分经济区的问题，我和杨树珍、魏心镇、刘再兴、陈栋生、利广安等经济地理与区域经济界人士曾应邀参加这次会议，各自提出不同的经济区域方案，未能形成一致意见。1985年开始着手编制《全国国土总体规划纲要》后，由主管此项工作的吕克白召开会议，研讨是否可将全国划分成东、中、西三大经济地带的问题。应邀参加这次会议的成员，较上次会议有所扩大。通过讨论，大家一致同意，将全国划分成：东部沿海10省市，西部陕西、四川及其以西10省区，介于东西部之间的中部9省区的三大经济地带。这反映了我国国土开发程度在东中西三大地带之间客观存在的梯度差，应在全国国土规划中统筹协调三大地带之间的发展。故在《纲要》讨论稿中单列"三大经济地带"一节加以论述。在1986年由全国人民代表大会通过的《中华人民共和国国民经济和社会发展第七个五年计划（1986～1990）》中，首次专列"国土开发和整治"一章，并在有关地区布局中首次指出："我国地区经济的发展，要正确处理东部沿海、中部、西部三个经济地带的关系，充分发挥它们各自的优势和发展它们相互间的横向经济联系，逐步建立以大城市为中心的，不同层次、规模不等、各有特色的经济区网络。"

早在1984年2月，在吴传钧的主持下，地理所经济地理部召开了有关我国生产力战略布局的学术讨论会。大家一致认为应纠正过去因考虑备战而过多强调分散布局的倾向。为提高布局效益，现阶段应侧重于据点开发和轴线开发。在那天讨论会上，我提出现阶段应重点开发我国沿海和长江沿岸这两条主要轴线，与会同志都表示认可。

后来陆大道在"2000年我国工业布局总图的科学基础"一文中，提出了T形结构概念，对我国工业布局总图进行了系统的理论阐述。我和陆大道在参与起草《全国国土总体规划纲要》时，都力主将T形结构写入《纲要》。在征求意见过程中，有人对此提出异议，陈栋生等建议将T形结构改为π形结构，将黄河沿岸也列为发展的主轴线，或以陇海铁路沿线代替黄河沿岸成为另一条东西向主轴线。我们认为长江是一条水源流量丰沛，通航条件优越，东西向运输潜力很大的黄金水道；黄河是一条中游有河套南北向大拐弯，枯水期流量不足，泥沙含量大，通航条件很差的河流。就其可带动区域经济发展的客观条件而言，二者不属于同一等级。至于陇海铁路沿线，只能与京广、哈大等多条干线铁路沿线一样，被列为二级发展轴线。在《规划纲要》的最初几稿，直至上报国务院的送审稿，均将沿海和沿长江的T形结构列为重点发展的两条主轴线。然而，在我们退出编写后最终形成于1990年的《规划纲要》版本，却又将沿海、沿（长）江、沿黄（河）列为全国三条主轴线。其实沿黄主要突出的是石油、煤炭、电力等主要能源基地的分片建设，形不成东西向紧密联通的主轴线。这也是为何至今在国家长远规划中只提长江经济带、不提黄河经济带的主要原因。

《纲要》还在全国范围选择了十多个综合开发的重点区域。其中名列前六位的有：京津唐地区、沪宁杭地区、辽中南地区、山东半岛、闽南金三角和珠江三角洲，至今仍为我国东部沿海经济最发达、城镇人口最密集的地区，只是在其地域范围、地域名称和排列顺序方面发生了若干变化。

自1987年10月国家计委向国务院上报《全国国土总体规划纲要》送审稿后，一直未见批复，只以国家计委的文件下发供参照执行。布置众多省市编制的地区性国土规划上报国家计委后也均被搁置。随着宋平、徐青调离国家计委，吕克白彻底离休，新的国家计委领导只重视发展规划，不重视国土空间规划，后来干脆将国土规划的职能完全转给新成立的国土资源部。可以这么说，在上世纪80年代，我国的国土与区域规划确曾迎来了鲜花盛开的春天，却未能等到深秋季节收获其丰硕的果实。

第十一章 经济地理科研事业大发展

经济地理部的成立

早在1979年，在原由中共中央宣传部管辖的哲学社会科学部所属各研究所的基础上，新成立了中国社会科学院。新任院长胡乔木和副院长于光远曾联名给中国科学院领导写信，希望能把地理所经济地理室转移到中国社会科学院去发展。中科院的领导将此信转给我们看，并征求我们的意见。经全室同事共同讨论，大家都不愿去社会科学院。因为我们的经济地理学不是纯粹的社会科学，与自然地理诸学科存在着密切的联系。而且大家都认为我国的社会科学过于强调阶级性，去社会科学院很易受到各种政治运动的冲击，因此都不愿将我们的经济地理室转移到社会科学院去发展。

但也应该承认，以往在中科院地理所，重点发展的是自然地理诸学科，经济地理学得不到应有的发展。在改革开放初，全所设有自然地理、地貌、气候、水文、化学地理、经济地理、地图等众多研究室，经济地理室的科研人员仅30余人，还不足全所科研人员的1/6。改革开放后，经济地理室承担了多项国家的重大科研任务，除前述国土规划研究外，还有邓静中、徐培秀、郭焕成、徐志康、李荣生、蔡清泉、姜德华、黄勉等人承担的"中国综合农业区划"课题，吴传钧、郭焕成、沈洪泉、沈象仁等承担的《1∶100万中国土地利用图》及《中国土地利用》专著，李文彦、陈航、李耀武等参加的"山西能源重化工基地综合规划"及其主持完成的"山西经济区划初步方案"。我们都深感任务繁重而人手严重不足。

1983年初夏，由吴传钧、邓静中、李文彦、胡序威、孙盘寿五人联名给国务院写信，说明经济地理研究可在多方面为国家经济建设服务，当前任务十分繁重，依靠现有科研力量难以顺利完成，希望能给予地理所的经济地理研究机构以较大支持。该信由郭来喜亲自送往国务院，经方毅副总理批转中国科学院院长卢嘉锡处理此事，引起院领导的重视，由分管地理所的中科院副院长叶笃正在院部召见李文彦和我前往共商此事。1983年8月，经院领导讨论决定，在地理研究所内成立经济地理部，下设农业地理、工业与交通地理、城市与人文地理三个研究室和一个办公室，编制定员规模为90人。1983年12月经济地理部正式成立，由已接替吴传钧任地理所副所长的李文彦兼任部主任，我担任部副主任。农业地理室因邓静中已年过60，且体弱多病，不再担任领导职务，主任暂缺，由郭焕成任副主任，邓仍可从旁指导；1986年后改为郭焕成任主任，徐培秀、姜德华任副主任。工业与交通地理室，先由李文彦兼主任，陆大道任副主任；1986年后改由陆大道任主任，张文尝任副主任。城市与人文地理室在成立之初，因孙盘寿已年老退居二线，由我兼主任，郭来喜为副主任；1986年后改为郭来喜任主任，马清裕为副主任。各室通过吸纳大学本科毕业生和大量招收研究生，迅速扩大了研究队伍。

我和李文彦共同领导经济地理部的工作，彼此合作得很好，对重要问题都是共同商量决定。1986年后，李文彦不再兼部主任，改由我和徐志康任经济地理部正副主任，但我们仍继续坚持与他共商部的大计。经济地理部的办公室主任，属行政正处级，先后由杜仲朴、赵令勋任主任。他们热心为经济地理团队服务，为帮助大家纾困解难，加强内外联络和上下沟通，凝聚团队的战斗力，发挥了重要作用。赵令勋自1986年后，成为先后三任经济地理部领导的好管家。

接受国家计委领导

自地区性国土规划在全国广泛开展，由地理所牵头的京津唐地区国土规划综合研究取得较好成果后，国家计委深感开展国土规划需要有从属于自己的研究机构作依托。早在1984年8月，当时主管国土的国家计委副主任徐青主动与地理所的领导黄秉维、吴传钧、左大康等电话联系，探讨由中国科学院和国家计委共同对地理所实行双重领导的可能性。经所内研究后一致认为实行双重领导，有利于地理所的研究工作更好地面向经济建设，有利于地理科学事业的发展。但由于中国科学院院部与国家计委在谈判实行双重领导需提供某些具体条件的过程中，一时尚未能形成双方都能接受的方案，此事遂被拖延了下来。

1985年11月3日，宋平亲自带领国家计委的陈光、甘子玉、刘中一、吕克白等副主任以及包括国土局在内的几乎所有司局的领导干部共30余人，前来地理所参观访问。在中科院严东生副院长、地理所名誉所长黄秉维和所长左大康的陪同下，观看地理所的研究成果展览，听取所领导的汇报，对我所完成的"京津唐地区开发整治的综合研究"成果尤感兴趣。活动结束时，参与接待工作的赵令勋曾询问陪同宋平前来的时任国土局副局长方磊，对此次访问有何感想，他不加思索地回答："国土、地理是一家"。显然，通过这次访问，加深了国家计委对地理研究所的了解。

当我获悉由于长期解决不了对地理所实行双重领导问题，国家计委可能只好自行设法筹建国土研究机构的信息，通报给左大康所长后，他立即向院部反映，争取尽快就我所的双重领导问题与国家计委达成协议。终于在1986年3月26日，中国科学院和国家计划委员会共同签发了关于对地理所实行双重领导的通知。通知规定：双重领导以中国科学院为主，地理所作为全国性地理科学研究机构性质不变，同时又作为国家计委的一个研究咨询机构；国家计委根据社会经济发展和国土整治的需要，在国土资源开发、地区开发、生产力布局、国土规划等方面直接向地理所布置下达有关研究咨询任务，可根据实际情况给予经费等必要支持；实行双重领导后，地理所可比照国家计委所属职能局待遇，参加计委召开的与上述领域有关的业务会议，阅读有关的业务文件、资料；地理所应积极向计委反映情况，提出建议和可行性方案。实践证明，地理所实现双重领导后，改善了工作条件，扩大了对外影响，对经济地理研究尤其如此。左大康、李文彦和我曾多次轮流代表地理所参加国家计委召开的司局长会议，使我们能及时获知有关国家经济建设的一些重要信息。受国家计委领导后，我们开介绍信去各地进行经济地理调查，需搜集某些机密性的经济资料时也不会再遇到什么困难。有些地方性的地理所，如河北省地理所和河南省地理所，也都仿照我们，争取实行省科院和省计委的双重领导。

我在国家计委，除与主管国土规划的国土局（司）外，也与主管地区经济发展的地区局（司）保持密切的联系。与地区司的先后二任领导门晋如和高纯德都有不少交往，他们经常邀请我参加有关经济区和区域经济合作方面的各种研讨会。有一次他们还要我去主持由一些经济学者和地方干部共同完成的有关上海经济区的研究成果评议会。当时的上海经济区还只包括上海、苏州、无锡、常州、南通、嘉兴、湖州、杭州、绍兴、宁波等较小地域范围，后来逐步扩大成为现今的长江三角洲经济区。

扶助贫困地区的发展也是地区司的重要任务之一。1987 年，司长高纯德对我说，希望地理所能对我国的贫困地区根据不同的地理条件进行不同类型区的划分，以求因地制宜，采取不同发展途径和政策措施，有效推动我国扶贫工作的进展。我向左大康所长汇报此事后，他决定由经济地理部时任农业地理室副主任姜德华牵头，组织自然地理和经济地理有关方面的几位科研人员，成立中国贫困地区类型及开发研究课题组，得到中国科学院扶贫办公室的积极支持。1989 年，作为中国科学院科技扶贫研究成果之一的《中国的贫困地区类型及开发》正式出版，国家计委地区司司长高纯德撰写"多学科地制订贫困地区长远发展规划"一文作为该书的"代序"，曾担任过中国科学院领导职务的时任中国地区开发咨询中心主任李昌还为该书作"分而治之，战胜贫穷"的题词。该书至今仍为我国开展扶贫工作的重要参考资料之一。

建区域开发理论室

毛汉英是在 1961 年毕业于南京大学地理系经济地理专业后，分配到地理所经济地理室工作的。"文革"前在农业地理组从事复种北界与农业区划研究，我早知他是一位拔尖型的科研人才。从"文革"后期开始，他转入世界地理室工作，完成了《苏联经济地理（区域）》和《苏联农业地理》等专著。1986~1987 年他作为苏联列宁格勒大学的访问学者，从事经济区划研究。当我获悉他有回经济地理部的意愿后，立即向他表示欢迎。

长期以来，经济地理研究机构的设置，均是以不同的部门或要素来发展分支学科，如农业、工业、交通、旅游、人口、城镇等，没有专门从事区域发展综合研究的。国土与区域规划研究亦多由主要从事工业、交通、城镇布局研究者兼顾。所以我一直想在经济地理分支学科中，专设一个区域发展的综合研究机构。经济地理部的成立为新设机构需要增加人员编制提供了可能。终于在 1988 年按我的建议，在经济地理部内新创设一个区域开发理论研究室。考虑到我们以往在区域开发和区域规划研究任务中对理论研究的相对不足，所以要强调一下理论研究。我请刚从苏联回来不久的毛汉英担任该室副主任，室主任暂由我兼任，具有过渡性。两年多后就不再兼任，由他全权负责。但我对该室的发展确实曾给予较多的关注和照顾。

早在 1987 年，我首次向国家自然科学基金委员会申请，获得"经济区划理论与方法"研究项目资助经费 8 万元，这在当时可不是一笔小数目。我将其中大部分经费拨给新建的区域室支配使用。我自己只完成《论中国经济区的类型与组织》及《组织大经济区和加强省区间的规划协调》两篇论文。在苏、鲁、豫、皖四省接壤地区，受省级行政区划犬牙交错的分割，严重影响当地的经济发展。组织以徐州为中心的包括连云港、宿迁、枣庄、济宁、商丘、淮北、宿州等广大地区的淮海经济协作区，曾成为当时跨省经济协作区的研究热门。我曾多次前往徐州参加淮海经济协作区的活动，成为该经济协作区的学术顾问。区域室成立后，我就让毛汉英接任此项工作。

1989 年他带领顾朝林、陈为民、董卫华、刘小金等十余人去山东省莱州市，承担县级市的经济社会发展规划研究。与我院系统所合作，构建莱州市经济社会发展的系统动力学模型，完成《莱州市经济和社会发展战略规划（1989~2000）》。我请老院长卢嘉锡前来主持评审，并为该项成果亲笔题词。因卢嘉锡作为中国农工民主党的主席，曾多次要我陪同他去冀东、陕北、蒙西等地考察，并为当地政府提供咨询，所以我求他之事一般都能答允。他的到来引起山东省领导的高度重视。

1991 年冬，我受中国城市规划界的老前辈、时任兰州市副市长的任震英之托，要地理所为兰州市搞一个城市发展规划。我就让部内的区域、城市、工交各室抽人联合组队，由毛汉英和赵令勋领队，与叶舜赞、陈为民、陈田、蔡建明、冯仁国等共十来人前往进行调查研究。我作为学术顾问，参与讨论和总结的主要过程。最后由毛汉英汇总执笔完成的"兰州市发展规划"研究成果，具有较高水平。由兰州市人民政府对该项规划成果召开高规格的验收评议会。当时的甘肃省委书记顾金池、省长贾志杰、省建设厅厅长宋春华（即后来的建设部副部长）、兰州市委书记李虎林、副市长任震英，以及早期从中科院地理所调至兰州任冰川冻土研究所所长的施雅风院士等多位专家、教授，全都到会听取成果汇报。毛汉英的汇报有些过于拘谨，完全照稿念，效果不够理想。我作了一个补充发言，着重就我们的主要观点和建议作了一些生动的说明。例如，强调要充分发挥兰州市作为大西北重要交通枢纽的区位优势，建议国家修建直接联通兰州与成都大西南的铁路。当时的兰州市区完全处在东西狭长的黄河峡谷盆地，上空长期笼罩着厚实的逆温层，受污染的大气不易扩散，这是影响兰州市今后发展的最不利因素。为此今后必须扬长避短，调整兰州市的产业结构和空间结构。发展无污染的产业，对现有的污染性企业进行强制性改造或外迁。加速修建市区内东西向的快速通道，并可考虑修建东西向的地铁，以缓解市区内的交通拥堵，相应减少汽车的尾气排放。对市区需进行合理的功能分区，城市人口不宜过多地集聚在现有市区，应及早往西靠近中川机场的方向拓展城市发展的新空间。我的发言引起了众多到会人员的关注。在对规划成果进行评议时，与会的省市领导一致给予高度评价，不少人说，该规划思路给他们以很大启发。任震英甚至还这样说："这是自从我主持兰州市城市规划工作以来，最好的一次规划。"我们打响了这一炮，确为经济地理学在城市规划界赢得了声誉。原来对我们经济地理的科学性多少有些偏见的施雅风院士也从此改变了自己的看法。

毛汉英勤奋好学，悟性强，效率高。自他开始领导区域室以来，很快取得丰硕的研究成果。后来他在区域可持续发展研究领域，成为国内领军人物之一。我自知曾先后随我从事区域综合研究的陆大道和毛汉英二位，后来在某些方面学术水平均已超越于我，且为此而感到自慰。所以在我离休后，经济地理部主任一职很自然地先后由陆大道和毛汉英二位继任。

扩大经济地理影响

作为吴传钧的首位研究生陈汉欣来所后，曾跟随我多年从事以钢铁工业为主的工业布局研究。自"文革"后期至改革开放前，他在世界地理室工作，主编了《苏联钢铁工业地理》和《世界钢铁工业地理》专著。1980年他回到经济地理室后，继续跟我从事"工业与城镇布局的区域研究"和"京津唐地区国土开发整治的综合研究"。他挚爱经济地理学，热忱关注我们这个研究团队的发展，经常为我们出谋献策，大家夸他点子多，成为我身边的重要谋士。

为了扩大经济地理的社会影响，在陈汉欣的建议下，我们开始将一些调研成果和翻译文献打印成内部材料发送给有关的教学和科研单位参考。1980年，试编了两期内部刊物《工业、城镇布局与区域规划研究》，很受外界欢迎。其刊名与我们当时承担建设部委托的研究课题同名，印刷出版费用亦由该课题经费支出。从1981年起，决定将这一内部刊物的编印规范化，正式对外征收订户，每年出两期。内容包括尚未能公开的专题论文、调查报告、问题讨论、城市介绍、国外文献、学术动态等诸多专栏。由我和陈汉欣、赵令勋负责主编和副主编，实际上大量编辑加工工作主要由陈汉欣完成。他的专业基础和文字功底好，是一位很优秀的学术编辑人才。这一内部刊物的订户，几乎遍及国内有关地理、经济和规划方面的教学、科研和管理机构，在上千的订户中还有不少业余爱好者。经济地理部成立后，从1985年开始，我们将该内部刊物的名称改为《生产力布局与国土规划》，将农业地理方面的研究内容也包括进来。该内部刊物不仅扩大了经济地理部的对外影响，也为部内广大科研人员提供了暂不宜公开发表的学术论述的园地。

湖南省似乎与经济地理有缘。早在新中国成立前，湖南大学就设有一个以曹庭藩为系主任的经济地理系，也是当时全国唯一的经济地理系。1953年全国院系调整后，湖南大学经济地理系被并入广州中山大学地理系，由曹庭藩任地理系系主任，经济地理成为地理系内的一个专业。在改革开放之初，湖南省科委接受吴传钧的建议，创建了全国唯一的湖南省经济地理研究所。首任所长杨忠烈，虽非经济地理专业出身，但深知经济地理研究对经济建设的重要性。当年在长沙召开了中国地理学会经济地理学术讨论会，并开始酝酿创办《经济地理》期刊之事。1981年，由中国地理学会经济地理专业委员会与湖南省经济地理研究所合办的《经济地理》学术期刊，正式在长沙创刊发行。在创刊号上有曹庭藩、周立三、吴传钧等多位经济地理界的老前辈撰文。由于湖南所的研究力量相对较弱，所以对该期刊的编审工作主要靠中国地理学会经济地理专业委员会组织众多专家来共同承担。由宋家泰任主编，钟功甫、程潞、胡序威、李振泉、杨忠烈任副主编。

1991年后，《经济地理》改由中国地理学会经济地理专业委员会、中国科学院地理所经济地理部和湖南省经济地理所三家合办，由我任主编，李振泉、魏心镇、曾尊固、刘君德、许自策、李万任副主编。为保证期刊质量，担任主编和副主编均需为审阅和选编大量来稿付出很多时间和精力。我在当了该刊十年副主编后，又当了六年主编。1997年由陆大道接任主编，自己退居顾问。由于陆大道当时已是地理所所长，后来还当选为中科院院士，工作特忙，我就推荐陆的师兄陈汉欣当常务副主编，协助他处理主编事务。如今的《经济地理》，早已由季刊发展成为月刊，在国内外广泛发行，连续多年被评为中国最具国际影响力的学术期刊之一。

为扩大经济地理的社会影响，我还曾组织过两次重要的庆祝活动。一次是1988年，庆祝经济地理室（部）成立30周年。会议举办得很隆重，请来了于光远、吕克白、曹洪涛等多位所外领导，黄秉维、陈述彭等几位中科院院士以及北大胡兆量、人大杨树珍、北师大邬翊光等经济地理界的知名教授。由我在会上作了"为发展经济地理学而共同奋斗"的主题发言，系统地总结了由经济地理室向经济地理部发展的历史过程，明确提出了今后的发展方向和目标。该发言甚获左大康所长的好评，他要我尽快整理加工后交地理所主编的《地理研究》发表。另一次是1991年，搞了一期庆祝《经济地理》创刊10周年的专刊。卢嘉锡、周立三、吴传钧等为此题词，卢嘉锡的题词为："创刊十载、成绩显著、再接再厉、力创一流"。于光远、吕克白为此写了简短贺词。于光远在贺词中写道："近十年来，经济地理的研究极为迅速。这种情况同全国普遍地开展本地区经济社会发展战略研究是分不开的。《经济地理》杂志创刊十年来，在推进我国经济地理研究和推动我国发展战略研究方面，发挥了重要的作用。"

我国的地理学界广泛投入国土开发研究和地理研究所开始接受中科院和国家计委的双重领导,曾引起时任中国科协主席钱学森的高度重视。作为我国系统科学的创建者,他早在1983年即开始以系统科学观来探讨地理环境问题。1986年他提出"地理科学"概念,并将其列为全国十大科技部门之一。1991年4月6日他应邀前来参加中国地理学会召开的"地理科学"讨论会,做了"谈地理科学的内容及研究方法"的长篇发言,由当时刚从北师大地理系毕业分配到《地理学报》任编辑的、我的小儿子胡天新将其发言记录整理成文,经钱学森亲自审改后发表于1991年第3期的《地理学报》。所以我于当年5月15日给钱学森去信,希望他能为庆祝《经济地理》创刊10周年题词或赐文。他亲笔给我回信,作了如下回复:"对地理科学我能谈的都在4月的那次会上讲了,实在再无可谈的了,而且发言已整理,将刊登《地理学报》。所以《经济地理》十周年这件大事,我是无能为力了。至于题词,此类事我从来不会搞,一概婉谢,这次也不例外了。"直到钱学森仙逝后,我才将此事的经过和他的来信复印件发表于《经济地理》2009年第11期。

开展对外学术交流

吴传钧是我国地理学界开展国际学术交流的领军人物。1978年与黄秉维率领中国地理代表团访问美国,开通了中美两国地理界的学术交流渠道。1980年率团参加东京召开的第24届国际地理大会,做"中国经济地理学的发展"报告。1981年被聘为东京联合国大学校长顾问委员。1984年代表中国地理学会参加在巴黎召开的第25届国际地理大会,解决了我国在国际地理联合会的会籍问题。1988年率中国代表团出席在悉尼召开的第26届国际地理大会,当选为国际地理联合会副主席,成为首位担任此项重要职务的中国地理学家。吴传钧在全国人文经济地理领域组织各类对外学术交流活动,贡献最大。在我们经济地理部内参与对外学术交流活动相对较多的还有李文彦和叶舜赞二位,前者曾任国际地理联合会工业变化委员会常务委员,后者曾任国际地理联合会城市地理专业委员会委员。

由于我英语基础差,且因工作任务一直很繁重,难以集中抽出一段时间专攻英语,致使口语始终未能过关,参加对外学术交流活动就成为我的弱项。境外学术交流以去香港次数较多。我首次去香港是在1986年,与左大康、陈述彭等共同前往香港大学参加国际性的资源、环境与区域开发研讨会,有众多海外华人地理学家到会,我提交会议宣读的论文题目是"中国区域开发的几个主要问题",引起到会代表的高度关注。他们对国内经济地理学家能直接参与国家有关区域发展战略决策研究甚为羡慕。从此,我就陆续结识了杨汝万、马润潮、章生道、叶嘉安、薛凤旋等众多知名的华人地理学家。

1987年,我随吴传钧、李文彦等第一次去英国,参加曼彻斯特大学召开的有关"城市与区域发展规划"的中英双边学术研讨会。我将提交会议的"中国城市与区域规划发展新趋势"

论文的中文稿，先寄给由我培养的硕士，时在曼彻斯特大学地理系攻读博士学位的赵晓斌，让他先译成英文稿，然后在会上以我们二人合作的名义代我发言。研讨会与会代表对我国人文经济地理学界大量参加城市与区域规划研究也特感兴趣。

大量培养硕士博士

1978年，地理所经济地理室开始招收改革开放后的第一批硕士研究生，由研究员吴传钧、邓静中和副研究员李文彦、胡序威各招一名，即李柱臣、甘国辉、李耀武和刘建一。其中刘建一未上过大学，是以同等学力的优异成绩考取我的硕士研究生的。直至1981年，等到"文革"后首批进大学的青年开始毕业后，全所才开始招收第二批硕士研究生。当年经济地理室只招了一名毕业于中山大学经济地理（城市规划）专业的赵晓斌做我的硕士研究生。1982年，邓静中招了杭州大学的姚建衢，李文彦招了北京大学的樊杰，孙盘寿招了南京大学的陈田和李海金。其后几乎每年都招硕士研究生，而且接我们班的年轻一代的业务骨干郭来喜、陆大道、毛汉英、郭焕成、徐志康、叶舜赞、马清裕、张文尝、赵令勋等也都纷纷开始招收硕士研究生。截至我完全离开经济地理工作岗位的1996年，经济地理部先后共招收了61名硕士研究生。其中由我招收的共7名，内含与陈航合作招收的2名。除最早招收的刘建一和赵晓斌二位，后来分别在美国明尼苏达大学地理系和香港大学地理系执教外，其余多已改行。只与陈航合作培养的薛峰，进深圳市规划局工作多年后，已升任至副局长的领导岗位，其所学专业还是起到了一定作用。

地理所从1982年开始设博士点招收博士研究生。不是所有已获教授、研究员职称的都能招博士，早年国家对培养博士生管理甚严，申请博士生导师资质需经国务院学位委员会审批。1981年首次批准地理所的博导只有黄秉维（自然地理）和吴传钧（人文地理）二位。相隔三年后，第二次批准的博导也只有赵松乔（自然地理）和邓静中（人文地理）二位。我和李文彦都是1986年刚被授予研究员职称，当年都同时申请博导资质。但地理所第三次获批准的博导仅自然地理的陈述彭、邢嘉明和人文地理的李文彦。我直到1989年才与自然地理的刘昌明和章申共同进入地理所第四次获批准的博导名单。当时全所每年招收博士生的总名额控制在五六名之内。截至1996年，经济地理部共培养了十六名博士，我只培养了两名。一位为郑伟元，毕业后去国土资源部，曾任中国土地勘察规划院副总工程师，后改任行政领导职务，曾挂职海拉尔市副市长；另一位是宋迎昌，现为中国社会科学院城市发展与环境研究所研究员和博士生导师。在经济地理部内，由我培养的博士远少于我之前的老一代博导和我之后的新一代博导。他们在上世纪90年代培养的大批博士，也为经济地理部留住几位杰出人才，如李文彦培养的樊杰，毛汉英培养的方创琳等，后来都成为人文经济地理研究领域的重要业务领导骨干。

1986年，地理所开始设立博士后工作站，1988年来地理所的第一位人文地理博士后，是南京大学宋家泰教授培养的首位优秀博士顾朝林，师从于吴传钧先生。由于他的研究课题"城市经济区理论与应用"与我的专业研究方向较接近，所以平时与我联系交谈较多。一年后，他博士后出站时，吴先生和我都请他留在经济地理部工作，先安排他在区域室干了几年。由于他在学术研究方面取得突出成就，在吴先生和我的共同大力推荐下，使他在1989年获中国科学院首届青年科学家奖二等奖，1993年被聘任为地理所研究员，调城市与人文地理室任副主任。1995年由地理所自行评定给予博士生导师资质。去加拿大多伦多大学地理与规划系进修一年回国后，任城市与人文地理室主任。应该说，我们对他很器重。但后来由于南京大学副校长许廷官亲自来北京找吴先生商量，希望我们能放顾朝林回母校主持城市与资源系（原地理系）的工作。我们为顾全大局，也只好同意。

向外输送优秀人才

经济地理部的成立和国家计委的支持，引起院领导和外界对经济地理这门学科的重视。在卢嘉锡和周光召先后任院长期间，院部文件曾多次提到经济地理这门学科。1984年，院部决定与深圳市人民政府共同在经济特区筹建中国内陆第一个科技工业园区，并指令地理所派经济地理专业人员前往选址。经研究后决定由陈汉欣全权负责此项任务。当年12月，我和杨冠雄陪同陈汉欣去深圳，在离蛇口不远的南头区进行初步的选址工作。随后由陈汉欣参与中国科学院组织的科技工业园区的具体规划。1985年4月，深圳市人民政府与中国科学院签订了合办科技工业园的协议，他也就成为园区筹备组的重要成员。后来他被任命为园区副总工程师，创办了《深圳科技园报》并任主编，成为早期开发深圳科技产业的功臣，曾被深圳市委确认为对深圳市发展作出过重要贡献的"杰出专家"。

1986年，新筹建的云南省地理所因缺乏人才，请求中科院地理所以支援边疆地区名义，向他们直接委派所长。经所领导研究决定，派时任城市与人文地理室主任郭来喜带领几名自然地理专业人员共同前往。郭来喜早在1956年南京大学经济地理专业毕业前就已跟随吴传钧先生参加黑龙江流域的综合考察，并从此成为吴先生的得意门生。他思维敏捷，知识面广，有很强的工作能力，在人文经济地理领域建树颇多。他在多年担任云南省地理研究所所长期间，取得突出成就，曾被评为省劳动模范和全国先进工作者，并赋予"有突出贡献专家"等荣誉称号。

1988年，海南开始建省，并成为全国唯一的省级经济特区。院部曾计划在海南省筹建一个分院，要地理所抽调一位经济地理专业干部前往海南参加分院筹备组工作。经共同研究决定，派时任城市与人文地理室副主任杨冠雄前往。他的祖籍在海南，是幼时从马来亚回海南求学的归侨，对海南有一种特殊感情。后来由于某些原因，中科院于1991年撤销分院筹备组，杨冠雄却被海南省政府作为难得人才留下,任命为环境与资源厅副厅长。他退休后仍在继续为海南的旅游开发、生态保护、环境评价、城乡规划等众多领域,发挥专家咨询作用。

由经济地理部向外输送的以上三位优秀人才,只有郭来喜原先说好是借调,1991年他回北京接替李文彦任中科院地理所副所长,但仍继续兼任云南省地理所所长多年。陈汉欣和杨冠雄则都是被正式调离,留在当地长期工作,但他们在业务上仍与经济地理部保持密切的联系。在他们刚调离时都还只有副研究员职称,几年后均由地理所学术委员会按其实际达到的学术水平给予研究员职称的评定。他们虽身居外地,仍一直是与我们深有交往的挚友。

第十二章　沿海地带与沿海城市研究

全国海岸带社会经济调查

改革开放将加速我国沿海地带的开放提上重要日程。早在1979年8月，国务院批准"全国海岸带和海涂资源综合调查"的立项，被列入国家"六五"计划和"七五"计划的重点科研项目。由国家科委、国家计委、国家农委、总参谋部和国家海洋局联合组成全国海岸带和海涂资源综合调查领导小组，挂靠在国家海洋局。同时成立了该项目的技术指导小组。组长严恺是中科院院士及河海大学名誉校长；副组长陈吉余和宋达泉，为著名地理学家和土壤学家。下设若干专业组：水文气象组组长薛凤超、地质地貌组组长陈吉余、海洋化学环境组组长唐永銮、土壤植被林业组组长宋达泉、海洋生物组组长刘瑞玉、土地利用组组长吴传钧、地图组组长李广源，均为相关专业的权威人士。

从1980年开始，沿海各省市相继开展海岸带和海涂资源调查。其调查内容只限于自然资源和自然环境。调查的地域范围较窄：陆域一般自海岸线向陆地延伸10公里左右，海域一般自海岸线向海扩展至10~15米等深线，水深岸陡的岸段调查宽度不小于5海里。通过一段调查实践，大家都认识到，调查自然资源的目的是为了开发利用，而要对海岸带与海涂资源的开发利用提供建议和设想，不能不考虑当地的社会经济条件，必须把社会经济调查也列入海岸带与海涂资源综合调查的重要内容。尤其是当国家先在沿海创办若干经济特区，接着又宣布进一步开放沿海14个城市后，更使海岸带调查领导小组和技术指导小组下决心增加海岸带社会经济调查内容。1984年夏，在技术指导小组内新设一个社会经济专业组，经土地利用组正副组长吴传钧和蔡清泉的大力推荐，让我担任社会经济专业组组长，副组长为项启源（中国社会科学院经济所副所长）、梁喜新（辽宁师大地理系）、林幸青（广州地理所）和陈航（中科院地理所）。

1984年年底，在杭州召开全国海岸带调查社会经济专业组成立后的第一次会议，到会的除组长、副组长外，还有专业组的下列成员：河北农业大学农业经济系的邱文祥，天津南开大学经济系的陈钺（后改为天津社科院工业经济所的赵阳），山东社会科学院海洋经济所的于方纮，上海华东师大地理系的黄锡霖，杭州大学地理系的宋小棣，福建师大地理所的陈佳源，广西钦州地区国土处的黄黄（后改为广西师范学院地理系的叶依广），以及中科院地理所的杨冠雄和蔡清泉等。会议讨论通过了《全国海岸带社会经济调查简明规程》。明确社会经济调查的地域范围远超自然资源的范围，把凡是行政区划上拥有海岸线或河口岸线的县、市或市辖区，均划入海岸带社会经济调查区范围，总面积约 27.7 万 km^2。调查内容涉及人口、农业、工业、城镇、港口、交通运输、贸易、旅游、科技、文教设施等诸多方面。要求着重了解沿海各地社会经济发展的现状，为综合评价海岸带资源的开发利用条件，拟订海岸带开发建设的规划设想方案，提供社会经济的现实依据。

在全国海岸带调查社会经济专业组成立后，开始按统一的调查规程要求，由各协作单位先后在沿海市县分别开展海岸带社会经济调查，因当时我尚未从原先承担的国土规划研究课题脱身，所以将海岸带调查的组织联络和协调工作，完全交给副组长陈航负责。后来发现，沿海各省市开展海岸带社会经济调查的进度和深度不一，有的省早在统一调查规程通过前就已开始调查，有的省直到 1987 年年初才完成，加以有些省在调查过程中没有严格按调查规程的要求搜集基础资料，这就为全国海岸带社会经济调查的总结工作带来不少困难。

1987 年，我的工作重点开始由国土规划研究转到海岸带社会经济调查。当年 4 月，我请沿海各省负责海岸带社会经济调查的主要成员都集中到浙江上虞——我的家乡，在风景如画的上虞宾馆进行全国海岸带社会经济调查的总结和调查报告初稿的编写。但由于当时的总结资料不够完整，只能先搭起一个初步的总结框架。其后又深入到某些沿海地区作重要的补充调查。直至 1989 年春，社会经济专业组成员再次集中到北京，共同完成"中国海岸带社会经济"调查报告。

报告共由七章组成。第一章海岸带社会经济概况，包括：发展的地理条件、开发的历史过程、人口和经济特征等，由梁喜新、胡序威、林幸青、于方纮、陈航、陈佳源等参与编写，胡序威汇总加工；第二章农业，由邸文祥、蔡一波、于方纮、叶依广等参与编写，林幸青、陈佳源汇总加工；第三章工业，黄锡霖、赵阳、冯仁国、陈航等参与编写，陈航、赵阳汇总加工；第四章交通运输、港口与贸易，陈航、冯仁国、于庆林（国家海洋局）参与编写，陈航汇总加工；第五章城镇，胡序威、宋小棣、韩波等参与编写，胡序威汇总加工；第六章旅游资源和旅游业，杨冠雄、冯仁国参与编写，杨冠雄汇总加工；第七章海岸带社会经济分区，由梁喜新、宋小棣、叶依广、陈佳源、林幸青参与编写，梁喜新汇总加工。最后由我和陈航共同负责对调查报告各章节的统稿定稿。在《全国海岸带社会经济》书稿交海洋出版社出版前，又由我对全书进行了一次文字上的审订加工。

帮助我主持完成"全国海岸带社会经济调查"这一重要研究课题的，除主要副手陈航和负责旅游方面的杨冠雄外，还有两位得力的年轻助手，帮我做了许多与课题有关的事务性工作。一位是 1987 年刚从北京师范大学地理系毕业的冯仁国，他出生于四川涪陵（现重庆市）的贫困山区，当年夏他刚大学毕业就主动找我，希望能进地理所从事经济地理研究。经交谈后留给我的第一印象：他是一个机灵、干练、有胆识、有专业素养的好小伙子，很快就决定录用他。1988年他帮我做海岸带社会经济调查和总结工作。后来他成为毛汉英培养的博士，调往中科院地学部（资源环境局）工作后，由一般干部升任到副局长。另一位是韩波，1982年毕业于杭州大学地理系城市规划专业，在我的故乡浙江上虞建设局，干了两年规划工作，从1985年开始先后成为杭大地理系的两位名师王嗣钧和马裕祥的硕士研究生。1986年末被系领导宋小棣派到我身边实习，在我的指导下参与海岸带调查资料的初步总结工作。1987年春，随我同去上虞宾馆做有关沿海城镇的调查总结。随后他虽曾遇到一些不顺心之事，但仍能坚持自己的专业方向，长期负责中国城市规划学会浙江省分会学术活动的组织工作，且与我始终保持着深厚的师生情谊与往来。

1990年冬，在完成全国海岸带和海涂资源调查各专题报告的基础上，将各专业组负责人召集在北京共同进行综合调查报告的编写。综合报告主要由自然环境、自然资源、开发利用设想和管理三大篇及其开头的"绪论"和结尾"展望与建议"两小部分组成。由吴传钧和我合作共同承担第三篇有关"沿海地区的社会经济条件""开发利用的初步设想""海岸带各产业布局设想""分区综合开发利用设想"各章的撰稿。"中国海岸带土地利用"和"中国海岸带社会经济"两项专题调查报告，是我们撰写总报告第三篇的主要依据。1991年8月由严恺主编的约160万字的《中国海岸带和海涂资源综合调查报告》由海洋出版社出版（内部发行），连同在此前出版的一整套专题调查报告，作为国家的重要科研成果，获1992年国家科技进步奖一等奖。按照个人获奖证书的名次排序，吴传钧位列第七，我位列第八。其他随我们参与此项调研和编写的人员，只发给荣誉证书。

开发沿海地带的战略建议

在对我国的海岸带进行全面调查和总结的基础上，我写了一篇"沿海地带开发建设的几个问题"的论文，对沿海地带的开发和建设提出若干重要的战略建议。该文发表于1988年4月8日的《人民日报》，并被《人民日报》研究室收编入当年由人民日报出版社编印出版的《沿海地区经济发展战略》一书。

该文主要包含以下内容：（1）沿海开放城市的发展应各有特色。沿海开放城市都可大力发展外向型经济，但由于地理位置、自然资源、开发历史、产业基础、社会联系、科技文化等方面各有差异，因而各自的发展也应因地制宜，扬长避短，发挥各自优势，体现各自特色。需加强开放城市之间的信息沟通、规划协调和对各地引进外资与技术的宏观指导。（2）加强沿海中心城市与经济腹地的联合。沿海中心城市是内陆经济腹地的主要对外窗口和门户，经济腹地范围的资源条件和自然、社会、经济特点，也必然会影响沿海中心城市的经济发展。有必要开展加强沿海中心城市与其内陆经济腹地密切联合的城市经济区规划。（3）在沿海地带发展能源与原材料工业不容忽视。主要由于东部沿海是我国能源和原材料的最大消费区，环渤海地区拥有较丰富的铁矿石、炼焦煤、石油、海盐等资源，具备发展钢铁、石油化工、海洋化工等原材料工业的良好条件。我国的煤炭、石油等矿物性能源资源主要分布在北方地区，大量煤炭、石油南运应主要利用廉价海运，在南方沿海深水港区建大型电厂和石油化工基地，就近向经济较发达地区供应能源与原材料为大势所趋。再从长远发展看，我国需从国外大量进口石油和富铁矿，将更助长我国重化工业布局向沿海倾斜的趋向。(4)沿海的城市和工业布局应向海岸带推进，我国沿海地带原有的较大城市多数是在河口港的基础上发展起来的，中心市区与海岸带尚有不小的距离。工业布局真正临海的也很少，许多运量较大的工业企业布局靠近市中心区而偏离港区，直接影响其经济效益。工业和城市人口高度集中在沿海现有特大城市的中心市区，使大城市病等许多问题不易解决。世界各国的沿海港口城市，由河口港向外海港发展，由浅水港向深水港发展，已呈较普遍的趋势，工业和城市布局向海岸带推进，与港口深水泊位建设密切结合起来，有利于充分发挥港口城市的海运优势，有利于改善沿海城市和工业布局的空间结构。可利用海滨的荒滩地或填海造地以减轻占用近郊良田和重要生态绿地的压力。可通过海水淡化或利用海水作部分工业冷却用水以缓解某些沿海城市淡水资源的短缺。可将某些"三废"排放量较大的企业集中到海滨，对"三废"进行综合处理和回收利用，以改善沿海城市的环境。

这篇文章的发表，引起我院周光召院长的重视。不知是谁告诉他该文的作者就是地理所的经济地理部主任，为此我受到周光召的召见，要我汇报经济地理部的工作，时任院地球科学部主任的孙枢院士也在场。我就简单地向他们汇报了经济地理部自成立以来所开展的各项主要研究课题，包括正在进行的全国海岸带土地利用和社会经济调查。我的这篇论文的主要观点就是通过上述调查研究产生的。他们都赞同我在文中提出的主要观点，尤其欣赏关于城市和工业布局向海岸带推进的建议。光召院长说："我们科学院今后也应注意多为国家的经济发展战略提些科学建议。"同时还鼓励我们地理所经济地理部今后能为国家的发展战略问题作更多的贡献。

《中国沿海港口城市》的中英文版

早在1983年冬，在国家刚宣布对外开放14座沿海港口城市和海南岛不久，经济地理部内的陈汉欣、赵令勋、杨冠雄、陈航和叶舜赞五位同事联合建议编写一本介绍我国沿海港口城市基本情况的著作，以供社会急需。他们希望由我出面组织所内外的众多地理专家共同来承担此项编写任务。经过一番张罗和联系，终于得到如下落实：由辽宁师大地理系的赵宪尧、梁喜新负责大连，南京大学的郑弘毅、李应明负责连云港，华东师大的严重敏、宁越敏负责上海，杭州大学的宋小棣负责宁波，福建师大的郑训忠负责福州，广州地理所的蔡人群、邓郁友、钟英等负责深圳、广州、珠海等，世界地理室的申维丞负责营口，丛淑媛负责南通。其他沿海港口城市均由经济地理部内的同事分担，如杨廷秀负责秦皇岛，胡序威、孙俊杰负责天津，周世宽负责烟台，叶舜赞、周世宽负责青岛，陈航负责温州，郭来喜、赵令勋负责泉州，赵令勋负责厦门，马清裕负责汕头，杨冠雄负责湛江、海口和三亚，叶舜赞、陈汉欣、郭腾云负责北海，陈汉欣还参与深圳和广州的部分编写。时任香港中文大学教务长的人文地理学家杨汝万教授闻讯后主动与我们联系，希望能与我们合作，并就如何编写《中国沿海港口城市》，提供了不少宝贵建议。我们就决定将香港、澳门和台湾的高雄、台中、基隆等港口城市也均纳入此书。他不仅亲自与朱剑汝合作承担台中市的编写，还组织境外同行陈铭勋承担高雄，吴仁德和梁怡承担香港，方李慕坤承担澳门。基隆则由我所的顾朝林和梁华山合作搜集台湾资料进行编写。

我因正忙于国土与海岸带方面的科研任务，本不想承担该书的主编之责。只负责把分担沿海诸城市编写的作者组织起来，让大家按编写提纲的大致要求，各自找材料进行编写。同时由该书的原五位发起人组成编辑小组，负责对各城市初稿的审议。由各城市的作者按编辑组的初审意见进行修改加工后，都将书稿交给当时由我指定的主编，时任城市与人文地理室副主任的杨冠雄，请他进行最终的统稿、定稿。我考虑他的文笔较好，且有一定的编辑经验，应能胜任此项工作。没有想到，各城市完成的初稿，严重的良莠不齐，有的城市虽经多次提意见修改，仍然达不到出版的质量要求。杨冠雄原先主要从事旅游地理研究，转向城市地理研究尚为时不久，完全靠他来加工提高某些低水平的城市篇章，有一定难度。所以，他在完成了自己分担的"中国沿海港口城市类型与结构特点分析"一文，以及湛江、海口、三亚三个城市篇章的编写后，对其他沿海城市初稿的加工提高进展缓慢，延误了出版时间。1988年他被派遣赴海口筹建中科院海南分院后，只好由我来接任该书的主编。我花了好几个月，对某些低水平的城市篇章进行了大幅度的修改加工，才终于使《中国沿海港口城市》一书，以我和杨冠雄共同主编的名义，于1990年由科学出版社出版。该书仍然成为我国改革开放后出版的第一本系统介绍全国沿海城市的著作。

早在《中国沿海港口城市》中文版出版前，杨汝万就已物色和组织境外的华人地理专家开始撰写若干沿海城市的英文稿。中文版出版后，迅速落实沿海城市的英文版作者，参考中文版的素材，改编成英文稿，而且多数对内容进行了大量加工，故英文版每个沿海城市的作者均将英文稿撰写人放在前面，其后是中文版作者。例如，英文版天津市的作者署名是：章生道、胡序威、孙俊杰。由我向杨汝万提供了一个对中国沿海城市进行综合分析的材料，经他参考众多英文文献，以他和我二人合作的名义撰写了该书英文版最前面一章的综合概述和最后面一章的总结。同时由他对沿海城市的各章英文稿进行逐章审改定稿。每章英文稿他都寄送给我看，我只能大致翻阅一下，发现其中有个别明显错误之处，提出来让他纠正。1992年，由杨汝万和我合作主编的英文版 *China's Coastal Cities* 一书，终于由美国夏威夷大学出版社正式出版。所附图表和印刷质量，远比中文版精美。由于客观原因，英文版最终只选列了大连、天津、烟台、青岛、连云港、上海、宁波、温州、福州、厦门、广州、深圳和台湾的台中共 13 个沿海城市，比中文版少了几个沿海城市。但这毕竟是自我国改革开放以来在国外出版的第一本系统介绍中国沿海城市的地理著作，颇获国际地理界的好评。其实，对此书英文版的出版，杨汝万教授为之付出甚多，而我基本上属于坐享其成的沾光者。

1991 年 12 月，时任香港中文大学香港亚太研究所所长的杨汝万，在香港中文大学主持召开有众多大陆和境外华人地理学家参加的"中国城市与区域发展"研讨会。我也应邀前往参加，并提交了长篇论文"中国沿海城市发展的区域分析"，受到与会代表的重视。该文被刊载于 1993 年香港中文大学出版的《中国城市与区域发展——展望 21 世纪》一书。

参与沿海城市的规划论证

早在我刚接手沿海社会经济调查研究课题不久，约在 1985 年春，我所担任全国海岸带土地利用调查组副组长的、厦门出生的蔡清泉找我，说他得到可靠内部消息，新任厦门市副市长习近平来京办事，投宿在中央组织部万寿路招待所，即我曾为建设部、中央组织部和中国科协联合主办的"市长研究班"第二期学员讲课之处。蔡希望我能主动找习汇报一次，说明我们地理所有能力承担厦门市发展战略的研究课题。经济地理部内有多位闽南籍的研究人员，如蔡清泉、赵令勋等，都想为自己的家乡多作些贡献。我就带了蔡清泉同去万寿路中组部招待所，未经事先预约，径自向入住处查明习的房号，冒失地直接敲门入内，递上名片，毛遂自荐，说明我们地理所擅长于研究城市发展战略，希望能将有关厦门市发展战略的研究课题交我所承担。习近平临时接见我们这两位不速之客，态度随和，语言朴实，无丝毫官员架子。他说："回去后会认真考虑你们的建议，将与市内其他领导商议，尽快给你们一个答复。"

没有想到，厦门市人民政府很快就给中国科学院发函，邀请地理所承担厦门市发展战略的研究课题。当时我院的地球科学部，考虑北京的地理所人文经济地理研究课题较多，任务较饱满，而南京的地理所这方面研究任务相对不足，就决定将厦门市委托的发展战略研究课题交给南京地理所经济地理室承担。等到我们获知此消息时，木已成舟，无法挽回。遂由南京地理所的姚士谋带了几名年轻的研究人员和研究生去厦门承担城市发展战略研究课题，将我和李文彦聘为课题组顾问，并请杨冠雄承担其旅游专题研究。

1985 年秋，南京地理所课题组经几个月实地调查研究，初步形成有关厦门城市发展战略的研究报告。作为课题组顾问的李文彦和我，新从经济地理部调往中科院地球科学部任职的孙俊杰，以及参与旅游专题咨询的蔡清泉和赵令勋，一同应邀前往厦门，进行几天面上考察，并对课题组总结的初步研究成果进行认真的评议和讨论。大家一致认为，厦门应充分发挥我国东南沿海的重要港口、著名侨乡和台胞祖居地中心的优势，大力引进外资、侨资和台资，发展外向型经济。在厦门岛内，主要发展港口、贸易、金融、旅游等产业，在其新建的工业园区内侧重发展以电子、轻工业为主的单位耗能少、耗水量小、无污染的轻型加工业。在厦门岛之北的大陆沿岸，有海堤直接联通的集美区可发展成为厦门的重要文教区，大型工业区则可向集美西南方向面对厦门岛的杏林、海沧等大陆临海地区发展。厦门岛西南侧的鼓浪屿小岛，属重要风景名胜区，拥有独特而丰富的历史文化资源。我们一致坚持应对鼓浪屿严加保护，禁止发展任何工业，不搞与当地环境不协调的建筑。当时曾有能源部门规划在鼓浪屿之西，与其隔海遥相对应的海沧区嵩屿岸边建一大型火电厂，使鼓浪屿正处于其下风向，也遭到我们的坚决反对。习近平在听完课题组关于厦门城市发展战略研究的初步成果汇报后，曾与我们大家共进便餐。

由于我早就是中国城市规划学会前身中国建筑学会城市规划学术委员会的委员，在我从事海岸带和沿海城市研究期间，曾获多个沿海城市邀请参与规划的论证和咨询。可惜我没有记日记和写会议发言稿的习惯，现只对以下几个沿海城市尚留下较深的印象：（1）由周干峙主持编制的深圳市第一个城市规划，以大手笔为深圳市的发展打下一个很好的城市框架。突破经济特区的界线，将深圳市的机场选在西侧宝安县境内的滨海广阔滩涂，很有远见。（2）宁波的城市规划，按原内河港老市区、甬江口镇海区及其东侧北仑深水港区三大片进行规划，重点开发建设北仑港区，使其成为当时我国东部沿海唯一能停靠 20 万吨级以上巨轮的深水港，国内最大的远洋大宗散货中转港。同时在镇海区滨海建数个 1 万~5 万吨级泊位，建大型电厂和石油化工企业，并在镇海与北仑之间的滨海地带建技术经济开发区。这就为宁波市的大发展打下良好的基础。（3）连云港的城市规划，曾突出其位于兰新、陇海铁路东端出海口的区位优势，定性为欧亚大陆桥的桥头堡，无可非议。但要成为国际进出口贸易的中转枢纽，必须有强大的金融、外贸、信息等现代服务业的支撑，这就是为什么兰新、陇海铁路沿线西北、中原地区的进出口物资，至今仍大量绕经上海或天津中转的原因。在连云港的港口规划建设中，为扩大港口的吞吐能力，从 1986 年开始兴建一条联络大陆和东西连岛的长达 6.7 公里的拦海大堤，形成一个东西长 10 公里、南北宽 1.5 公里，可建 100 个左右万吨级泊位的大港池。其结果是，港池内淤积日趋严重，加大了建深水港的难度，成为建港规划中的败笔，有待其后另辟深水港区。

沿海地带可持续发展研究

为了使地理所经济地理部更便于向外界直接承揽有关区域开发的研究项目，1990 年我们曾以地理所的名义给院部打报告，希望能在中科院名下成立一个区域开发研究中心，挂靠在经济地理部，不需增加任何人员编制。不料此建议方案却遭新从综考会主任升任中科院副院长的孙鸿烈否决。他说："在科学院内研究区域开发的不止地理所一家，综考会也是研究区域开发的。"过了些日子，突闻在科学院内新成立了一个"区域开发前期研究专家委员会"，挂靠在综考会，由孙鸿烈副院长兼主任，副主任除综考会的领导石玉林和院资源环境局的杨生外，还有一位是地理所从事地图和遥感应用研究的陈述彭院士。这个委员会的性质与我们建议的研究中心基本相似。只是前者每年由院部拨给一笔科研经费，对各所申报的有关区域开发前期研究项目，通过专家委员会评选后给以资助，对科研人员更具吸引力。左大康所长闻知此事后，即找孙副院长评理："既然你知道地理所和综考会都从事区域开发研究，院里成立这一机构为什么不与地理所共同商量？让地理所的人担任这一专家委员会副主任和委员，为什么事先也不征求地理所的意见？"这使孙副院长一时也难以解释清楚。最终的结果是，将该专家委员会原由陈述彭担任的副主任一职改换成我。由于同在中科院内，研究领域相近的地理研究所和自然资源综合考察委员会两个单位之间，曾经历过由合并到分离的过程，彼此难免留下一些矛盾。所以我参加区域开发前期研究专家委员会的工作后，特别注意处理好与综考会的关系，尊重孙鸿烈的领导。

地理所曾有不少区域开发前期研究申请项目获上述专家委员会评审通过，给予经费资助。其中最早获资助的重点项目是陆大道主持的，赵令勋、张文尝、马清裕、叶舜赞、刘毅、李荣生、周世宽、金凤君、刘卫东、樊杰等众多人员参加的"中国环渤海地区持续发展战略研究"，其最终成果于1995年由科学出版社出版。

孙副院长曾在1993年初向我建议：找几位对沿海地区已有较好研究基础的专家，共同向区域开发前期研究专家委员会申请一个有关我国沿海地区可持续发展战略的研究项目。我就找了地理所的陆大道、毛汉英和综考会的郭文卿共同商议申请立项。该项目从整体设计、研究内容、主要论点到编写提纲，均经大家充分讨论。在各人分工撰写研究报告初稿的基础上，由我最终统一加工完成"中国沿海地区可持续发展战略研究"报告，该成果得到孙鸿烈的高度肯定，以科学院的名义报送国务院和有关单位。后来为扩大该报告的社会影响，由毛汉英改写成以我们四人联合署名的论文"中国沿海地区可持续发展问题与对策"，发表于《地理学报》1995年第1期。

第十三章 城镇化及其相关规划研究

区域城镇体系规划

在开展全国国土规划时，国家城市建设部的城市规划司也曾接受国家计委的双重领导，负责有关城镇化及城镇体系发展与布局的规划内容。国土规划的高潮消退后，国家计委也就不再对建设部的城市规划司实行双重领导。建设部一直很重视区域规划，认为城市规划不能就城市论城市，城市的发展离不开其周围区域的发展，所以城市规划需要以区域规划为依据。在国家计委不再抓地区性的国土规划——区域规划后，建设部门只好自行开展区域城镇体系规划。建设部自改革开放后成立城市规划司以来，其下一直专设区域规划处负责这方面的规划事项。历届城市规划司司长王凡、赵士修、陈晓丽、邹时萌、唐凯等，尤其是其下属区域规划处的历届处长吴万齐、顾文选、张勤等（顾、张二人均有地理专业背景，且曾先后任规划司副司长），都曾与我保持较密切的业务联系。常与我共同商议有关区域规划或区域城镇体系规划之事。

由于区域规划是涉及到区域经济社会发展的空间布局、自然资源的开发利用和生态环境的治理保护等重要内容的综合性、地域性、战略性很强的规划，由城市建设部门单独来抓区域规划，多少有些受局限。但在国家综合部门不抓区域规划，而城市规划又离不开区域规划的情况下，如何解决这一矛盾？城市规划界的领导曾与我和北大的魏心镇、周一星等这些在京长期从事规划工作的地理界人士共同商议。我们建议由建设部城市规划司推动开展区域城镇体系规划工作，并将编制市域城镇体系规划的要求写入1990年全国人大通过的《城市规划法》。

区域城镇体系规划的基本内容应包括以下几方面：①区域发展基础条件的综合分析评价；②区域人口增长与城镇化水平上升的分析和预测；③区域城镇体系的等级规模结构及其演变趋势；④区域城镇体系的职能结构及其演变趋势；⑤区域城镇体系的空间结构演变趋势及其对生态环境的影响；⑥联通区域内各类城镇的基础设施网络体系。

区域城镇体系规划，是以城镇发展为重点的区域性综合规划。有了区域城镇体系规划，就可为编制区域内的单个城市或重点镇的规划，确定其主要职能、合理规模和空间拓展方向等方面，提供重要规划依据。有人将城镇体系规划中的职能、规模、空间三大结构研究简单化和庸俗化，任意拼凑套用，从根本上否定区域城镇体系规划的科学性。问题不在于要不要研究区域城镇体系的三大结构，不研究区域城镇体系的三大结构，就难以为单个城市的规划提供区域的规划依据。关键是如何深入研究区域城镇体系三大结构的演化机理与发展趋势。不同地区的城镇体系有不同的特点，不进行深入的调查研究和分析论证，难以形成科学的区域城镇体系规划。我记得，由周一星早期主持完成的济宁市城镇体系规划和后来主持完成的洛阳市城镇体系规划，我均为主评人之一，以其较强的科学性获得高度评价。作为城市规划司亲抓试点的焦作市城镇体系规划，也曾由我写过一个书面评审意见。直到2005年我所城市地理室前往焦作承担编制市域规划任务时，当地政府仍拿出这份珍藏多年的书面评审材料作为提供规划参考的重要历史文献。

1997年后，区域城镇体系规划由市域向省域发展。建设部城市规划司为此新设一个"省域城镇体系规划的理论与方法"科研项目，由安徽省城市规划设计院主持此项目，聘我为学术顾问。同时让我所城市与人文地理室的马清裕和陈田承担该项目的子课题，分析不同省域类型城镇化影响因素的共性和差异，研究不同省域类型的城镇化预测模型。应该说，我所对该项子课题的研究取得较好成果，而总课题所完成的最终成果却不够理想，这与该项目主持者非地理专业出身可能有一定关系。省域城镇体系规划的全面开展则是在进入新世纪以后，在我的印象中，经我审阅的浙江省和广东省的城镇体系规划，均被视为优秀规划成果。

区域城镇体系规划应属我国独创。在国外只研究"Urbanization And Urban System"（可译为"城镇化与城镇体系"或"城市化与城市体系"），没有专门研究区域城镇体系规划的。这是在我国长期不搞综合性区域规划情况下的变通之举。

我所城市与人文地理室，自郭来喜、杨冠雄相继调离，由马清裕、顾朝林相继任室主任、叶舜赞、陈田相继任副主任后，开始重点抓城市地理的学科建设，先后完成了以下学术专著：顾朝林著《中国城镇体系（历史、现状、展望）》，商务印书馆1992年出版；叶舜赞、马清裕等著《城市化与城市体系》，科学出版社1994年出版；顾朝林等著《中国城市地理》，商务印书馆1999年出版。

全国设市规划预测

城市化或城镇化，城市体系或城镇体系规划，均与行政区划的市、镇设置密切相关。城镇人口是指居住在设市的市区和设镇的镇区内的人口。随着城镇化水平的提高，农村人口大量转为城镇人口，除扩大原有市、镇的人口规模外，必然会出现一些新的市或镇，行政区划需相应地设置一些新的市或镇。因此人口的城镇化与城镇体系规划，应有通过行政区划设置新的市或镇的规划与其协调配合。

由民政部主管的行政区划工作，过去只为设市或设镇订立一些有关人口和经济方面的标准，对各地申请设市、设镇者需经逐级逐个审核通过，最终报国务院批准。缺乏从全国城镇化发展战略的高度，对新市镇设置的条件、模式、时序和空间布局进行系统的分析研究和科学的规划预测。

改革开放初期新设的市，多采取"切块设市"的模式，即将县中心较发达的市区切割出来单独设市，而将其周围农村地区仍保持县的行政区建制，形成市、县分割，县包围市的格局。如浙江的绍兴市与绍兴县，江苏的无锡市与无锡县和苏州市与吴县等，均严重桎梏市、县经济社会的正常发展。所以后来民政部又提出了"撤县设市""整县改市"的设市模式代替原"切块设市"模式，相应提高了在人口和经济方面的设市标准，1986年经上报国务院批准。国务院有关领导指出："对行政区划这个大问题，民政部要从战略上去考虑，要高度重视这项工作。"

1989年，新从兰州市副市长调任民政部行政区划与地名管理司司长的张文范，很有工作魄力和战略远见，在当时的民政部部长崔乃夫和副部长张德江的大力支持下，积极开展全国性的设市预测与规划工作。为此专门成立了"中国设市预测与规划"领导小组，由张文范司长任组长，赵士修（建设部城市规划司司长）、胡序威（中国科学院地理所经济地理部主任）、靳尔刚（民政部区划与地名司副司长）任副组长，统一领导此项工作。与此同时，还成立了"中国设市预测与规划"课题组，请吴传钧、宋家泰当学术顾问，胡序威、张文范任课题组长。马清裕、浦善新（民政部区划司规划处处长）、顾朝林任副组长。这实际上就是将此项研究课题交付给中科院地理所与民政部行政区划司合作共同承担。地理所参与此项课题研究的还有陈田、蔡建明、金凤君、牛亚菲、田文祝、钱志鸿等人。

"中国设市预测与规划"领导小组指定课题组拟订开展分省区设市预测与规划的规划大纲和实施方案，并决定以"山东省设市预测与规划"作为全国分省区规划的试点。民政部和山东省的行政区划管理干部和课题组主要成员几乎都全力投入此项试点工作，于1990年6月完成了《山东省设市预测与规划》。课题组的马清裕、陈田、田文祝等人在试点总结的基础上完成了论文："设市预测与规划的理论和方法"（发表于《经济地理》1991年第二期）。1990年9月由民政部副部长张德江在山东蓬莱主持召开中国行政区划工作会议，由山东省民政厅介绍《山东省设市预测与规划》经验。我在会上代表课题组介绍了《设市预测与规划理论与方法》的内容，得到张德江及与会代表的高度赞誉，认为这可使行政区划的设市工作大开眼界。这次会议还部署全国分省区的设市预测和规划工作。1991年3月，在江苏高邮开办全国设市预测与规划培训班，学员来自全国各省区，课题组派不少人前往授课。随后几年，设市预测与规划工作在全国各省区陆续普遍开展。

民政部的行政区划工作，除与中科院地理所合作开展全国设市预测与规划研究外，还支持华东师范大学成立了以刘君德为主任的行政区划研究中心，聘吴传钧为中心学术顾问，聘我为中心兼职教授。刘君德曾与我共同参与某些省区设市预测与规划的调查研究或规划成果的评审活动。为了推动各省区的设市预测与规划工作，中科院地理所和华东师大行政区划研究中心还分别承担了福建省及海南省的设市预测与规划研究项目，并于1993年先后完成。各自通过专家评审，均给予高度评价。

1994年在全国多数省区已完成设市预测与规划的基础上，课题组开始着手《中国设市预测与规划（1995~2010）》研究报告的总结和编写。1995年春，在我的主持下完成了此项研究的总成果，其中除课题组副组长马清裕和顾朝林外，还有陈田在定量评价的模型设计，蔡建明在大量基础数据的运算方面，均发挥了重要作用。当年夏，由民政部组织高规格的鉴定委员会进行鉴定。全国人大常委会副委员长费孝通参加了鉴定会。主任委员吴传钧、副主任委员陈述彭和周干峙均为中科院院士。委员中有：国家计委国土司司长沈龙海、建设部城市规划司司长邹时萌、中国城市规划研究设计院副院长夏宗玕，以及华东师大的刘君德、北京师大的邬翊光、北京大学的陈传康、魏心镇和南京大学的崔功豪等多位著名教授。在鉴定意见书中指出：该项研究"首次完成了对全国1700多个县级行政区、165个重点县的分时段、分省区的综合评价排序和城镇设市条件的研究。""完成了城市化水平、设市数量、设市时序、空间布局等重点问题的预测与规划，论据充分，创立了一套具有我国特色的设市预测与规划理论和方法，达到了该领域的国际领先水平。"其实我们心里明白，在这里所指的国际领先水平，是指全国设市预测与规划研究为我国所独创。此项研究成果曾获1996年民政部科技进步奖一等奖和1997年国家科技进步奖三等奖。该成果经严格保密处理，删去其大量用以设市排序的基本数据和具体的规划设市名单后形成简要本《中国设市规划与预测》一书，于1997年由知识出版社出版，对行政区划的设市工作，至今仍有其学术参考价值。

开展全国设市预测与规划研究的本意，是为了克服行政区划设市工作中的盲目性、被动性和随意性，使其走向科学化、规范化和法制化。但没有想到，此项工作的开展，却明显地调动了全国大多数县争取撤县设市的积极性，各县将撤县设市看成是能提高自己地位的特大喜事，对此我有两起难忘的亲身经历。第一起是我的家乡上虞县的领导，在得知我担任民政部全国设市预测与规划领导小组副组长的消息后，托我务必为上虞县撤县设市出力。1991年秋，浙江名校上虞白马湖春晖中学举行盛大的建校70周年庆祝活动，我作为校友也应邀前往参加。庆祝大会由上虞县领导主持。作为春晖校友的著名电影导演谢晋带了姜文、刘晓庆、祝希娟等一大批电影明星都上了大会主席台。我和经叔平（时任全国工商联副主席）、经普椿（春晖中学创办者经亨颐之女和廖承志之妻）也均被安排在主席台前排。将我放在如此突出位置，我想除了考虑我是胡愈之侄子外，还可能与正在求我为撤县设市出力有关。其实，我知道在全国撤县设市的排序中，上虞县明显处在前列，根本不需要为此事走后门。1992年，当国务院批准一批包括上虞县在内的撤县设市的名单后，张文范在第一时间告诉了我，我也立即转告上虞县领导。他们还以为我真的为此事出了大力。我和同为上虞人的爱妻黄亦春应邀一起前往参加上虞撤县设市的庆祝活动，强烈感受到全城普庆的欢腾气氛。另一起是1994年春，设市规划课题组在与吴传钧、宋家泰、刘君德等专家一起参加广西壮族自治区的设市预测与规划成果的评审活动后，去钦州地区进行有关设市工作的调查研究，竟遇到有些县组织群众敲锣打鼓地夹道欢迎，搞得我们很不自在，不知该如何处理才好。

随着我国社会主义市场经济的迅猛发展，人口城市化的加速，许多县城已发展成为拥有10万人口以上的较像样的小城市，然其周围仍是较落后的农村地区。我们在研究过程中曾提出设市可有多种模式，也可考虑在县内设市。但因这涉及国家宪法规定行政管辖区主要分为省（区、市）、县（市）、乡（镇）三级体制，大家都不敢在行政区划体制改革中去触碰。这就导致越来越多的县一再申请撤县设市，使国务院感到难以应对，干脆自1997年开始宣布冻结撤县设市。

城镇化成国家战略

城市化或城镇化同工业化一样，都是国家奔向现代化不可或缺的一环。尽管自改革开放以来，地理界和城市规划界一直在宣传和推动城市化，为了消除对片面发展大城市的担忧，还把城市化改成城镇化（当然也考虑在我国把众多已达数万城镇人口的城镇因未设市而不能称其为城市的因素）。但在中央的最高领导层，长期未把城市化问题纳入国家的重要发展战略。历届编制的国民经济与社会发展五年计划，均只突出工业化，不提城市化问题。只在第七个五年计划中出现过"城市化"这一名词，那是为了阐明"严格控制大城市，积极发展中小城市"的城市发展方针时，顺便提及的。直到上世纪末，国际上出现金融危机，我国的经济发展需更多地从外向型转向以满足内需为主时，加速城市化问题才开始提到国家的重要议事日程。

1998年2月，建设部在新任部长不久的俞正声的授意下，由城市规划司司长陈晓丽和区域规划处处长张勤具体负责操办，举行了一次高规格的"中国城市化与城市发展战略座谈会。"会议由副部长赵宝江主持，参加会议的有国家计委、国务院研究室、民政部、公安部、环保局等国务院有关部委和中国科学院、社会科学院、中国城市规划设计研究院、清华大学等有关单位的领导和专家。地理界似乎只请了我一人，事先张勤处长通知我，希望我能为这次大会准备一个中心发言。我下了一些功夫，准备了一篇发言稿《对我国的城市化形势应有清楚的认识》（刊载于《城乡建设》1998年第6期）。在我发完言后，曾受到场的中央电视台记者邀请，进行单独采访。会上社会科学界的发言，我只记得有蔡昉、刘福垣等。国家计委副主任郭树言只做了一个简短的表态性发言。最后由俞正声部长做了会议的总结性发言。

1999年10月，时任浙江省委书记的张德江主持召开了"浙江省推进城市化工作研讨会"。从北京邀请了周干峙、邹德慈、胡序威、周一星、夏宗玕、浦善新等一批专家，前往做有关城市化问题的学术报告，要求全省各县市的主要领导人都来听讲。5 日下午，先在省委书记张德江的亲自主持下，请中国科学院和中国工程院两院院士周干峙做学术报告；接着在省委常委、杭州市委书记卢文舸的主持下，由我做《有关城市化与城镇体系规划的若干思考》的报告（见《城市规划》2000 年第 1 期）。当晚，由张德江在西湖汪庄设宴款待我们。席间他对两院院士周干峙一再推崇，对我只亲切地说了一句："我们是老相识了。"会后，时任杭州市市长、后调任建设部副部长的仇保兴，曾请我们这些来自北京的专家，去西湖边"楼外楼"品尝著名的西湖醋鱼。

中央领导对"城市化"与"城镇化"这两个同义而不同表述的术语进行研究比较后，最后还是倾向于采用"城镇化"这个术语，并在 2001 年 3 月 1 日公开出版的《中华人民共和国国民经济和社会发展第十个五年计划纲要》中，正式将城镇化提高到国家发展战略的地位。在有关"城镇化战略"章节，首次明确提出："提高城镇化水平，转移农村人口，有利于农民增收致富，可以为经济发展提供广阔的市场和持久的动力，是优化城乡经济结构，促进国民经济良性循环和社会协调发展的重大措施,随着农业生产力水平的提高和工业化进程的加快，我国推进城镇化的条件已经成熟，要不失时机地实施城镇化战略。"同时还指出："推进城镇化要遵循客观规律，与经济发展水平和市场发育程度相适应，循序渐进，走符合我国国情、大中小城市和小城镇协调发展的多样化城镇化道路，逐步形成合理的城镇体系。"以上这些都反映了我们地理界和城市规划界多年来所倡导的主要学术见解。

我国的城市化问题也引起世界银行的高度关注。2000 年 5 月，世界银行与国家计委在北京联合召开"中国城市化战略：机会、问题和政策"国际学术讨论会，我和周一星等都应邀前往参加。我提交的论文是《城市化是西部大开发的重要一环》（载于《中国经济导报》2000 年 7 月 26 日）。"十五"计划公布后，我所经济地理部在世界银行的资助下，进行有关我国城镇化政策的调查研究。我记得曾与陈田、庞效明等及一位日本专家同到浙江宁波，做有关城市发展政策的调查；另与刘卫东同到浙江嵊州，做小城镇的问卷调查。随后我又与陈田、蔡建明陪同一位美国专家和时任国家计委规划司综合处处长徐林，前往四川成都参加当地有关城镇化政策问题的调研。在上述基础上，我们完成了一份有关我国城镇化政策的调研报告，提交给国家计委和世界银行。

就在进行上述活动的时段内，我还利用应邀参与城市发展咨询活动的机会，对浙江省两座最具特色的小城市义乌和龙港，进行了较为深入的访问和了解。已不记得当时那位义乌市委书记叫什么名字了，留给我的印象是，他是一位勤奋好学、工作责任心很强的领导人。他订有多份中国人民大学编印出版的有关区域经济和城市经济方面的重要报刊文章的选辑，对其中转载我们的几篇文章很感兴趣，特地邀请我和社会科学院的陈栋生、杨重光等几位专家前往，为义乌市的今后发展出谋献策。我们在听了书记对义乌市自改革开放以来经济和城市发展基本情况的介绍后，用了几天时间进行参观和调查访问。在我们离开前的汇报会上，我提议义乌市应由现今的国内小商品贸易中心进一步发展成为面向世界的国际性小商品贸易中心，要能吸引大量国际商人来这里，可采购到中国制造的各种价廉物美、应有尽有的日用小商品。集中在这里采购肯定优于分散到各地去采购。为此需要营造便于开展国际贸易的城市环境。国际小商品贸易中心的形成，还可进一步带动周围小城镇的各种小商品生产的发展。当时的书记听后很赞赏我的意见。如今的县级市义乌，已形成名气很大的国际小商品贸易中心，其城市发展势头也远超一般地级市。

另一个特色小城市是浙江温州市苍南县的龙港镇。这是我国改革开放后在市场经济驱动下第一个自发形成的闻名全国的农民城。早在上世纪末，这里就已形成集聚了近30万人口的崭新的城市。按镇级的行政编制，已根本不适应有如此多人口的城市各方面管理的需要。所以在2001年11月，由《中国方域》编辑部组织学术界在龙港召开"21世纪新兴城市管理与发展研讨会"。我和刘君德、周一星等均应邀前往，实际上是让大家设法如何解决龙港的行政区划体制问题。我们的发言均被刊登在当年出版的《中国方域》2001年第6期。通过这次实地调查了解，使我更加坚持对行政区划的设市体制，不能只限于撤县设市一种模式，应因地制宜地采取县内设市或切块设市等多种设市模式的改革信念。

城镇密集地区研究

早在1992年初，时任国家自然科学基金委员会副秘书长的沈文雄，曾向我国人文经济地理学界建议，集中全国优秀的地理专业人才，创设一个对我国的城市与区域发展有重要学科理论意义和实践应用价值的较大研究课题，争取能成为可获取国家自然科学基金重点资助的科研项目。当时在一次有北京大学的胡兆量、杨吾扬、周一星，中国人民大学的杨树珍，南京大学的宋家泰，华东师大的严重敏，中山大学的许学强，以及地理所的我和顾朝林等共同参加的地理界小型聚会上，共商了此事。大家认为，经济和人口的空间分布趋于集聚和扩散，对区域和城市的发展影响极大。当前在我国东部沿海经济发达、城镇密集的地区，经济和人口的空间分布，在集聚过程中有扩散，在扩散过程中有集聚，情况相当复杂。摸清其客观规律，阐明其内在机理，有重要理论和现实意义。会上公推我和周一星、顾朝林共同负责设计和起草"中国沿海城镇密集地区经济、人口集聚与扩散机制和调控研究"重点项目申请报告。

我先请周一星起草该项目的申请报告。经三人讨论后一致同意如下的总体设计框架：纵向四项专题，即空间集聚与扩散的宏观背景分析，都市区与都市连绵区研究，大中城市集聚与扩散研究，乡村地区城市化研究；横向四个地区比较，即珠江三角洲地区、长江三角洲地区、京津唐地区和辽中南地区。原想包括山东半岛和闽东南地区，因考虑投入单位过多会影响课题经费的不足，只好暂不纳入。除地理所与北大外，我还与南京大学、南京地理所、华东师大、杭州大学（今浙大）、中山大学、广州地理所等地理协作单位联系，得到他们的同意，共同向国家自然科学基金委员会提出上述重点项目的申请。当年即获国家自然科学基金委员会批准立项,成为我国人文地理、城市地理界获得国家自然科学基金资助的第一个重点项目。

课题资助经费的到位和分配甚费时日。1993年,我先让周一星起草了一个课题设计大纲,顾朝林起草了一个课题调查提纲。1994年春,在我的主持下,课题组召开了有9个协作单位、20余位专家和研究人员参加的第一次协调交流会议,对课题设计大纲和调查提纲展开热烈的讨论,同时明确各自的分工。纵向专题研究:由我负责空间集聚与扩散的宏观背景研究,由周一星、史育龙(北京大学城市与环境学系)负责都市区与都市连绵区研究,顾朝林(当时尚在地理所)负责大中城市的集聚与扩散研究,郑弘毅(南京大学城市与资源学系)负责乡村地区城市化研究。横向地区研究:由蔡人群(广州地理所)、闫小培(中山大学区域与城市研究中心)负责珠江三角洲地区,由崔功豪(南京大学城市与资源学系)、沈道齐(中科院南京地理所)、宁越敏(华东师范大学城市与区域发展所)、马裕祥和李王鸣(杭州大学城市规划系)等负责长江三角洲地区,由我和叶舜赞、宋迎昌、蔡建明、马清裕等(均中科院地理所)负责京津唐地区,由周一星、孟延春、张军等(均北京大学)负责辽中南地区。应该说,以上几乎网罗了除我以外的国内城市地理界的精英和拔尖人才,共同合力来承担此项重点研究课题。

在各单位按课题设计大纲、调查提纲和各自的分工,进行为期一年的调查研究和初步总结后,课题组于1995年5月召开了第二次协调交流会,会议的中心内容是以汇报各自的初步研究心得为基础,开展相互之间的学术交流。城市规划司的张勤处长、香港中文大学的杨汝万、朱剑如和香港大学的陈振光等人文地理学家均应邀前来参加交流讨论。会上各抒己见,畅所欲言,有时对某些问题的看法,甚至互相争论得面红耳赤。因为大家都有实际的调查研究做依据,不是泛泛地空谈,多力求使自己的观点更接近于真理。事后不少人说,参加这样的学术交流会,对自己的帮助很大。

在各单位基本完成各自承担的调查研究总结的初步成果后,课题组于1996年底召开第三次协调交流会议,通过集体把关,对各种初步研究成果进行讨论和评价,指出其尚需进一步充实完善之处。参加这次会议的人员组成和规模几乎与上次会议完全相同。来自香港学者的参加,有助于更好吸取海外从事类似研究的经验。城市规划司张勤处长的参与,则可使本项研究能更切合我国规划实践的需要。会上大家依然讨论得很热烈。会后要求各单位根据大家评议的意见对初稿进行必要的加工修改后,尽快报送课题组。

1997年上半年,由我和周一星、顾朝林三人,共同负责对有关各项成果进行必要的整合和修改加工,并最终由我对总成果进行统稿定稿。周一星治学很严谨,对他所写的文稿,我很少改动;但为加工其他某些不太合格的篇章,我所付出的劳动远远超过自己具体分担的部分。1997年7月,国家自然科学基金委员会组织有邬翊光、杨汝万、魏心镇、刘君德、姚士谋、季仁钧、夏宗玕等教授、专家组成的验收组,对该重点项目的研究成果进行评议验收。

验收组认为，此项研究是我国首次对沿海城镇密集、经济较发达的重要核心地区，进行经济和人口空间集聚与扩散的动态研究。"通过对不同地区不同地域层次经济和人口的空间集聚与扩散机制的具体剖析，揭示出一般规律在不同地区的表现形式，探讨了沿海各地区因地制宜的不同空间发展模式。""此项研究成果丰富和发展了我国市场经济体制下区域发展与城市规划的理论与方法，全面完成了预定研究目标，达到同类研究国际先进水平。验收评审一致同意结题验收。"同时，给予"优"的综合评价。

为争取国家出版基金的资助，胡序威、周一星、顾朝林等著的《中国沿海城镇密集地区空间集聚与扩散研究》科学专著，迟至2000年才由科学出版社出版。赠送马润潮、章生道等外籍华裔人文地理学家审阅后，均获得书面好评。由于国家评奖机制的改革，科学院不再自行评奖，加以顾朝林调走，我已离休，故未向国家申请报奖。由我执笔的对该项成果做简要介绍的约1.5万字的长文"沿海城镇密集地区空间集聚与扩散研究"，发表于《城市规划》1998年第6期。2017年为庆祝《城市规划》创刊40周年，组织109位专家团队，对40年来所刊载的7141篇论文进行全面遴选，评出40篇影响中国城市规划进程的优秀论文。然后再从中选出10篇对学科发展有里程碑意义的论文。我的那篇长文也被选入后10篇之内。

香港中文大学的杨汝万教授，早在1995年初次参加我们的科研项目协调交流会时，就已发现我们因参加单位多，资助经费相对不足，对沿海城镇密集地区的研究只好暂不包括山东半岛和闽东南两个地区的情况。他主动与我商谈，可否由香港中文大学香港亚太研究所出资，由我们两家联合福建省当地的地理研究力量，共同按科学基金重点项目设计的研究大纲，开展闽东南地区（包括福州、厦门、泉州、漳州、莆田等城市）的调查研究。为此，当年我就陪同杨教授同往福州，找福建师范大学地理研究所陈佳源所长落实此事，受到他们的热烈欢迎，由一位副校长出面接待我们。校方很高兴能与我们合作开展此项研究，还聘任我们二人为学校兼职教授。

1996年春夏，由我和马清裕同福建师大的陈佳源、林忠、汤小华等对闽东南地区进行了几个月的实地调查研究，秋冬即进行总结。由杨汝万、朱剑如负责第一章：区域和城市发展理论与实践的国际背景；由我负责第二章：闽东南区域与城市发展的特点分析；由杨汝万负责第三章：两大中心城市和都市区的空间集聚与扩散；由马清裕负责第四章：中小城市的发展及其空间演化；由陈佳源、林忠负责第五章：乡村地区的城镇化与小城镇的发展；由我负责第六章：经济和人口空间集聚与扩散的机制和调控研究。经集体讨论后，最终由我对全书各章进行统一修改加工定稿。这一本由胡序威、陈佳源、杨汝万共同署名主编的共有16万字的科学专著《闽东南地区经济和人口空间集聚与扩散研究》，赶在1997年6月香港回归祖国前夕，由香港中文大学香港亚太研究所以精美的装帧公开出版。这一以短平快方式完成的研究项目，应属对我国沿海城镇密集地区研究重点项目具有补缺性质的重要副产品。我对其中自己执笔的第六章有关集聚与扩散的机制与调控研究，自认为是一篇较有分量的理论性相对较强的文章。故后来特将此文单独收入我的论文集《区域与城市研究（增补本）》（科学出版社 2008 年出版）。

城市区域规划咨询

早在 1992 年，南京地理所的姚士谋等出版了《城市群新论》（科学出版社）一书。2001 年，他又与朱英明、陈振光等合作，出版了经修订后的《中国城市群》第二版，请周干峙和吴传钧两位院士给写了序言，"城市群"这一术语开始被规划界和学术界广泛采用。其实在国内最早提出"城市群"这一术语的是我。早在 1982 年，我在《区域规划的性质和类型》一文中谈到："城市地区，主要指以大城市、特大城市为中心，包括周围若干小城市和郊区县的大城市地区，以及由若干大中小城市集聚而成的城市群地区。"（见《区域与城市研究》科学出版社 1998 年版第 103 页。）在这里城市群地区是指区域概念。我认为姚士谋等所倡导的"城市群"与我们所说的"城镇密集地区"应属同一事物的不同侧面，城市群是指城镇密集地区的众多城市，城市群所在的区域即为城镇密集地区。尽管姚士谋等认为"城市群的地区概念与城市密集地区的空间概念是相近的"，把城市群译成"Urban Agglomeration"，亦有城镇集聚体之意，但他们将城镇化发展水平尚低、仍包含大量欠发达农村地区的整个四川盆地划成超大型城市群，将河南大部分地区划为近似城市群的城市密集区，这就导致概念上的混淆。脱离城镇化水平较高、城镇人口密度较大的城镇密集地区，任意将相距遥远、彼此联系并不密切的众多城市组合成城市群，无任何实际意义。

进入新世纪后，城市群规划、都市圈规划、区域城市空间发展规划等各种以城市为核心的区域规划，开始兴起。我因已办离休手续，不再承担区域规划方面的具体研究任务。但因我曾被城乡建设部先后聘为城市规划顾问委员会委员、城乡规划专家委员会委员，并长期担任中国城市规划学会副理事长兼区域规划与城市经济学术委员会主任。所以应邀参与上述城市型区域规划研究的评议和咨询活动还是不少的。至今尚留下较深记忆的有以下几项。

山东省委书记张高丽和省长韩寓群都很重视山东半岛城镇密集地区的发展，要求开展"山东半岛城市群发展战略研究"。2002 年，北京大学城市与区域规划系受山东省建设厅的委托，由周一星教授率领的系内的科研团队，联合国家发改委国土开发与地区经济研究所的史育龙，共同承担此项研究。这正好补上我们前两年完成的重点项目《沿海城镇密集地区空间集聚与扩散研究》中所缺的一块重要地区。在完成此项初步研究成果后，于 2003 年 11 月在济南市召开"山东半岛城市群发展战略研究"省部联合论证会，到会的有山东省省长韩寓群、副省长赵克志、建设部副部长仇保兴，省内有关厅局长、市长，以及由两院院士、原建设部副部长周干峙为首的 10 名专家组成的专家委员会，共同对该项成果进行严格的评议和论证。我作为应邀专家之一，在会上做了重要发言。大家给该项成果以很高评价，当然也提出一些有待改进的建议。经过进一步完善后的此项最终成果《山东半岛城市群发展战略研究》，以周一星和杨焕彩（山东省建设厅厅长）共同主编的名义，于2004年8月由中国建筑工业出版社公开出版。省委书记张高丽还特地为此书写了序言。

2003年12月，在浙江省省长吕祖善的主持下，在杭州市西子宾馆召开了《浙江省杭州湾沿岸城市群规划》的专家评审会。到会的有建设部副部长、分管经济和城市建设的副省长、相关的厅局长和市长。同时组成由浙江大学校长、中国工程院院士潘云鹤任组长，包含周干峙、齐康、王颖等院士，以及十多位著名规划专家的庞大的专家评审组。大家认真听取了由年轻俊才、高级规划师邵波代表浙江省规划院所做的规划成果汇报。我认为这是对《浙江省城镇体系规划》的部分深化，对城市群规划的思路、内容、重点和结构进行了有益的探索，有助于加强这一地区各城市间的协调发展。但对这一规划的开发区空间布局感到过大、过密。要重视对这一地区基本农田的保护和海滨生态环境的优化，几乎成为到会专家的共识。

自汪光焘任建设部部长后，对部聘的城乡规划顾问专家相当重视。有时他将自己起草的一些有关城乡规划重要文件的初稿，先送给我们看，要我们提出修改意见，我都认真对待。2003年春，他和广东省委书记张德江代表建设部和广东省共同领导开展珠江三角洲城市群协调发展的研究和规划。先由当时的中国城市规划设计研究院院长王静霞和总规划师杨保军负责此项研究，并聘吴良镛、周干峙、胡序威、蔡昉等为顾问。从拟订研究大纲到形成初步研究结果，我们曾进行了多次认真的讨论。2004年冬，由新任中国城市规划院院长李晓江负责编制完成《珠江三角洲地区城市群协调发展规划》。我们这些顾问都去广州参加由张德江亲自主持的该项规划成果的评审会。会议请了众多的院士、领导和专家参加评议。这是我生平所参加的规划评议活动中，规格最高、声势最大的一项城市型区域规划。

中国城市规划学会区域规划与城市经济学术委员会，成立于1993年，我为首届主任。2001年换届后，由周一星接任，该委员会集中了我国区域规划界和从事规划研究的城市经济和城市地理学界的众多精英，经常组织有关区域规划的学术交流活动，如城镇体系规划等议题。自从南京大学的崔功豪和张京祥教授从日本引进都市圈概念，在南京等地搞了都市圈规划后，都市圈规划在许多大都市地区兴起。所以区域规划与城市经济学术委员会，于2005年8月27日在哈尔滨召开了全国性的"都市圈规划学术研讨会"，我也前往参加这次会议。会上就都市圈规划的概念界定、区域协调、城乡统筹、空间管制、事权划分等方面，通过热烈讨论取得基本共识。第二天大部分到会委员参加《哈尔滨都市圈规划纲要》的论证会。这一规划纲要是由东北师范大学人文地理学博士、时任哈尔滨市规划局局长俞滨洋，组织外地的一些地理专家编制完成的。会上大家就进一步完善该项规划纲要提了不少建议。我认为将哈尔滨定位为东北亚经济贸易中心明显过高，只能定义为东北亚北部地区的重要中心。周一星则对都市圈向呼兰河流域过度扩展提出异议。会后全体委员受市委书记杜宇新和常务副市长史文清的接见并合影留念。

城市规划界顶尖级大师、国家最高科学技术奖获得者、两院院士吴良镛，一直很重视区域规划研究。进入新世纪后，他不顾自己已是耄耋之年，仍亲自率领清华研究团队，在国家自然科学重点项目基金、清华大学和建设部科研基金的资助下，开展《京津冀地区城乡空间发展规划研究》。京津冀地区有北京和天津两个彼此相距很近而协作联系却不密切的中央直辖市，包围京津二市的河北省呈明显的发展落差，城乡二元结构突出，远未形成像长三角、珠三角那样的密集城市群。如何推动京津冀地区的协同发展，已成为老大难问题。吴先生的研究团队迎难而上，前后历时十余载，进行长期跟踪研究，分三期完成各数十万字的研究报告。如果说，新世纪初兴起的城市群、都市圈等规划，有不少是为地方政府扩大城市发展空间创造条件。此项研究则是为促进京津冀之间、城市之间和城乡之间的空间协调发展提供科学依据。吴先生的这种为国为民、执着严谨的治学精神，使我深为钦佩。他能充分发挥自己的影响力，广纳各方人才共同为此项研究出力。在第一期研究中，他曾请校外专家就生态、经济、交通、小城镇、旅游等领域进行专题研究。我所的张文尝曾承担该地区的交通专题研究。他还请规划界和学术界的众多人士任此项研究的顾问，地理界的胡兆量和我均为一、二、三期研究的顾问，周一星则为一、二期的顾问。从第二期开始，还把我们在论证会上的发言记录整理成文，附在研究报告后面。我在第三期研究论证会上的发言被整理成4000余字的文稿，自认为有较高科学含量，将被选入我自己的文集。

第十四章　关注地理与规划研究前景

仍牵挂城镇化

我早在 1996 年就已正式办理离休手续。但完全脱离研究工作却是在进入新世纪后。2001 年，中科院资源环境局为了鼓励我利用晚年对自己长期从事的城镇化问题研究进行系统的理论总结，给我设立了一个只拨给少量经费的科研项目。最终定名为《中国城镇化的基础研究》。我自知如此重大的研究课题难以独自完成，就组织所内外的众多优秀同行来共同分担。我草拟了一个涉及面较广的编写大纲。全书计划由十一章组成：第一章，城镇化的基本内涵与发展规律的探讨；第二章，中国城镇化进程及其政策实施效果的回顾；第三章，中国城镇化的动力因素及其发展趋向；第四章，中国城镇化的制度障碍与体制创新；第五章，人口流动与城镇化；第六章，城镇化的区域差异；第七章，城镇密集地区大中城市扩张与都市区发展；第八章，乡村地区的城镇化与小城镇发展；第九章，资源性工矿城市的发展与转型；第十章，城镇化与生态环境建设；第十一章，城镇化与空间管理。我将同意参加这一科学专著编写的专家们召集在一起，在共同讨论修订总结编写大纲的基础上，明确各人分担的章节，并将有限的资助经费分发给大家。

由于受我邀请参加编写的这些专家，都是在职的大忙人，历时三年，除我负责的第一章和周一星负责的第二章早已完稿外，其他篇章有的一直未交完整初稿，有些虽已交了初稿，经我审阅提出大量修改意见后却迟迟未交修改稿。由院部资助立项的课题，有一定的时限性，不能遥遥无期地拖下去。我们只好在 2005 年春，将各人完成的初稿汇集成 40 多万字的《中国城镇化的基础研究》结题，交所内外专家组成的验收组评议通过。其实我对其中有些章节的内容还很不满意，自己又难以对其进行彻底的改写。所以我决定此项成果不以集中的科学专著形式出版，让各章作者自行与学术期刊联系分散发表。后来据我所知，在学术书刊公开发表的只有两篇。一篇是我写的第一章，改名为《论城镇化的概念内涵和规律性》，由原 3 万字压缩成 2 万字，发表在清华大学建筑学院主办的《城市与区域规划研究》第 1 卷第 2 期（商务印书馆 2008 年出版）。另一篇是周一星写的第二章，后来他以此为基础，又增加不少新内容，写成 3 万字的长文《中国城镇化进程的昨天、今天和明天》，发表于 2007 年中国城市科学出版社出版的《中国城市发展报告（2006）》。我一直为自己主持编写的《中国城镇化的基础研究》专著未能公开出版而深感内疚，使有些专家为此付出的辛勤劳动未能取得社会认可，主要是由于自己的理论功底不强和改稿精力不足所造成的，为此只能对合作者深表歉意。

自从城镇化被提到国家发展战略高度后，全国各地迅速掀起城镇化的高潮，许多城市政府趁机大搞城市建设，大量扩大城市发展空间。有人提出"经营城市"的方针，即通过大量征用农村土地为城市建设用地，使城市土地迅速增值，并通过对城市地价的市场运作，可为城市建设提供较多资金来源。由于国家规定，要将农业用地转变为城市建设用地必须首先经规划许可，因而就掀起编制各类城市规划的高潮。城市政府以高价委托规划编制单位为其大量扩展城市建设用地服务。于是出现了大量新城、新区、新开发区、新工业园区、大学城、科技园、高尔夫球场等众多大量圈占农地现象。我所陆大道院士通过自己的实地调查，于2005年6月，给国务院领导写了一个"关于我国大规模城市化和区域发展问题的认识和建议"，同时还附有大量图片，揭露了触目惊心的城市建设滥占农地的现象，引起中央领导的高度重视，开始采取措施刹住这股歪风。对此陆院士是有重要贡献的。但随后出现一股认为我国城镇化冒进了的思潮。有人认为将城镇化提到国家发展战略的高度不合适，有人主张将我国城镇化率的每年增长应由近年来的平均每年1.4个百分点压缩到上世纪80年代的平均每年0.6～0.7个百分点。

针对城镇化问题的众说纷纭，我应毛汉英之约，写了一篇约2万字的长文："中国城镇化进展问题的观察"，发表于2008年出版的《中国城市发展报告（2007）》。文中就我国城镇化的发展速度、土地开发和空间管理等问题进行全面、系统的论述。自认为这是我对前些年从事我国城镇化基础研究总结的重要补充。所以我在此文首页特别注明："本文为中国科学院资助重点项目《中国城镇化的基础研究》的部分成果"。可惜外界很少有人能看到这篇文章。

关于我国城镇化的发展速度问题，我认为在改革开放初的上世纪80年代，我国城镇化的速度明显滞后于经济发展。因当初曾一度强调要搞离土不离乡的农村工业化，让大批乡镇企业过度分散于广大农村，必然使城镇化的进程滞后于工业化。直到1992年明确以建立社会主义市场经济体制为改革主要方向以后，对农民全面开放的城市劳动力市场才得以逐步形成和发育，从而推动城镇化的进展。以1982年、1990年和2000年的三次全国人口普查的年末城镇化率21.13%、26.41%、36.25%作比较，1983～1990年间每年提高城镇化率0.66个百分点，1991～2000年间每年提高城镇化率0.98个百分点。按世界银行1997年的世界发展报告，1995年不包含中国的中低收入国家人均GDP362美元，平均城镇化率为38.2%，上低收入国家人均GDP630美元，平均城镇化率为42.3%。中国1995年的人均GDP602美元，城镇化率只有29%，明显偏低。所以，在学术界的长期推动下，中央在"十一五"规划中，将推进城镇化提高到战略高度是完全正确的。

进入新世纪后,一度出现所谓城镇化的"冒进",主要是指许多城市利用推进城镇化之名,大搞城市建设,尽力扩大城镇建设用地面积的土地城镇化。但城镇化的主要实质是指由农村人口转为城镇人口的人口城镇化。我国在人口的城镇化方面却并不存在冒进。从我国1995~2005年的统计年报来看,全国人口的城镇化率由29%提高到43%,每年平均递增1.4个百分点,似乎有些偏高,其中可能有对城镇的不同统计口径所造成的某些误差因素。日本和韩国在高速工业化阶段,人口的城镇化率曾出现过每年增长1.5~1.7个百分点的速度。当然,我国与韩日之间国情不同,作为一个领土辽阔、人口众多、地域差异很大的大国按全国平均不可能出现像韩日那样高速度的城镇化,但也不可能将高速工业化时期出现的城镇化速度退回到工业化初期去。后来根据2010年的全国第六次人口普查,当年年末的城镇化水平为49.96%,与2000年第五次全国人口普查相比的十年间,人口城镇化率平均每年递增1.3个百分点。

我国人口城镇化水平的提高,主要指进城农民工的大量增加。进城农民工凡居住已满半年以上者均被计入城镇人口。他们中多数仍在农村保留其住宅和农地承包权。若在城市找不到工作,无法生活下去时,仍可回到农村去。不像在许多发展中国家那样,因农村经济破产而失去土地的农民流入城市后,很难再回到农村去。在城市找不到工作就只能被迫居住在贫民窟内,成为艰难度日的城市无业贫民。所以在我国城市内存在大量收入低、居住条件差的农民工与拉美、非洲国家城市贫民窟内存在大量无业贫民有本质区别,不能将我国候鸟式的进城农民工过多视作过度城镇化。

应该承认,我国进城的大量农民工尚处于不稳定的由农民向市民的过渡状态,只具有半城镇化性质。需要将越来越多的进城暂住的农民工变成常住的正式城镇居民,才算完成由半城镇化到城镇化转变的全过程。在我国现有的人口城镇化率统计中,尚含有10多个百分点的此类半城镇化人口,要将这部分人口完全转变为城镇居民尚任重而道远。

我国在人口城镇化进程中,早期曾强调要"控制大城市规模,多搞小城镇",后改为"严格控制大城市规模,合理发展中等城市,积极发展小城市。"进入新世纪后,"控制大城市"的紧箍咒被取消,却出现了城市越大越好的大城市热。我国的行政区划体制,自上世纪90年代后期撤县设市被冻结后,推行地(区)市合并和改某些县级市为市辖区等"改革"措施,实质上为发展大城市积极创造条件。2000~2010年,全国人口城镇化率提高了13个百分点,但全国设市的城市个数却不增反减,由原663个减至657个,其中100万人口以上的大城市所占比重由2000年的18.7%上升至2010年的35%,城镇人口50万以下的中小城市所占比重由2000年的27.4%下降至2010年的17.5%。未设市的建制镇人口比重由46.1%,下降至36.4%。上述这种发展趋势,显然不符合我国城镇化战略所倡导的"大中小城市和小城镇协调发展"的要求。我国人口的城镇化出现了不是使城市越来越多而是越来越少的怪现象,也不符合人类社会发展的普遍规律。所以我在2012年写了《控城市区域化 促区域城镇化》一文,送民政部行政区划司,希望在调整行政区划时严控撤县级市改为市辖区,并试行在县内设市的体制改革。有关领导欣赏我的观点，但一直未见诸行动。原打算此文在归属行政区划专业的《中国方域》杂志发表，却因该杂志的最终停刊而作罢。后改由浙江省城市规划学会主办的《城市与规划》2014年第12期刊出。

2012年10月18日，由中国城市科学研究会主办的《城市发展研究》期刊编辑部的王亚男和张爱华对我进行专访，讨论我国的城镇化与空间规划的关系问题。我回顾了对我国城镇化的巨大成就及其所存在的宝贵土地资源浪费和社会贫富差距拉大的两大严峻问题。过多地占用农地，大规模的城市住房建设，不完全是为了人民的需要，有相当部分用作投资者获利的资产。城市房价的不断上涨，只能使房地产开发商和经营者更易从中获取暴利，而使外来打工者更难在城市实现居者有其屋。所以只有把大量进城农民工逐步转变为正式城镇居民，提高其收入水平和社会保障水平，并为其提供廉租屋和低价房，才算完成了由半城镇化人口向名副其实的城镇人口过渡。要想通过区域规划和城市规划引导城镇化的健康发展，必须深化改革，转变政府职能，改革土地制度和规划体制。除引导少数特大、超大城市向周围城镇扩散而形成大都市圈和城市群外，还应发展广大农村地区的县域经济，引导部分农村人口在县域内就近城镇化。由编者整理经我审改的"中国城镇化与空间规划的思考"一文发表于《城市发展研究》2012年第11期。在编者按中对我有不少溢美之词。其中提到："胡先生回顾了我国城镇化的基本历程，对当前存在的问题有深刻的思索，言语间不断流露出对国家和人民利益的关注，这种心系于民的学者情怀深深感动着我们……"的确，这也是我一生接受专业访谈中最动感情的一次。

在2014年讨论"国家新型城镇化规划"期间，我对其中第三篇的"有序推进农业转移人口市民化"很赞赏。但对第四篇"优化城镇化布局和形态"中关于城镇化要以城市群为主体的提法持有某些不同看法。诚然，全国或较大区域范围内经济较发达、人口较密集的核心地区，发展城市群是较好的城镇化布局状态，远优于单个超大城市的不断向外膨胀。发展城市群，有利于提高我国在国际市场的竞争力。但在我国适合发展城市群的核心地区毕竟只占全国国土范围的较小比重。在核心地区外围的广大农村地区，不可能发展密集的城市群。要实现农村地区大量人口的城镇化，除有部分农村人口继续远距离向发达的城市群地区输送外，还必须在发展当地县域经济和小城市、小城镇的基础上，使部分农村人口实现就近城镇化。我发表于《城市发展研究》2014年第11期的《应厘清与城镇化有关的各种地域空间概念》一文中有关"城市地区与农村地区"一节就专门论述了这个问题。我认为将全国城镇化进程尚需进城的农民都往少数城市群、都市圈地区集中是不可思议的，不仅需付出巨大的社会成本，而且会导致深重的生态灾难。因而应在继续优化和发展城市群的同时，着力加速广大农村地区的就近城镇化。

紧接着在讨论我国"十三个五"规划期间。我写了《有关我国区域与城乡发展的政策建议》的一篇文章，提出以下八大建议：①我国经济社会发展到现阶段，应在逐步缩小区域间、城乡间的相对贫富差距方面加大力度。②区域政策应由协调东部与中、西部地区及东北地区的发展，进一步向协调发达或较发达的核心地区与其外围的欠发达或贫困地区之间的发展深化。③发展城市群只能作为人口密集的发达地区城镇化的主体形态，不宜作为全国城镇化的主体形态。④因地制宜，着力发展广大农村地区的县域经济，推进以产业化为基础的部分农村人口在县域内的就近城镇化。⑤新农村建设只有与县域内部分农村人口就近城镇化密切结合，才能最终实现缩小城乡差别的城乡一体化。⑥改革现行行政区划的设市体制，允许在众多县域设立一个或多个县辖副县级市。⑦加大国家和省级财政向贫困县和欠发达县的转移支付力度，在加强县级领导班子的基础上向县放权。⑧鼓励发达地区的城市群和都市圈的资金、人才、技术、信息等要素向欠发达的农村地区流动，倡导先富市县帮带贫困县脱贫致富。

我认为我国的工业化和城市化等现代化建设已取得举世瞩目的巨大成就。大量进城的农民工为经济和社会的发展提供充裕的廉价劳动力，广大农村为国家的各项建设提供相对较顺利的集体所有廉价土地的供应。农民和农村为国家大规模的现代化建设作出了巨大的不可磨灭的贡献。现在已到了让更多进城农民工变为正式城市居民和由发达的城市群地区反哺其外围广大农村地区的时候了。我坚决拥护党中央提出的要在2020年全面建成小康社会的宏伟目标和对全国贫困地区采取精准扶贫的切实措施，这体现了我国社会主义制度的优越性。但对国家新型城镇化规划中提出的城镇化要以发展城市群为主体的提法持保留意见。发展城市群和优化城市群，无疑对增强国家的实力，提高其在国际市场的竞争力有重大意义。但我国有条件发展城市群的核心地域范围毕竟有限。不发展广大农村地区的县域经济，不鼓励部分农村人口的就近城镇化，就很难逐步缩小区域间、城乡间的相对贫富差距。我国广大农村地区有不少县的面积和人口都大于欧洲的一些小国。当前我国与发达国家的现代化差距主要不是在城市群地区而是在其外围广大农村地区。不积极发展广大农村地区，尤其是贫困地区的县域经济，不着力加速农业的现代化和产业化，不集中发展某些有市场竞争力的特色产业，不大力发展包括金融、贸易、教育、文化、医疗、卫生、体育、保健、养老、休闲、旅游、交通运输等各种现代化的社会服务业，不在加强新农村建设的同时推进部分农村人口的就近城镇化，不能吸引去大城市打工的农民愿回家乡城镇购房、养老或创业，就难以摘掉贫困县或欠发达县的帽子，许多贫困农村脱贫后又会返贫。以上是我给中央建议时曾经思考的一些重点内容。

关键是如何能让中央高层领导见到我的上述建议。我向中共中央办公厅和国务院办公厅分别发信并递送该文，曾收到国家信访局办公室的简短回音。过了两三个月，我将发给地理界、规划界、社科院、发改委、中国宏观经济研究院的众多专家看的阅后反馈意见（多属高度赞同）汇编成册，并将其附在建议文后，再次发送，试图引起中央的重视。不久传来已呈报中央领导的信息，但能否让中央高层领导真正看到此文还很难。为扩大该文的影响，我还请《经济地理》主编樊杰加"编者按"在《经济地理》2015年第7期首页显著位置发表。

《国民经济和社会发展第十三个五年规划纲要》公布后，我自认为正确的某些规划建议，似未能在新颁布的规划中有所体现，但我还是要坚持己见，让历史来进行最终选择。我写了《致规划界的一封公开信》，提出规划应避免进入以下几个误区：①不能以《全国主体功能区规划》划定的限制开发区内的县来限制这些县的城镇化。②不能把设市的市域都看成城市。③不能把精准扶贫只简单地理解为有针对性地帮助各家贫困农户发展效益较好的农牧业生产。④不能把基本公共服务设施均等化理解为把社会公共服务设施的建设均等分摊到所有农村。⑤不能在农村地区搞脱离城镇化的城乡一体化。2015年12月1日在中国城市规划学会网站发表了这封公开信，获得万人以上的点击和众多点赞。

我认为地理科学和规划科学都是应用性较强的科学。我们的科研成果，不能主要看发表论文和科学专著的多少，而应主要关注在国家的现代化建设中有否真正发挥作用。

理顺空间规划

我自上世纪50年代末开始接触区域规划，70年代末开始参与城市规划，80年代一度从事国土规划研究以来，对如何理顺我国的空间规划系列，一直成为我的重要关注点。

我国在过去的计划经济体制下，主管国民经济发展的综合部门国家计委，一直很重视发展规划，不太重视空间规划。主管建设的综合部门国家建委，比较重视空间规划，因各项建设都得落实到具体的地域空间。所以早期的城市规划、区域规划均由国家建委领导。但国家建委曾经历几度的建立而又撤销的波折。经上世纪50年代三年困难期城市规划恢复正常工作后，曾改由非综合管理部门建筑工程部和后来的建设部领导。改革开放初期，一度由国家建委开拓的国土规划与区域规划工作，随两委的合并而转到国家计委。在当时的国家计委主任宋平及其刚从国家建委转来计委的老战友吕克白副主任的主持领导下，全国性国土总体规划纲要和地区性国土规划（区域规划）一度搞得很有声势。城市规划司曾一度归建设部和国家计委双重领导，主管土地利用规划的国家土地管理局也由原农业部代管改由国家计委代管，这样就有利于对各类不同层次的综合性地域空间规划进行上下左右的综合协调。资源开发利用、产业布局、基础设施建设、生态建设、环境治理与保护等各项需落实到具体地域空间的规划也均需与上述不同地域层次的综合性空间规划相互协调。只可惜上述好景不长。自宋平主任调离国家计委，吕克白副主任完全离休后，在国家计委编制上报的《全国国土总体规划纲要》长期未获国务院审批的情况下，国土与区域规划开始逐步淡化，直至停滞。国家计委的原国土局改名为国土地区司，且将其工作重点转向地区经济发展规划。城市规划司也完全回到建设部，不再受国家计委双重领导。国家放松了对各类地域空间规划的管理。

为此，我在1998年写了一篇"强化地域空间规划和管理"的书面建议。首先以大量事实揭示了我国当时大量存在的开发无序、空间失控的如下种种乱象：地区间、城市间不顾市场容量和各自的具体条件，相互攀比，重复建设，此类现象屡见不鲜。某些由地方自筹资金建设的机场、港口、快速道路等重要基础设施，缺乏对客货流的具体分析与科学论证，较少考虑跨行政区的联合开发共同使用，建成后其利用效率很低。由各级政府决策兴办的各种类型的开发区过多、过滥，分散建设严重影响投资效益。地方政府多以土地敛财，大量批地出租，并为吸引外资竞相压价，导致国家资产的大量流失。一些高档豪华的办公楼、度假村、别墅区、游乐场等建成后被闲置起来，无人问津。不少城市把开发建设的摊子铺得很大，城乡结合部的开发建设布局杂乱。乡镇企业的布点过于分散，不利于规范经营和三废治理，不利于基础设施的集中建设和小城镇的合理发展。不少新发展起来的小城镇建设在公路干线两侧，长蛇形铺开，使过境通道成为市镇内长街，不仅妨碍过境干线的畅通，而且影响城镇本身的合理布局。农村盖房占地面积过大，有些较富的村镇已盖起不少漂亮的住宅民房，但其周围垃圾满地、污水横流、道路狭窄泥泞，形成强烈反差。在一些丘陵山区的狭小平地，多被城乡居民点、工业企业以及水库、交通等基础设施所占用，基本农田被迫向山坡地转移。北方地区和沿海城市缺水问题日趋严重，却仍在发展一些大量耗用淡水资源的产业。长江三角洲、珠江三角洲等人口稠密的水网地区，相互污染水源问题十分突出，方圆数百里范围内几乎很难找到不受污染的水源。分别由农业、林业、水利、环保、旅游、文化、土地、城建等主管业务部门划定的基本农田保护区、林区、自然生态保护区、水土保持区、蓄洪滞洪区、环境整治区、风景旅游区、古文化保护区、土地利用功能分区、城市用地规划区等等，凡未经国家权威机构综合协调的互不认账，难以得到社会的公认和法律的保护。

  针对上述问题，我提出迅速恢复和加强国土规划与区域规划工作，健全地域空间规划管理体系，将地域空间规划的系统管理纳入法制轨道等建议。同时还建议成立国土建设委员会。将隶属于国家计委的国土地区司一分为二：有关编制地区发展规划和组织区域间联合与协作的职能留在计委，有关国土与区域空间规划的管理职能转移到建设部。国土、环保、城乡建设、土地管理、地质、测绘等部门均由国土建设委员会归口管理，其他各部门涉及空间布局部分也均由国土建设委员会负责空间综合协调。

  建议书写成后，如何能使中央领导看到这份建议，就成为我考虑的主要问题。1998年6月11日，我给原国家计委副主任、时任国务院政策研究室主任桂世镛写了如下一信："我是中国科学院地理所的研究员，长期从事国土规划与区域规划研究工作。几年前曾在郑州国土规划工作会议期间与你相识。鉴于我国长期以来只重视发展规划，不重视空间规划，国土开发和建设布局中的空间无序和失控现象相当严重。国家计委已长期不抓国土规划，国家土地管理局想以土地利用总体规划来代替国土规划的作用，要求城市规划和各项建设的规划布局均服从于土地利用规划，致使建设部门与土地管理部门之间矛盾很大。中央领导人都很关注耕地保护、环境保护等重大问题，但对如何搞好国土开发建设与人口、资源、环境综合协调的地域空间规划，以求从总体上更好地解决上述问题，似乎还不甚了解。所以我起草了一份打算给中央领导的'关于强化地域空间规划与管理的建议',先寄给您看一下,以求指正。并望在可能条件下转呈国家领导人。"

我曾设法通过各种途径,转送此项建议。自周光召院长改任中国科协主席后,我由中国国土经济研究会推荐曾任中国科协第八届全国委员会委员,所以我给周光召主席也写了类似的信。周、桂二人均未给回音。我又托城市规划司陈晓丽司长将该建议书送请俞正声部长审阅,并希望能通过建设部转呈国务院。俞部长阅后即作以下批示:"请告胡序威同志:我很赞成他的观点,建议他直接将此寄镕基同志,不宜由我们转。"于是我就将此事通过地理所上报中科院院部,希望能通过院部将该项建议上报国务院。不料分管地学口的陈副院长却做出如下批示:"胡序威同志的建议有科学依据,可送有关报刊发表。请控制向中央领导直接转送建议的范围。"无奈之下,我只好将"强化地域空间规划和管理"一文略作删改后,直接寄送《人民日报》社,发表于由《人民日报》总编室主办的《内部参阅》1998年第30期,后被收入我的《区域与城市研究(增补本)》2008年版。

1998年进行国务院机构改革,国家计划委员会改为国家发展计划委员会(后进一步改名为国家发展和改革委员会)。在由原地质矿产部和土地管理局合并的基础上成立了国土资源部。原由国家计委负责的国土规划职能划归国土资源部管理。这是由于长期受人误导,把国土只看成是资源,或简单地将国土等同于土地所产生的后果。我们一直主张,国土是指国家主权管辖范围的地域空间,包括陆域、海域的地表、地下和近地空域,既是资源,也是环境。全国国土规划是指国家管辖的地域空间规划系列的顶层,其下包含区域规划、城乡规划和土地利用规划。国土的开发、利用、治理和保护,经济、社会、文化、生态等各项建设的空间合理布局,需经过不同地域层次的空间综合协调才能最终落实到具体的土地,所以不能本末倒置,以土地利用规划替代国土规划。

随着我国的经济体制由计划经济向社会主义市场经济的转型,政府对发展规划的管理已只具软型的指导性,而对空间规划的管理仍具硬型的约束性。在城镇化的推动下,许多城市都想扩大发展空间。但要把农业用地转变为城市建设用地,必须有经国家认可并经上级政府批准的各类空间规划作依据。建设部组织推动的城市规划,以及具有区域规划性质的市域规划、城镇体系规划、城市群规划、都市圈规划等等,曾一时搞得相当红火。早在1989年,全国人大常委会就已通过《城市规划法》。进入新世纪后,建设部积极争取将《城市规划法》改为《城乡规划法》,欲使其含有区域规划的内容。但由于其他部门的反对,使2007年最终通过的《城乡规划法》有关乡村规划的内容,只限于乡村居民点建设方面。

国土资源部原先只抓土地利用规划。因早在1986年就已有全国人大常委会通过的《土地管理法》,其后经多次修改,于2004年又通过了新的《土地管理法》,使土地利用规划有了坚实的法定依据。但后来感到只从保护耕地的角度来控制建设用地的扩展有些不切实际。而且国家已将国土规划职能划给国土资源部,再不抓国土规划无法向国务院交代。然而,国土资源部非综合管理部门，抓综合性很强的国土规划确有一定困难。所以他们先从深圳市和天津市开始进行地区性国土规划的试点，因这两个市的规划和国土管理职能正好都合成一个局。我曾先后被聘为深圳市和天津市国土规划试点的顾问。其后，国土部又将广东省和辽宁省先后作为省域国土规划的试点，我也是广东省国土规划试点的顾问。我曾把在深圳市国土规划试点工作会议上的发言内容，改写成论文《国土规划的性质及其新时期特点》，发表于《经济地理》2002年第6期。市域、省域的国土规划，明显具有区域规划性质。

一直由国家计委负责编制的国民经济与社会发展五年计划，从第十一个五年开始将五年计划改称为五年规划。2003年，时任国家发展和改革委员会主任的马凯在《中国经济导报》（2003年10月21日）发表文章：《用新的发展观编制"十一五"规划》，将国民经济和社会发展规划定格为对空间规划具有约束功能的总体规划。同时正式打出"区域规划"的旗号，将区域规划放到空间规划体系中亟待加强的重要位置，先从跨行政区的区域规划抓起。作为省内跨市县区域规划的试点，由湖南省发改委与中国城市规划院联合，于2004年编制完成《长株潭城市群区域规划》，接着由湖北省和河南省的发改委分别组织地理界和经济界人士，进行"武汉城市圈"和"中原城市群"的规划研究。国家发改委还组织本系统和地理界的力量开展"长江三角洲地区"和"京津冀都市圈"等区域综合规划研究。为了使发改委组织的区域规划具有法定效应，他们曾为国务院起草了一个着重阐明区域规划内容及其与相关各类空间规划关系的"规划编制工作条例"，因遭有关部门的反对而未能通过。

以上这种部门间相互争夺区域规划空间的现象，尽管名目不一，各有侧重，但其内容多大同小异，导致大量工作重复，资源浪费，各搞各的，互不协调，甚至各不认账，严重影响规划的科学性、实用性和权威性。我写了一篇对我国区域规划的演变历史进行全面总结的论文：《中国区域规划的演变与展望》，发表于《地理学报》2006年第6期。其中专有一节论述"对规划空间的争夺"。此文发表后，引起《瞭望》杂志记者的注意，对我进行了专访，要我针对各部门争夺规划空间的现象，就如何理顺各种规划间关系问题，写篇报道性的文章。经记者加工后，以我的名义，用《区域规划力避部门纠葛》的篇名，发表于2006年9月18日的《瞭望》新闻周刊。

2006年，由国家发改委主持的《中国主体功能区区划》形成初步方案。中国科学院地理所的人文地理研究团队是该方案的技术支撑者。时任国家发改委发展规划司司长杨伟民和中科院地理所樊杰等研究员曾到中科院院部专门听取地球科学方面众多院士对主体功能区划方案的意见。那天我也应邀前往，可能是唯一的非院士研究员。院士们对区划与规划的关系讨论较多。我提出：区划可分为现状区划和指导未来的区划两种，指导未来的区划也就是规划。我同意将全国划分为优化开发区、重点开发区、限制开发区、禁止开发区四大类，认为这有助于对全国国土开发进行宏观调控，但全国性的主体功能区划分只能以县为单位，有些被划入限制开发区或禁止开发区的县域内也存在一些可供开发的空间。因此需进行由省到县的逐级细化。杨伟民对我的发言较感兴趣,从此我们之间开始建立了一些个人联系。2007年发布了《国务院关于编制主体功能区规划的意见》,2010年《全国主体功能区规划》由国务院正式印发。

紧接着,经国务院同意,由国土资源部负责开始着手编制《全国国土总体规划纲要(2011～2030年)》,早期由毕业于北京师范大学地理系的副部长胡存智具体负责领导。中科院地理所的陆大道、樊杰、金凤君、刘卫东和北京大学城市与环境学院的林坚等均参与了此项规划的编制研究。前后历时七年,直至2017年才完成《全国国土总体规划纲要(2016～2030年)》上报国务院,由国务院发布了一个已完成此项规划的新闻报道。我在2013年曾被国土资源部全国国土规划纲要编制领导小组聘为专家咨询委员会成员,但只参加过一次会议,始终未见过该项规划的具体内容。

我一直认为搞好各种类型、不同层次的地域空间规划,对促进经济、社会、文化、生态各项建设在不同地域空间的综合协调,处理好不同地域发展与人口、资源、环境的相互协调关系,把我们的国家建设成为全国人民所共享的富裕、文明、和谐、舒适、安全、美丽的广土乐园,具有重大意义。而当前我国各类地域空间规划的关系一直还没有理顺,成为近年来我和规划界的一些老朋友,如陈为邦、周一星、石楠等经常议论的问题。在党的十九大召开前,我写了"健全地域空间规划体系"一文,收入2017年中国城市出版社出版的《中国城市发展报告(2016)》。文中提出以下几条具体建议:①成立国家规划委员会或将国家发展和改革委员会改名为国家发展、改革和规划委员会,赋予统筹各类国土空间规划的职能,加强与国土资源和城乡建设部门规划机构的联合,共同负责对国土空间规划的综合协调。②国土空间规划应包含全国、跨省市区域、省域、跨地市区域、市(地)域、县(市)域等不同地域层次,并以县域规划作为多规合一的试点和强化空间管控的重点。③要加强对国土空间的规划管理,必须建立和完善能涵盖多种类型、不同地域层次空间规划的管理法规。④要为迎接我国国土系列地域空间规划高潮的到来,及早大力培养能胜任从事各类地域空间规划编制和管理工作的人才。由于空间规划的综合性强、涉及面广,需要建筑与工程科学、地理与生态科学、经济学与社会学等多重学科领域培养规划人才。尤其是具有地域性和综合性特点的地理科学,以研究人地关系地域系统为主要对象的人文与经济地理学领域,更应为国土系列的地域空间规划积极培养具有丰富地理知识,擅长地域开发综合分析和空间布局综合论证,熟悉地理信息系统应用和遥感制图等基本技能的综合型规划人才。

我曾将该文的复印件寄给时任中共中央财经领导小组办公室副主任杨伟民。他让秘书与我电话联系,要我发给该文的电子版,以便在他们的《内部通讯》刊载。我的这篇文章可能没有引起主要领导人的重视,也可能我送去的这篇文章为时已晚,所以我的建议未能在党的十九大后国务院进行的机构改革中有所反映。由在原国土资源部基础上经调整扩充后新成立的自然资源部来统管地域空间规划,将原属住房和城乡建设部领导的城市规划司的主体部分划归自然资源部领导。这样似可有效地遏制规划界曾热衷于为扩大城市发展空间服务之风。但从长远发展看，具有综合性特点的各类地域空间规划，总不能只主要考虑如何节约有效地开发利用自然资源和保护自然生态方面的问题，还需通过规划综合协调解决其他各种空间问题，其涉及面相当广泛。所以我还是坚信自己在"健全地域空间规划体系"文中所提的一些建议更切合实际。现该文已由清华大学顾朝林教授主编的《区域与城市规划研究》2018 年第 1 期予以转载，希望能得到更多有关领导和规划界人士的认同和支持。

推荐同行院士

我国的院士制度，核心是将科学界主要领域的领军人士推举为中国科学院院士。能评上院士的人，在科学界享有至高的荣誉。在 1991 年年末，中国科学院地学部共有院士 93 人，其中地理学界的院士 13 人，内含 4 位人文与经济地理学界的院士：谭其骧、侯仁之两位著名历史地理学家和周立三、吴传钧两位著名经济地理学家。吴传钧迟至 1991 年才评上院士，那时他已 73 岁。

1995 年的院士评选活动，采取由中科院、高教部的重要科研教学机构和中国科协的重要学术团体自下而上地推举院士候选人的程序。中国国土经济研究会曾通知我，打算把我作为院士候选人向上推荐，被我婉拒。我说我对参评院士不够格有自知之明，不想去参与院士推选。紧接着，我所召开全体研究员参加的以自报公议方式推荐院士候选人的会议。不少与我相似的、资历较深的研究员都积极发言报名，争取成为院士候选人。我自知学历浅，外语基础差，虽在应用研究领域作出一些成绩，但在学科理论建树方面远不及陆大道等年轻研究员。所以在会前我就与老战友李文彦商议：我们都已快离退休了，是否不要再去相互竞选院士了，让我们共同推荐陆大道好吗？得到他的欣然同意。于是我就在会上代表我们二人发言，表明各自退出院士竞选，并共同推荐陆大道为院士候选人。这使得全体到会人员十分惊讶，陆大道本人对此也感到十分意外。在地理所领导班子研究上报 1995 年推荐院士候选人名单时却没有陆大道，因当时吴传钧竭力推荐先让水文室的刘昌明竞选院士，以提高其能在国际地理联合会任高职的竞争力。直到 1997 年才由吴传钧院士亲自推荐陆大道参与院士竞选。1998 年，国务院发通知对中国科学院和中国工程院的院士实行资深院士制度，即年过 80 岁的院士对评选新院士已无推荐权和投票表决权。1999 年评选院士时，原四位人文地理院士中，谭其骧、周立三已于 1992 年、1998 年相继去世，侯仁之和吴传钧也均已成为资深院士。这就使我们产生了学科的危机感。人文地理学作为地理科学的重大分支科学，在中科院的院士队伍中都已没有自己的在位代表。在 1999 年以后的院士评选活动中，陆大道只能通过自然地理界的几位院士推荐才可参与竞选。我们这些长期从事人文与经济地理研究的非院士专业人士，虽无资格直接推荐院士候选人，但自认为有权利向享有院士推荐权和选举权的院士们反映我们的意见，推介自己熟悉的同行专家所取得的杰出科学成就。我在从事国土规划研究期间，曾结识了不少地学部的院士，给地学部的众多院士们写了一封信，首先说明研究人地相互关系地域系统的人文地理学，是地理科学乃至整个地球科学不可或缺的一门重要分支学科。原有四位院士，已有二位去世，另二位成为资深院士，所以在评选新院士时应对此给予适当照顾。同时简单介绍了陆大道的主要科学成就，认为他已完全具备代表人文地理界当选院士的条件。为此我还特地拜访地学部的孙枢主任，得到他的赞同和支持。陆大道在1999年和2001年接连两次的申报和评选院士，直至2003年当选为中科院院士。

2004年初，中国城市规划学会开始考虑换届之事。陆大道当选院士后，周干峙等曾考虑让陆大道院士来接替我代表地理学界竞选任中国城市规划学会副理事长一职，为此曾先增选他为学会常务理事。但当时陆大道的工作实在太忙，地理所和地理学会的领导任务都很繁重，影响参与城市规划学会的活动，于是我就找陆大道共同商议。中国城市规划学会是地理界与规划界合作联系的重要渠道，担任常务理事和副理事长是需要为此付出很多精力的。著名城市地理学家、曾任广东省高教厅厅长和中山大学党委书记的许学强之所以没有安排他担任中国城市规划学会的领导职务，也主要因为他太忙，很少能前来参加常务理事会的活动。能否让同为著名城市地理学家、现任中国城市规划学会常务理事兼区域规划与城市经济学术委员会主任的周一星来接任我的副理事长之职？这一提议取得陆大道的赞同。终于在2004年9月的中国城市规划学会的换届选举中，由周一星代表地理学界当选为该学会的副理事长，我成为学会顾问。

我与周一星在地理界和规划界长期合作共事过程中，一直把他视为学术界拔尖人才。所以到2005年开始新一轮的院士评选时，我竭力鼓动他去竞选院士，希望他能成为继陆大道之后的第二位人文地理领域的院士。要想参与院士评选，至少需有三名院士推荐。因周一星下决心已较晚，我担心在地理界找不到足够的院士作推荐人，建议可请非地理界的周干峙院士当推荐人，周院士很乐意承担，后来竟得到四名院士推荐。2005年8月，第一轮评选未获通过，这是意料之中的，很少有第一次申请参选就通过的。2005年9月，周一星给中央政治局讲解有关中国城镇化问题，成为我国地理学界给中央政治局讲课的第一人，这就为他参加下一轮院士竞选加大了分量。但万万没有想到，2007年他突患一场重病，体质虚弱，长期疗养，从此他就打消了再申报竞选院士的念头。

原中科院地理所经济地理部的领头人继陆大道、毛汉英之后是樊杰。2012年中国城市规划学会领导层又一次换届，周一星与我商量后确定接他的班担任副理事长之职的也是樊杰。这样就使樊杰成为人文地理界和规划界共同关注参与院士竞选的热门人选。樊杰在2007年2月给中央政治局讲解"国外区域发展情况和促进我国区域协调发展"，成为我国地理学界给中央政治局讲课的第二人。2009年他开始申报参选院士，2013年停了一轮。2015年和2017年又接连两次申报，研究团队都为其出力，我们这些早就退下来的老人也为其出谋划策。2017年那次离通过已只有一步之遥，看来还得在2019年进行最后一次拼搏，若仍未能当选，陆大道院士至 2020 年也将成为资深院士，届时人文地理界可能还得向地学部的院士们再一次呼吁。还是那句老话：在位的院士中不能没有人文地理学这一重要学科的代表！

重视研究团队

经济地理学或人文地理学这一重要研究领域，要使其能为国家现代化建设发挥应有的作用，能在科学界保持应有的地位，除需要有高水平的领军人物外，还需要有强大的富有凝聚力和战斗力的研究团队。自我早年进入由吴传钧创建的中科院地理所经济地理研究团队以后，就感到这个团队很有凝聚力和战斗力，鼓励团队全体成员努力学习，团结合作，奋发向上，勇于承担具有开拓创新意义的各项科研任务。我深感自己的专业在这个研究团队得到很快成长。我的一生所承担的主要研究项目都是靠研究团队的合力相助完成的，有些甚至还要靠与所外研究团队的广泛协作才能完成。

要建设好一支研究团队，关键在于领队的以身作则，一心为公。在一个团队内部，同事之间、上下级之间，难免会发生一些相互磕磕碰碰之事。但只要秉公处理，动之以情，晓之以理，最终没有解决不了的难题。大家都能以大局为重，共同齐心协力地去完成任务。团队内总有几位难得的热心人，愿为同事之间穿针引线，纾困解难，很好地起到黏合剂的作用。我们大家都很热爱这个研究团队，十分珍视这一经长期培育形成的精诚团结共同奋斗的优良传统，衷心希望能一代又一代地传承下去。

由吴传钧、邓静中、李文彦、胡序威、郭来喜、孙盘寿等专业骨干组成的第一梯队，对人地相关地域系统理论和经济社会地域分异理论进行有益的探索，在农业区划、土地利用、能源与工业布局、国土与区域规划、城镇化、旅游地理等众多领域进行了开拓性的研究。由陆大道、毛汉英、郭焕成、徐志康、姜德华、张文尝、陈航、赵令勋、马清裕、叶舜赞等研究员组成的第二梯队，在地域空间结构的点轴系统演化和区域可持续发展的理论和实践方面作出了卓越的贡献。对乡村地理、都市农业、贫困区类型、运输联系空间分布规律、资源型城市等研究，也都进行了有益的探索。

2009 年，在原中国科学院地理所经济地理部的基础上创建了中国科学院区域可持续发展分析与模拟重点实验室，主任樊杰。下设五个研究室：经济地理与区域发展研究室，主任金凤君；城市地理与城市发展研究室，主任方创琳；农业地理与乡村发展研究室，主任刘彦随；旅游与文化地理研究室，主任陈田；区域可持续发展模拟研究室，主任刘卫东。由以上专业骨干组成的研究团队，是继承我们共同事业的强大的第三梯队。他们在国家关注的某些重点研究领域，如国土主体功能区规划、区域协调发展、城市群、扶贫与乡村振兴、生态与文化旅游、"一带一路"研究等，均起着一定程度的引领作用。我们的事业不但后继有人，而且是长江后浪推前浪，青出于蓝而胜于蓝，一代胜过一代，这足以使我们感到十分欣慰！

我衷心期望我们这个国家级的人文经济地理研究团队,不仅应长期在国内处于领先地位,而且还能不断扩大其国际影响力。希望高等学府能为这一研究团队不断输送和更新既有丰富理论知识又有先进应用技术的优秀人才。要通过为国家现代化建设服务的大量应用研究,不断充实和丰富有关人地相关地域系统、经济社会地域分异、地域结构空间演化、区域可持续发展等基础理论的总结。要通过大量的科研实践,不断提高各自的综合分析研究和综合概括总结能力。要通过团队的紧密合作或与外界的广泛协作,集思广益,有效地提高成果的研究水平。以上是我们团队需要坚持的具有中国特色的研究道路。

第十五章 一生难以淡忘的家国情怀

无 悔 一 生

我从小就经历过旧中国的劫难，日寇铁蹄的蹂躏，早年失学的痛苦和远赴新加坡殖民地的磨炼。在正逢青春年华之际，迎来了新中国的诞生。就在中华人民共和国宣告成立之日回到新中国的首都北京。后有幸进入中国人民大学深造，仅学习一年即被组织抽调至该校经济地理教研室任教，不久又被调入中国科学院地理研究所工作，从此注定我一辈子就职于地理科研领域。我由一个对地理科学一无所知的门外汉，逐步对其产生兴趣，直至无限热爱自己所从事的这一专业。

我深知自己所从事的地理研究及其相关的规划研究，与我国的经济建设和现代化建设息息相关。每当我们的科研成果被国家有关部门或地方政府所采纳，心里有说不出的高兴。由我主持完成的科研项目和出版的科学专著均属集体研究成果；个人的论著只出过一本《区域与城市研究》文集。

由于我们这门学科具有涉及面广、地域性和综合性强的特征，需与相邻学科建立广泛的学术联系。在众多的社会学术团体中，我除了曾担任本学科的中国地理学会经济地理专业委员会副主任外，还曾担任中国城市规划学会副理事长兼区域规划与城市经济学术委员会主任、中国区域科学协会副会长、中国行政区划研究会副理事长、中国城市科学研究会常务理事、中国国土经济研究会副秘书长等职。通过自己的科研实践和参加上述学术团体组织的各种学术活动，我对我国区域和城市发展的现状和未来有了更加全面和深入的了解。

在承担国土规划研究期间，我曾参与过长江三峡、南水北调等重大工程的规划论证。上世纪 90 年代，我被聘为国家计委系统的中国国际工程咨询公司专家委员会委员，其中属地理界的委员仅杨吾扬和我二人，曾参与国家不少工业、交通重大建设项目的规划论证。进入新世纪后，虽已不再担任该委员会的委员，但仍有一些单位找我参与对某些重大建设工程的可行性论证，如曹妃甸深水港区开发论证、天津港南区开发论证、宁东煤炭化工基地建设论证等。因我曾参与城市区域规划研究，建设部于 1999 年聘我为首届城市规划顾问委员会委员，其后改为城市规划专家委员会委员，曾参加众多城市的规划论证和评议。

我这个只有两年中学和一年大学学历的普通干部，完全由组织安排我从事地理科研，以自己的专业，为国家和社会尽了一些绵薄之力。虽然业绩并不显著，却给我以诸多鼓励。1986年即被中科院地理研究所聘为研究员，并开始任经济地理部主任。1989年经国务院学位委员会批准，成为早期的博士生导师。1991年被任命为中国科学院地理研究所学术委员会副主任、中国科学院区域开发前期研究专家委员会副主任。从1992年开始，享受国务院政府特殊津贴。科研成果曾多次获奖。1988年，由我主持完成的"京津唐地区国土开发整治的综合研究"获中国科学院科技进步奖二等奖和国家科技进步奖三等奖；1992年，我们与众多科研单位合作完成的"全国海岸带和海涂资源综合调查"获国家海洋局科技进步一等奖和国家科技进步奖一等奖；1996年，由我主持完成的"中国设市预测与规划"获民政部科技进步一等奖和国家科技进步三等奖。此外，在我离休以后，还于2006年获中国城市规划学会授予的"突出贡献奖"，2009年获中国地理学会授予的"中国地理科学成就奖"，2011年获中国国土经济研究会授予的"学科建设奖"。国家和社会给予我这么多的荣誉，有时也使我感到受之有愧。但转而又觉得自己的一生过得很有意义，至少未因虚度年华而悔恨。

师辈们曾谆谆教导我们，做一名地理工作者，应读万卷书，行万里路。读万卷书我还远没有做到，行万里路在现代交通工具的帮助下，早已绰绰有余。通过地理科研考察和参加各类学术活动，使我跑遍了全国所有省市，包括港澳和台湾。我去台湾是在1999年，参加由台湾师范大学、台湾大学等五所大学联合主办的"跨世纪海峡两岸地理学术研讨会"，同吴传钧、毛汉英等前往，并有当时在香港中文大学地理系杨汝万教授门下攻读博士学位的我的小儿子胡天新陪伴。众多海外华人地理学家参加了这次会议。会后由台湾地理学界派人陪同我们从台北（阳明山）经新竹、台中、南投（浊水溪、泥浆火山、日月潭）、嘉义（阿里山、北回归线标志）、台南（郑成功文化遗址）至高雄（海港城市）进行台湾西侧的地理考察。

西藏是我最后完成访问夙愿的一个省级自治区。建设部城市规划司的张勤副司长为了照顾我，特于2004年邀请我随同她和建设部乡村建设司的李兵弟司长、北京大学的董黎明教授等共同前往西藏，参加《西藏自治区城镇体系规划》的评议活动。他们原先担心已近耄耋之年的我，经受不住高原反应。没有想到我的适应能力很强，进藏后基本上不需要补充吸氧。相反，比我年轻20来岁的李司长，到藏后反应特别强烈，多日离不开吸氧机。在拉萨参与规划评议期间，我们曾抽空到布达拉宫、大昭寺、八廓街、罗布林卡等名胜摄影留念。评议结束后组织对相关城镇的实地考察，为照顾李司长，选择了从拉萨往东去海拔较低的林芝的线路。沿途的美境深深地吸引了我。公路主要沿雅鲁藏布江的重要支流尼洋河河谷而行，两岸的山峰多为葱郁的原始森林所覆盖，河川流量很大，水流清澈而湍急。途中遇一屹立于激流之中的巨石，使我对"中流砥柱"这一成语有了真切的体悟。我特以此石为背景，留下珍贵的镜头。

我的职业生涯使我有更多机会观赏祖国的美好河山。我自投入地理工作多年以来，曾攀登过泰山、五台山、峨眉山、武当山、庐山、黄山、雁荡山、长白山、玉龙雪山、三清山等众多国内名山的高峰。一直想找机会去攀登一下"自古华山一条路"的西岳华山的险峰，可惜至今未能如愿，已成为终生憾事。

我参加国际学术交流活动相对较少，出国的机会不多。1982年应朝鲜科学院邀请，由中科院外事局派朝鲜语译员陪同，我和孙盘寿、徐志康三人同赴朝鲜进行学术性访问和考察。主要在平壤及其周围地区活动，还特地安排去参观了开平板门店的"三八分界线"。1987年，我同吴传钧、李文彦、许学强等去英国曼彻斯特参加中英区域规划学术讨论会，顺访伦敦、利物浦、谢菲尔德、利兹、纽卡斯尔等城市。1989年，受原苏联科学院地理研究所的邀请，我与叶舜赞和马清裕三人同往莫斯科、列宁格勒、爱沙尼亚等地进行为期约十余天的地理学术访问。1991年，应日本地理学家北村嘉行等人以日本中小企业研究会的名义邀请，由我和陆大道、张文尝、赵令勋、陈航、李荣生、宋原生七人组团去日本访问。我们参观了松下电器、川奈重工、福山制铁、丰田汽车等众多工业企业，访问了大阪、神户、名古屋、东京等大都市和四国的香川县，体验了高铁新干线和跨濑户内海大桥等现代化交通设施。2009年，在我的两位学生：在香港大学地理系任教多年的赵晓斌和去美国留学并已留美工作多年的王拓宇的共同组织安排下，我和胡天新同地理所的陈田、蔡建明等，去美国拉斯维加斯参加由美国地理学家协会主办的学术讨论会。并在会议前后访问了洛杉矶、旧金山、休斯敦、华盛顿、巴尔的摩、费城、纽约等众多城市。此外，我还曾与亲属共同旅游，到过西欧的意大利、奥地利、瑞士、法国、卢森堡、比利时、荷兰、德国和东南亚的泰国、马来西亚、新加坡等国的众多城市。

自投入地理科研事业以来，我就把自己的主要精力都放在工作上，除了工作就是学习，几乎没有任何其他业余爱好。我长期订阅《人民日报》和《参考消息》，至今从未停过，可能已被子女们视为守旧的倔老头。但我认为关注国家建设的进展，了解国家的有关政策，还是要看具有权威性的《人民日报》。关注世界大事，了解国际形势，就得看每天的《参考消息》，近年来又新增了一份《环球时报》。此外，为了解我国在文化建设方面的重要成就，以及众多的历史文化信息，自新世纪以来我还新订了一份由我伯父胡愈之亲手创办的《光明日报》。自我完全离休后的每天活动是这样安排的：早晨约半个多小时去环境较好的奥体公园湖边进行户外锻炼，雾霾天气不外出；上午利用两三个小时看些书或写点东西，下午午休后以读报为主；晚间看电视，《新闻联播》为每天必看，还爱看中央4台的"今日亚洲"和"海峡两岸"等专栏节目。可能有人认为我这样的生活过于单调，而我自己却认为，能这样安度晚年，即可自得其乐。

永远怀念

值得我永远怀念的，首先是育我、养我的亲爱的母亲。她在我的心目中，是一个在旧社会长大，自幼缠足，饱受封建包办婚姻的痛苦，却能仁爱为怀、舍己为人的伟大母亲。我父亲自大革命失败后，由一个才华横溢的革命青年因意志消沉而走向吸毒、赌博、生活腐化，使我母亲也被他牵累受罪了大半辈子。所以母亲一再教育我："长大后千万不要学你爹，要学大爹和二爹"。由于她勤劳节俭持家，精心侍奉我祖母，被赞誉为"贤惠孝顺的儿媳妇"。妯娌之间的关系也相当融洽和谐，即使是性格较暴躁的常与祖母吵嘴的三伯母，与我母亲之间也从未有过口角。由于她平时能以宽厚待人，仁慈为怀，在众多亲朋好友和子侄之间享有好口碑。她还与周围的一些贫苦农民保持良好的交往。我家附近的井水有咸味，不宜作饮用水，由几位常来我家的农民帮助从数百米外的城横河担水存入厨房的大水缸内。他们遇生活困难时，母亲也常给予一些力所能及的帮助。所以在土改时，因我父亲无正当职业，且已被戴上"历史反革命分子"的帽子，将我母亲评为"破产地主"成分后，幸有那几位贫下中农的暗中保护，没有让她吃大苦、受大罪。在我们即将生养第二个孩子时，国家尚处在供应困难时期。我们把母亲接来北京，请她照看大孩子。当时的吃住条件都很差，尤其是老幼三代五口人挤住在一个小房间内，使她感到生活上很不习惯，不到一年就回老家去了。没有料到她的这次来京，竟成为我在"文革"中被打成"地主阶级孝子贤孙"的罪证。造反派还曾去我的家乡上虞丰惠镇调查我母亲的"罪行"，从而也使她意识到因其北京之行而加重了我的罪名。在改革开放后，我家的居住和生活条件大有改善，曾想把她接来北京与我们同住，却被她坚决拒绝。她说自己已习惯于在家乡生活，并有一位与她关系很好的我的远房堂姐可以照顾她养老。我只好每月多寄些生活费给她。为了调动我那位堂姐的积极性，我答应她只要把我母亲照顾好，可以把我母亲身后在家乡的全部房产赠送给她。1998年，在上虞家乡纪念胡愈之100周年诞辰时，与胡愈之有关的第二代和第三代的亲属共有数十人从全国各地回到上虞家乡，争着与当时仅存的第一代长者、年已90高龄的我的老母亲共同合影留念。这使她感到特别高兴。第二年秋，她多日卧床不起，直盼到我和亦春闻讯赶来，见上最后一面，即永远闭上眼睛，属无疾而终。我们把母亲的坟墓安置在丰惠镇北的后山林地，每逢有机会回上虞时必前往祭望。有位热心的族弟胡家燕还帮我代为照看。

第二位值得我永远怀念的，就是我的大伯父胡愈之。他的光辉一生和高尚品德是我终生学习的楷模。他的学历也很浅，只念了一年中学，跟随一位老师攻读了一年国学后就去上海商务印书馆当练习生，完全靠自学成才。1915年，才19岁的他就已当上著名《东方杂志》的编辑，而且自此以后几乎每期《东方杂志》都刊有他以不同笔名撰写的不止一篇的内容涉及面很广的文章或译作。五四新文化运动兴起后，他在《时事新报》《民国日报》等报的副刊，发表大量倡导白话文的文章，并随同郑振铎、沈雁冰、叶圣陶等积极参与上海文学研究会的活动。早在上世纪 20 年代初，他已成为在上海文坛崭露头角的名人。五卅运动时，他与商务编译所的几位同仁自办《公理日报》揭露帝国主义罪行。其后他将重点转向政论时评和国际问题研究，成为我国最早的国际问题专家。"四一二"反革命政变时，他目睹宝山路流血惨案后，奋笔直书由郑振铎等七人联名致国民党元老的控诉信，并在报上公开发表。在白色恐怖下，他被迫去法国留学三年。回国后发表了受鲁迅赞誉、被广大知识青年争相阅读、曾轰动上海进步文化界的《莫斯科印象记》。

1931 年爆发"九一八"事变。他开始与邹韬奋联手宣传抗日。不仅为邹韬奋主持的《生活》月刊经常写稿，或代其主编，还帮助他创办生活书店和多种进步刊物。1933 年，胡愈之主编的《东方杂志》新年号，发动众多著名知识界人士做"新年的梦想"，主要反映了他们忧国忧民、希望变革的愿望。同年应鲁迅之邀，他和邹韬奋参加了由蔡元培和宋庆龄领导的"中国民权保障同盟"。同盟秘书长杨杏佛遭暗杀后，他们同去参加追悼会，完全置个人生死于度外。不久他被中共中央吸收为秘密党员。为呼吁抗日救亡，他和邹韬奋联合沈钧儒、陶行知、章乃器等共同发起组织救国会活动。1936 年鲁迅逝世后，他和冯雪峰共同以救国会名义组织声势浩大的群众性悼念活动。救国会"七君子"被捕后，由他担当起营救"七君子"的重任。抗日战争爆发后，胡愈之成为国共合作后的"上海文化界抗日救亡协会"宣传部副部长，并主持国际宣传委员会工作，在多次召开会议向外国记者介绍我国抗战形势过程中，结识了著名美国记者斯诺。上海沦陷，租界成为孤岛后，胡愈之、胡仲持兄弟俩在其法租界住家成立秘密出版机构复社。只用一个多月时间，组织翻译界朋友共同突击翻译出版了斯诺名著《西行漫记》（即《红星照耀中国》）。同时在胡愈之的精心策划下，使许广平与王任叔、郑振铎等共同编辑的《鲁迅全集》首版 20 卷本皇皇巨著，用了不到半年时间就出版问世。这两件大事均创造了中国出版史的奇迹。

1938 年 5 月，胡愈之去武汉，在周恩来、郭沫若领导下的军委政治部三厅工作，负责抗日文字宣传工作。他帮助范长江成立了我国首家新闻学术团体"青年记者协会"。武汉沦陷前夕他转往桂林后，又成为当时这个大后方著名抗日文化城的核心人物之一。由他一手创办的"国际新闻社"让范长江当社长，自己不挂名。他还以广西建设委员会委员和文化部副主任的身份，创建了"文化供应社"，帮助《救亡日报》《国民公论》《中学生》等众多报刊在桂林复刊。诚如其挚友叶圣陶所言："愈之兄创建过许多团体，计划过许多杂志和书刊，他能鼓励朋友们跟他一起干。他善于发现朋友们的长处，并且能使朋友们发挥各自的长处。等到团体和杂志书刊初具规模，他往往让朋友们继续干下去，自己又开始新的建设。他有这样的组织能力，所以建树事业之多，能比得上他的似乎少见。"

1940 年 11 月，胡愈之受周恩来的派遣去新加坡为南洋华侨领袖陈嘉庚创办的《南洋商报》主持笔政，大力支持他动员广大爱国侨胞支援祖国抗战的各种活动。当时为另一南洋侨领胡文虎创办的《星洲日报》主持笔政的原由国民党派遣、后来改为国内新闻界名宿俞颂华，主编该报副刊的则为著名文学家郁达夫，这二位都是胡愈之的老朋友，所以他们都竭力主张两家联合共同抗日。在此期间，他与由周恩来派来新加坡的妇女界文化名人沈兹九结成革命伴侣。太平洋战争爆发后，成立了华侨社会第一个抗敌组织"星洲华侨文化界战时工作团"，以郁达夫、胡愈之为正副团长。新加坡沦陷前夕，胡愈之、沈兹九夫妇同郁达夫、汪金丁、张楚琨等一批新加坡抗日文化人搭乘小舢板至印尼苏门答腊的乡村，隐姓埋名，冒充当地华侨，靠开酒店、办小肥皂厂等维持生计。当"酒店老板"郁达夫已被日本宪兵怀疑监控后，他要胡愈之等人赶快远离他去马达山区隐居。在两年流亡生活中，胡愈之完成了《印度尼西亚语语法研究》和长篇小说《少年航空兵——祖国梦游记》两部著作。战争胜利结束时，郁达夫突在人间消失——惨遭日本宪兵暗害。胡愈之曾满怀深情地写下了《郁达夫的流亡和失踪》这一报告文学的传世之作。战后回到新加坡，在当地华侨的帮助下，很快就创办了新南洋出版社，出版《风下》和《新妇女》杂志。接着又和陈嘉庚共同创办了《南侨日报》使其成为南洋爱国华侨关注祖国前途的喉舌，从最初的反内战、要和平，反独裁、要民主，到后期的全面支持人民解放战争。1948年6月18日，大英帝国在马来亚、新加坡的殖民地当局颁布了"英属海峡殖民地紧急法令"，宣布马来亚共产党为非法组织，由胡愈之任主任委员的中国民主同盟驻马来亚支部也被限制活动，出现了白色恐怖。当时正在香港汇报工作的胡愈之已不能再回新加坡。

1948年8月，胡愈之、沈兹九夫妇通过秘密途径从香港乘海轮北上经仁川、大连、山东等地进入河北解放区，在平山西柏坡见到周恩来、毛泽东等中共中央领导人，成为最早到达解放区的一批海外"民主人士"。中央安排他们参加新政治协商会议的筹备工作，同时先后任命胡愈之为全国新华书店总编辑、《光明日报》总编辑。新中国成立后，他曾历任国家出版总署署长、文字改革委员会副主任、文化部副部长，以及中国民主同盟秘书长、副主席、代主席，全国政协常委、副主席，全国人大常委会委员、副委员长等众多职务。1986年1月16日，已年届90高龄的胡愈之因病与世长辞。党和国家领导人胡耀邦等参加遗体告别仪式，并由胡乔木致悼词，对胡愈之的光辉一生给以很高评价。他被友人们誉为"一代师表"、"中华民族脊梁""中国知识分子的杰出楷模"。

我从小就对大爹胡愈之十分崇拜。去新加坡时在其手下工作一年多，回国后曾有多年每逢节假日均回大爹家中住，与他生活接触较多，因而使我有更多机会接受他的身教和言传。若没有大爹为我指引道路，也就没有我的今天。大爹去世后，大伯母沈先生与其前夫所生女儿张绿漪的几个孩子都住在他们家中。我对由原配好妈养大的大爹嗣子胡序文说："不要去同她们争什么经济遗产，大爹生前经常接济帮助生活有困难的友人家属，也不会留下多少钱财，我们应主要继承他的精神文化遗产"。序文完全赞同我的意见。他长期在大连海军学院任中共党史教员，直到大爹离世前一年才被暂调来京，帮大爹做口述历史回忆记载。改革开放初，大爹的中共秘密党员身份才被公开。当时我们都建议他写历史回忆录，被他拒绝。他说自己给党干的许多秘密工作事项不好写，将来只能随身带走。直到 1985 年，中共中央党史征集委员会来文，要他提供回忆自己历史经历的资料。他才决定临时把序文借调来京帮他干这件事。我和德华姐等也曾多次与序文弟一起聆听大爹的口述历史回忆。1985 年冬，序文将大爹从出生到新中国成立这一段口述历史，根据录音整理成文，经我们共同讨论和大爹的亲自修改后，打印成数十份，发送给与胡愈之有深交的朋友征求意见，力求使其更加精确完善。不料时隔不久，大爹就因病与世长辞。后来就由胡序文根据各方反馈补充意见，并参照权威史料纠正某些回忆有误之处，修订完成了共 6 万多字的胡愈之最终遗著《我的回忆》。总算被抢救性地留下了大爹对自己历史的一些十分珍贵的回忆，成为后人撰写各种版本《胡愈之传》的主要依据。随后序文又花很多时间去北京图书馆和上海图书馆，从大量馆藏的旧图书报刊中查阅和搜集复印了数百万字的大爹以多种笔名发表的各类文章（肯定搜集不全）交给三联书店，为出版家范用主持编辑出版六卷本《胡愈之文集》作出了贡献。

胡愈之逝世不久，《人民日报》曾接连发表了李一氓、夏衍等人的纪念文章。在大伯母沈兹九的支持下，由曾跟随胡愈之工作过多年的于友、王仿子、张楚琨、王健等人共同发起，组织众多与胡愈之有过交往的朋友们撰写纪念回忆胡愈之的文章，并于 1989 年由中国友谊出版公司汇集出版了费孝通、夏衍等著的《胡愈之印象记》。1991 年，胡愈之故乡浙江上虞政协，为纪念胡愈之也组织我们亲属和当地干部写纪念文章，我写了一篇《雨露深情永不忘》，被收入内部出版的《纪念胡愈之专辑》，还通过我老伴的姨夫叶至善，请时任中国民主同盟主席的楚图南特为该书题写有署名落款的书名。该书所载的胡国枢和我的两篇文章，均被选入 1996 年出版的《胡愈之印象记》增补本。我将自己的文章改名为《热情引路 深情关怀》。以上这些纪念文集的出版，大大丰富了胡愈之的许多感人事迹。

最早出版的《胡愈之传》，由绍兴市社会科学院研究员朱顺佐与杭州大学历史系主任金普森合作编写，于 1991 年由杭州大学出版社出版。其中载登了由我写信给邹韬奋之子、时任国家计委主任的邹家华，请他亲笔题写的词条"怀念胡愈之伯伯"。第二本《胡愈之传》由早先的国际新闻社记者，创办《光明日报》时曾在胡愈之手下任编辑，其后又随胡愈之去民盟工作的于友老人编写，我们亲属曾给他提供过一些资料。这是一本高质量的传记，1993 年由新华出版社出版。当年，我还在德华姐家中看到陈原著的《忆胡愈之》一书，借阅后甚受教育。陈原早在抗战时期的桂林就与胡愈之相识，新中国成立后胡愈之任分管出版工作的文化部副部长时，他是出版局局长。他还是胡愈之在国内推广世界语运动的得力干将。他以很优美的文笔，记述了自己随胡愈之所经历的与开拓进步文化出版事业和推广世界语有关的众多感人事迹。为此我特地去拜访陈原，为我自己和上虞图书馆索要此书，他慨然答应。特从出版该书的香港商务印书馆要来两册寄送给我，并在扉页为我亲笔署名留念。为纪念胡愈之诞辰 100 周年，三联书店还在 1996 年出版了由盛永华、王健主编的《胡愈之画传》，其中许多图片是由我们亲属收集提供的，不少图片的文字说明是由我帮助草拟的。此书第一版 5000 册很快就售罄，一年多后又出了第二版。

1996 年 9 月，我们在北京参加了由全国人大常委会主持召开的"纪念胡愈之诞辰 100 周年"的纪念会后，接着又去浙江上虞家乡参加纪念活动。自 1990 年 5 月伯母沈兹九去世后，我们就将胡愈之家中的数千册存书和一些有价值的历史文物都赠送给上虞图书馆保管。1996 年夏，由我起草了一封经赵朴初、严济慈、胡绳、陈原、叶至善等人签名同意的致上虞市领导的建议信，希望上虞家乡能在胡愈之 100 周年诞辰时组织一次群众性的有意义的纪念活动，引起上虞市领导的高度重视。那次活动使众多散居于各地的胡愈之有关的亲属得以在家乡大聚会，还邀请了尚在世的胡愈之的一些生前好友如张楚琨、于友、张企程等首次来胡愈之故乡访问。新加坡《联合早报》记者区梦觉闻讯也特地赶来采访。上虞市政府代表故乡人民在龙山公园中心为胡愈之塑立了全市第一座文化名人的半身铜像，由市委书记王润生和民盟中央秘书长吴修平带领全体参加纪念活动的代表到公园举行隆重的铜像揭幕仪式。

1998 年，由人民出版社资深编审戴文葆编辑的 40 万字的《胡愈之出版文集》由中国书籍出版社出版。接着他又编辑了《胡愈之译文集》（上下两卷），于 1999 年由译林出版社出版。他们将瞿秋白、张闻天、沈雁冰、胡愈之四人的译文集同列为《播火者译丛》，卷首均载有胡绳所写的《播火者译丛》序。译林出版社曾为《播火者译丛》的出版举行了一次规模较大的新闻发布会，我也应邀前往，见到了已 90 多岁高龄的张闻天夫人刘英老人。

浙江省社会科学院从 2003 年开始发起，组织省内作家编撰《浙江文化名人传记丛书》。时任上虞市文联主席的陈荣力应征获准编写《胡愈之传》。他充分发掘利用家乡与亲属所持有的内部信息资源，向众多亲属做调研，其草拟的编写大纲和形成的初稿均送我审阅，虚心听取我的意见。经他精心撰写最终完成的《大道之行——胡愈之传》，由浙江人民出版社于 2005 年出版。这是一本富有地方特色、内容充实、可读性强、使我们亲属都较为满意的胡愈之传记。中共上虞市委特为此书的出版发行搞了一次隆重的新闻发布会，我和抗战时参加新四军的离休老干部序同大姐、时任南京市人大常委会主任的序建弟，以及曾任浙江省社科院历史所所长的族亲胡国枢应邀赶去，共同为此站台以示祝贺。

早自 2002 年胡序文因患肝癌早逝后，我就更加义不容辞地肩挑起有关胡愈之文化传承事项的重任。国内许多过世的文化名人多在其故居设立纪念馆。我考虑当时胡愈之的救五堂故居已破败不堪，而且与胡愈之有关的图书资料和重要文物我们都已送交上虞图书馆保管，故建议在新盖的上虞市图书馆大楼内成立一个"胡愈之纪念室"，由图书馆职工兼管，使其能成为国内研究胡愈之的信息交流平台。此建议获上虞市领导批准后，我致函对胡愈之有较深了解、书法功底较好的全国人大原常委会委员长乔石，请他署名书写了"胡愈之纪念室"匾额。2006 年 9 月，在上虞举办纪念胡愈之 110 周年诞辰活动，有两项重要内容：一项是庆祝"胡愈之纪念室"的成立和对外开放，另一项是请来多位全国文化出版界的代表，参加"胡愈之文化思想研讨会"。会后将众人的发言稿由上虞市政协和文联汇编成《胡愈之文化思想研讨会论文集》内部发行。我为开好这次会议下大功夫准备了一篇论文："胡愈之与鲁迅的师生加战友情谊"，不仅自认为论述较系统全面，且含有仅我个人掌握的珍贵第一手资料。该文后被刊载于《鲁迅研究月刊》2007 年第 10 期。

就在那次会议期间，代表们提出想参观胡愈之故居，以尚未修好为由被婉拒，这使当地政府感到很被动。会后胡国枢以历史学家身份给市委第一书记写信，说明修复丰惠古县城内颇具规模的明清建筑敕五堂胡愈之世代家族的故居，有其重要历史文化价值。这使上虞市领导下决心拨款抢修敕五堂古宅。2007 年由绍兴市古建公司承包，对敕五堂台门两侧平房、后进堂楼和东西两侧楼房进行修旧如旧的修复，只中间大厅因已在"文革"时被完全平毁，只留出中间一大片空地。2009 年，由我和胡国枢、胡智培、胡嗣荪、胡家燕、胡公洛等九人发起，众多胡氏宗亲集资，按胡嗣荪老人回忆仿原样设计的图纸，恢复重建了敕五堂大厅，重现了敕五堂原有的气派。2011 年，敕五堂胡愈之故居由原市级文物保护单位升格为省级文物保护单位。2012 年，我和序建联名致函上虞市领导，建议对修复后的敕五堂胡愈之故居进行适当布展后对外开放，使其成为当地的爱国主义教育基地和旅游文化景点。经过一番筹措后，由我协助上虞市文物保护所所长王晓红共同拟定故居内展室、展板的主要内容及其文字说明。并由胡愈之亲属集资在敕五堂大厅前竖立一座胡愈之在 1933 年最后一次离开敕五堂时的全身铜像。2014 年 11 月 3 日，在敕五堂门前广场，举行了有民盟中央副主席和上虞区委书记到场，由众多原住敕五堂的胡氏宗亲家属参加的胡愈之故居开放仪式。事后我让承建此项布展工程的文化传媒公司将故居格局和布展内容编制成精美的《胡愈之故居图集》，由宗亲们各自订购留念。我还自费订购多册，分赠多家图书馆和纪念馆，可起传世作用。

在我与广大干部和人民群众的接触中，发现他们多把胡愈之看成是一个大官，属国家领导人，为著名社会活动家。很少有人了解胡愈之在文化思想领域的重大贡献。所以在迎接胡愈之诞辰 120 周年到来之前，我一直下决心要编辑出版一本弘扬胡愈之进步文化思想的著作。为此，我自己先下很大工夫写了一篇 2 万多字的长篇论文：《论胡愈之感人文化现象》。文章归纳为以下十个主要方面：①一心为国为民；②联合抗日救亡；③远见卓识超人；④无私助友创业；⑤屡创出版奇迹；⑥文章万人传颂；⑦热情引导青年；⑧关注大众文化；⑨倡导广开言路；⑩清风高德育人；同时我还大量搜集报刊和内部出版物所刊载的未被收入《胡愈之印象记（增补本）》的有关胡愈之的文章，从其中选用若干高水平、高质量地论述胡愈之文化思想、文化成就的文章，作为我拟编辑之书的重要组成部分。

为了全面论述胡愈之与众多文化巨人之间的亲密友情交往，除已有的胡愈之与鲁迅、邹韬奋、巴金、蔡元培、陶行知等人的文章外，我还特请研究叶圣陶的专家、北大教授商金林写了"一生一死乃见交情的叶圣陶和胡愈之"，请研究郑振铎的专家、上海外国语大学教授陈福康写了"亲爱的朋友和同志——胡愈之和郑振铎"两篇长文。我从韦韬、陈小曼所著《我的父亲茅盾》一书中发现：在其"父亲的友情"一章中，重点介绍了茅盾与鲁迅、瞿秋白、郑振铎、叶圣陶、胡愈之五人的友情。所以我让儿子胡天羽也搜集有关资料写了一篇"志同道合的战友——胡愈之与沈雁冰"。此外，还请我堂弟，即郁达夫遗腹女婿胡序建写了一篇"郁达夫与胡愈之是同抗日共患难的好友"；让我老伴，即夏丏尊侄外孙女黄亦春写了一篇"夏丏尊是胡愈之的同乡好友"。夏丏尊在世时为与叶圣陶齐名的文学家，且互成亲家。就这样使胡愈之与同时代众多文化巨人之间的友情论述，得以在我所编书中集大成。在三联书店总经理路英勇的大力支持下，由我主编完成的载有30余篇文章、30万字、近百幅珍贵附图的《胡愈之文化现象研究》，赶在2016年绍兴市上虞区联合举办胡愈之、范寿康诞辰120周年和夏丏尊诞辰130周年纪念活动之前出版，由上虞区乡贤研究会购书100册发送所有到会代表。接着在民盟中央召开的纪念胡愈之诞辰120周年座谈会上也向与会代表发送了此书，并由我代表胡愈之亲属做"爱国知识分子的杰出楷模胡愈之"的重要发言，通过民盟网站向全国转播。据三联书店反馈信息，《胡愈之文化现象研究》出版后不到半年就已售罄。我为该书所写的首篇主题文章，还被2016年10月6日的《光明日报》改成"文化界的巨人——胡愈之"的标题以整版篇幅予以转载。以上结局均使我甚为欣慰，自认为这样就可以无憾地向后人交棒了。

相 濡 以 沫

我的老伴黄亦春，自幼跟随父母曾在旧中国经历过难以想象的苦难。她的父亲黄清野也出生于书香门第，曾与其兄黄树滋先后留学于日本。1931年回国后，在由黄树滋任校长的上虞白马湖春晖中学任教多年。春晖中学在上世纪20年代初刚创办时曾聘请夏丏尊、丰子恺、朱自清、朱光潜等众多名师任教。夏丏尊在白马湖边盖建了四间平屋，从不远的崧厦老家迁来定居。其侄女夏觉夫因自幼丧父家境困难，由夏丏尊在白马湖抚养长大。黄清野常来平屋做客访谈，与夏觉夫由相识、相爱发展至1933年结为夫妻。1935年在丰子恺住过的小杨柳屋生下其唯一的宝贝女儿黄亦春。抗战全面爆发后，黄清野怀抗日救国之志于1938年离开白马湖远赴湖南衡阳，参加由国共两党合作创办的，由汤恩伯、叶剑英分任正副教育长的抗日游击干部训练班学习。毕业后被分配到第一战区的河南，在臧克家任社长的三一出版社当编辑。1941年上虞家乡沦陷后，日寇经常从公路沿线的据点向四周乡村外出骚扰，奸淫掳掠，无恶不作。觉夫、亦春母女俩困居在白马湖，提心吊胆，度日如年，好不容易盼来了黄清野从河南叶县寄来的家信，夏觉夫就下决心携幼女远离家乡千里寻夫。在上海亲戚帮助下，她们母女俩从上海经徐州、开封，转乘牛车穿越因黄河花园口被人为决堤而造成的大片荒沙覆盖、人烟稀少的黄泛区，历经半个多月的旅途艰辛，终于在1942年3月间到达叶县，让亦春见到了虽年仅37岁却已开始头发灰白的父亲。全家被安排住进又黑又脏的土坯房内。当时河南正逢连续多年大旱，加上严重蝗灾，农民从地里打不到多少粮食，还得交地租和军粮，长期处于饥饿状态，吃树皮草根已成常事，村子周围和路旁少有的几棵树均已被剥光树皮。住在他们家对面的一家农户五口人，均因饥饿难忍服毒自尽。亦春父亲虽有军粮供给，全家也只能以很稀的玉米糊充饥，经常吃不到什么蔬菜。亦春母亲在 1943 年怀孕生下弟弟亦山，1944 年又怀孕生下妹妹亦强，均因缺乏营养奶水不足而夭折。亦春发表于文艺刊物《曹娥江》2013 年第 1 期的"苦难多舛的命运——母亲的真实故事"一文，详细而生动地记载了那一段苦难的经历。

抗战胜利后，他们一家先后去徐州。父亲在那里开了一家三一书店，曾因经销进步书刊而被捕坐牢。后改为小杂货铺，在徐州临解放前后，社会治安很差，杂货店商品被盗，使全家生计陷入困境。解放初父母亲都去上海找工作，将年仅 14 岁的亦春一人留在徐州。她自 1946 年到徐州上小学，1949 年进徐州市第四中学寄宿念初中，父母只给她留下每月很少的一点生活费，连维持正常饮食都有困难，经常只能靠窝窝头夹咸菜果腹。逢寒暑假时，住校寄宿的同学都各回自己的家，只留下她一人独居在空旷的校舍内，其孤寂难熬之情景可想而知。直至 1951 年其父亲经叶圣陶介绍至人民教育出版社工作，情况才开始好转。1952 年，亦春也随母亲迁入北京，进北京市女十一中念高中，1955 年高中毕业后考入天津师范大学数学系学习。但好景不长，1957 年母亲因患癌症病逝，使亦春过早地失去了母爱。

自从 1957 年我和亦春结成终身伴侣以来，经日积月累，使我逐步从亦春那里发现她所具有的不少高尚美德。

她勤劳节俭持家，默默奉献自己。一人抚养三个孩子，除"文革"前曾用过半年多的保姆外，就再没有在年轻时用过保姆，供就近上学的孩子们伙食及日常生活料理，全靠她一人利用业余时间承担。尽管里里外外把她一个人忙得不可开交，全家生活也过得紧巴巴的，却从未听到她叫过一声苦。

她对贫苦人富同情心，对帮助过自己的人永铭于心。由于她自幼经历过很多苦难，所以她对贫困者乐于助人，对助己者感激不尽。有两位曾在她最困难时帮助过她的人，使她终生难忘。一位是在徐州念初中时的好同学程素英。她家开馄饨铺，经常带在校忍饥挨饿的亦春去她家改善生活，假期更是如此，一家老小都对她很好，使她甚感人间温暖。至今在她们二人之间仍保持着亲密的友谊联系。另一位是朱自力。他是贫下中农子弟，刚进地理所时曾跟我在经济地理调查中干些行政事务性工作，调任所保卫科、院保卫局工作后仍常来我们家做客，保持相互间的友情交往。"文革"中我被揪斗和隔离审查后，他主动给亦春写信说："序威是个好同志，你要挺得住，要相信党，他的问题最后一定能解决的。"这是亦春在处于"文革"困难时所得到的唯一精神支柱。在我已去"五七"干校劳动后，当时亦春在北太平庄的 123 中学任教，距地理所生活区较远，在强调复课闹革命的情况下，很难回家照看三个孩子，希望能在学校附近找间房子暂住。地理所造反派在新街口给找了一间在公共厕所旁只以半堵墙间隔的又臭又潮湿的小房，根本没法住，最后还是通过朱自力与院行政管理部门联系后才解决借房暂住问题。患难见真情！我们永远忘不了他的深挚友情。尽管他后来调去中原油田工作，长期以来，逢年过节我们相互之间一直保持友谊联系。

她有较强的自尊心，热爱教学事业勇创佳绩。尽管她能勇挑家务重担，但又最不愿意被人看成家庭妇女。她热爱自己的人民教师称号，对做好教学工作有高度责任心，在同事之间不服输。从她多年从事高中数学教学实践中摸索出一套比较生动易懂的教学方法。至今有些曾听过她数学课的学生见到她时都说："那时我最爱听你的数学课。"在她最后任教的北京市第82中学，她是该校数学教师中被评为高级教师的第一人。

她支持我的工作，尽力为我减轻负担。自从我们俩结婚后，除"文革"期间外，我的工作一直很忙，很少有时间陪她，她无怨无悔地支持我的工作。平时不仅尽量让我少分担家务，而且还在生活上处处照顾我。有时当我需要在家中加班开夜车时，她能哄孩子们早些睡觉，为我提供较安静的环境。所以在我的工作中若能取得一些成就，有相当部分应归功于她。

她以身作则教育子女，要做正直无私好学上进之人。亦春很重视对子女的教育，首先要他们诚实，不许说谎。一旦发现有谁说谎，一定要他承认错误，坚决改正。因为学会说谎的人，将来就不可能成为一个正直的人。亦春还教育他们不要自私，遇好吃的东西要学会谦让。大家在一起吃水果时，她自己总是先挑最差的吃。当然，要他们好好学习，天天向上，更是她经常督促之事。

我们的三个孩子都在地理所北郊生活区附近的农村中学念初中，老大天羽还在那里读到高中毕业。1979年高考时，他以物理考满分的成绩被清华大学录取，曾引起周围的轰动。老二天军（女）和老三天新初中毕业后均先后转往北京市重点学校101中学念高中，随后又先后进北京交通大学和北京师范大学学习。三人大学毕业后均攻读研究生，获硕士学位。天新还在香港中文大学地理系获博士学位。应该说，我们把三个孩子都已培养成为对国家有用的人才。对这三个孩子的抚养、教育和培养，亦春的付出远比我多，贡献远比我大。

我为有亦春这样一位贤内助和好老伴而感到十分荣幸。我们之间的关系从总体看相当融洽，但也不可能没有矛盾。主要是我们两人的性格有很大不同。她的个性好动，愿多活动，感情易外露。我的性格好静，不太爱活动，感情较内敛，她曾说我像个木头人。有时我们之间也会发生争吵，最终往往以我向她赔不是而收场。因为我感到自己亏欠她的确实太多了。我曾答应过她，等我离休后将好好地陪她去外地玩。虽然我也曾带她去国外西欧和东南亚旅游，在国内逛了黄山、九寨沟、长江三峡等众多著名旅游景点；2010年还应友人吴祖良之邀，偕夏丐尊孙女夏弘琰夫妇同往浙江金华市，探游黄龙洞和参观横店影视基地；但总的来看，在我一生中陪她一起出去玩的时间和地点还是太少了。

由于亦春年轻时长期过于劳累和营养不良，早就患有多种慢性病。2012年突患严重心血管病，血管内被置入五个支架。从此她就行动不便，自己已走不了几步路，就近外出靠电动车代步，逛公园则靠我或子女们推轮椅缓行，已不可能再出远门旅游了。现我已年逾九旬，将以一生所剩有限时间在家多陪老伴，相濡以沫，共度幸福晚年。

乡情友情

　　浙江上虞，现属绍兴市上虞区，是我终身难以忘怀的可爱故乡。是上虞的水土、食物将我哺育成长，从童年、少年直至开始成年后远离家乡，在当地所经历的不平凡岁月给我留下珍贵的回忆。上虞家乡人民对我们这些久居外乡的游子给以很多关怀。经常组织我们回乡参加各种活动。为了让我们及时了解家乡的发展和变化情况，家乡出版的《上虞日报》《曹娥江》《上虞史志》《上虞乡贤》《上虞收藏》《春晖报》等各种公开或内部的报刊，均按期给我寄送，我也曾为其中某些报刊写过几篇回忆性文章。由原上虞市规划局编绘印制的精美的《上虞市地图集》还要我给写了序言。由陈秋强组织领导的上虞区乡贤研究会为全国首创，对弘扬地方乡贤文化，加强当地与外地乡亲们的文化联系，有其不可替代的重要作用，已被中央宣传部向全国推广其经验。

　　全国著名的白马湖春晖中学，更是维系我们乡情的重要纽带。由于我们众多亲属都与春晖中学有密切关系，所以对春晖中学都有一种特殊感情。我祖父胡庆皆与上虞北乡富商陈春澜是好友，曾竭力支持他出资创办春晖中学的义举。在开始办校初期胡愈之曾多次去白马湖，与当时应聘前来执教的多位名师交友。早期的两任校长范寿康和黄树滋，为胡愈之的表兄和弟媳妇之兄。胡愈之的小弟胡学恕在春晖中学从初一念到高中毕业。我和德华、令升、序介、大成等几个堂兄弟姐妹也都曾在春晖中学学习。1961年，全国大批干部下放时，我的岳父黄清野被从北京下放到原曾任过教的白马湖春晖中学。那年他给亦春来信说：春晖为庆祝建校40周年准备出纪念册，希望愈之兄能为校庆题词。我们将此信给大爹看后，他欣然在当晚书写了数百字的贺词。1981年，为纪念春晖中学60周年校庆，学校给大爹来函，请他担任校庆纪念委员会名誉主席，并为校庆题词。时任春晖中学副校长的我们的姨表弟曹松境也给我来信，希望能从旁促成其事。大爹除同意挂名外，并经认真思考后书写了"庭院满春晖，四化需英才，建设新中国，五讲又四美"四句话寄赠春晖师生。后来春晖中学决定将陈春澜创办于1908年的春晖学堂（相当于小学）作为春晖中学发展的前身，并将2008年定为春晖建校100周年。我为纪念校庆写了篇《胡愈之对春晖情深谊长》的文章，刊载于《曹娥江》杂志2008年第2期。文内论证了胡愈之在1913年跟随绍兴名宿薛朗轩进修国学时寄读的学校就是春晖学堂。薛朗轩是由胡庆皆介绍他到春晖学堂当校长的，并请他把胡愈之作为单独施教的进修生。春晖中学领导对此情节甚感兴趣，从此就把胡愈之列为春晖最早的第一位校友。

　　我的求学生涯主要在上虞家乡。在当时上虞县城内的县立中山小学（即今丰惠镇小学）读完小学的全部课程。在白马湖春晖中学求学不满一学期即因战争而中途停学。后来主要转到战时在南乡山区创办的泰岳寺春晖中学念了两年书。那里艰苦的学习环境，给我留下特深的印象。我曾写成《忘不了的泰岳寺春晖中学》一文，发表于2001年11月3日的《上虞日报》，并被转载于《上虞乡贤文化》第一辑。

在我的小学、中学同学中，有两位成为我的挚友。一位是胡国枢，他与我同龄，在中山小学、泰岳寺青晖中学学习时虽低我一个年级，但他是我的同族宗亲，低我一个辈分，同住在敕五堂。我们经常在一起活动，尤其是在抗战胜利后的两年，常在一起阅读进步书刊，讨论时局，发泄对国民党旧政权的不满，成为志同道合的好友。新中国刚成立不久，他就参加了中国共产党，曾任绍兴市总工会副主席、浙江省邮电工会主席。自1954年进中国人民大学接受理论教育培训后，即转入浙江省委宣传部理论处工作。改革开放后，他长期在省社科院历史研究所任职，曾主持所务工作多年。他对近现代史研究取得丰硕成果，且成为对蔡元培、陶行知等重要历史人物研究和辛亥革命史光复会研究有较深造诣的历史学家。我从新加坡回国进中国人民大学学习后，一直从事经济地理学研究。尽管我们二人的专业不同，但相互之间一直保持着密切的友谊关系。他每次到京必来看我，每逢出书都送我一册。我们两人共同为宣传胡愈之文化思想，推动故乡开展胡愈之纪念活动，修复和布展敕五堂胡愈之故居等，都出过大力。没有想到就在2014年冬胡愈之故居即将完成布展准备对外开放前夕，突闻胡国枢病逝的噩耗。我满怀深情写了一篇纪念文章《剪不断的乡情和亲情——忆胡国枢》，发表于《上虞文史》2015年第2期。

另一位同学好友是黄伯政，他家离敕五堂很近，我们从小学一年级到六年级都是同班同学。中学时期因我曾大病一场，比他低了一个年级。但仍然把他视为与自己最亲近的同学。我去新加坡前，他已进浙江大学工学院学习。我回国后很快与他恢复了通信联系。1950年他作为新中国第一批毕业的大学生，自愿参加中国人民解放军，成为铁道兵团的一名技术员。随即参加三年抗美援朝战争，在敌机狂轰滥炸威胁下抢修铁路。回国后参加黎湛、鹰厦、包兰、湘黔等新铁路线的修建。1965年又去援越抗美抢修公路三年。其后除继续参加国内铁路建设外，还参加了唐山震后重建、引滦入津等重大工程建设。他是一位对工程建设有丰富实践经验的高级工程师，默默无闻地为国家建设作出了重要贡献。从副师长岗位退休后，仍继续为民用建设项目做些技术指导工作。我与他长期保持着通信或电话联系。自1987年至新世纪初，他在北京参加新兴大厦（国旅大厦前身）筹建工作，担任总工程师、总顾问期间，我与他接触交往的机会较多，对他有更多的了解。所以在春晖中学筹备校史展览时，我建议在校友栏中应反映他的业绩。

上虞故乡有深厚的历史文化积淀，出过不少历史文化名人，不断为国家建设输送大批杰出的科技人才。曾任浙江大学校长、中国科学院副院长，我国气象科学和地理科学的重要开拓者，著名的竺可桢院士就是上虞人。据初步统计，在上虞籍人士中，多年来先后成为中国科学院院士、中国工程院院士或国外院士的已达16人，成为全国院士最多的县（市）区之一。

祝 福 祖 国

自我出生至今已90年，我们的祖国经历了由黑暗到光明，由苦难到幸福，由封建落后到现代文明，由忍辱负重到扬眉吐气的沧桑巨变。

没有共产党就没有新中国是经过历史检验的真理。试看今日之亚非拉曾受帝国主义、殖民主义压迫和剥削的众多大国，包括发展相对较好的印度、巴西、南非等国，有哪个国家发展得比我国更好？要知道这些国家在建国之初其经济发展基础都比我国要好得多，所拥有的人均自然资源也多比我国丰富。环顾全球，至今仍有不少国家处于社会动乱或民不聊生的高度贫困状态。不少发达国家也呈现出发展滞缓、社会分裂的不景气状态。唯有我国正处在国泰民安、兴旺发达、蒸蒸日上的历史最佳时期。应十分珍惜这一来之不易的盛世局面。

要坚持改革开放，走有中国特色的社会主义道路。我们能把全国人民紧密地团结在一起，调动各方面的积极因素，群策群力，建设社会主义现代化国家。能集中力量办大事就充分体现了社会主义制度的优越性。我们在重视发展民营企业的同时，对众多有重大国民经济影响的国有企业不搞私有化，而是通过体制改革使其能更好地发挥作用。在农村经土地改革和合作化后，实行土地个人承包责任制，明确土地所有权归集体，使用权归个人。这一土地制度为我国开展大规模现代化建设提供重要保障。我们下大力加强扶贫工作，重视逐步缩小地区间、城乡间的相对贫富差距，走共同富裕之路。我们不断扩大对外开放度，加强与世界各国在商贸、金融、科技、文化、信息、人才等各方面的合作与交流。坚持走和平发展道路，不搞对外扩张，永远不称霸。宝岛台湾必须回归祖国，不容任何外国势力干扰和阻挠。我们将为构建人类命运共同体，作出自己的积极贡献。

过去我们常说："中国共产党是一个伟大、光荣、正确的党。"自"文革"犯了严重错误以后就不再提了。其实衡量一个政党是否正确，不是看他有否犯过错误，而是看他犯了错误之后能否自己主动纠正错误，并能认真从中吸取教训。判断党的路线和方针政策是否正确，只能以社会实践为标准，以人民利益为准绳。对"文革"那套极左思想的祸害必须坚决摒弃，绝不让其历史重演。改革开放后，我国在经济建设方面取得举世瞩目的成就，但在政治思想领域却曾一度遭受极右思潮的冲击。中国共产党之所以伟大和光荣，在于不搞结党营私，而是立党为公，以为人民利益服务为宗旨，共产党员能为人民的利益而甘愿牺牲个人的私利。改革开放后，有不少党员思想变质，一味追求个人私利，有不少党员干部还以权谋私，贪污腐化，为非作歹，与过去的国民党已无多大差别，这就出现了有可能亡党亡国的危机。所幸自党的十八大以来，力挽狂澜，从严治党，严惩贪污腐败，教育党员遵纪守法，不忘初心，使我们的党继续保持先进。

我们也要民主和自由，但不是西方式的民主自由。苏联的蜕变和衰退，中东地区的战乱和动乱，已为我们提供很好的反面教员。我们所追求的是"又有纪律，又有自由，又有集中，又有民主，又有统一意志，又有个人心情舒畅的那种生动活泼的政治局面"。应该承认，我们在这方面还存在某些不理想之处，有待今后进一步努力加以完善。

我们坚信，在中国共产党的正确领导下，通过全国人民的共同努力，定能在新中国成立100周年之际，实现把我国建成富强民主文明和谐美丽的社会主义现代化强国的伟大梦想。在我有生之年为祖国祝福！

地理与规划论述补遗

从事区域与城市研究学术生涯的回顾

【原编者按】2008年3月9日是胡序威先生的80岁生日,本文是他在生日聚会上向同行们所作的学术生涯回顾。作为中国地理界和城市规划界最早从事区域规划研究的著名学者,其个人经历在一定程度上也折射了中国区域规划演变的历史进程,其中不乏一些鲜为人知的故事,故在本刊发表以飨读者。

我已进入80高龄,很高兴能和大家共同欢聚。人到老年容易怀旧,就让我对自己从事经济地理学在区域与城市研究方面的学术生涯作一个简要的回顾。

1. 对自己学历较浅的遗憾

我出生于浙江上虞一个书香世家的破落地主家庭。大伯父胡愈之和二伯父胡仲持很早就离开家乡去上海文化界工作,而我父亲却因抽鸦片吸毒走上了生活腐化的道路,为满足毒瘾经常负债度日,很少顾及家中生活。母亲把我这个独生子抚养长大很不容易,靠祖母和伯父们的从旁接济。由于家庭经济困难,我一共只念了两年半中学,其间还利用转校机会跳了两级。1945年年初,在春晖中学念完高中第一个学期后就失学了。为了谋生,在家乡当了两年小学教员。当时在上海从事革命工作的堂姐妹常给我寄来一些进步书刊。1946年从郑振铎主编的《民主》杂志上看到一篇胡愈之的文章:"郁达夫的流亡与失踪"。在"编者按语"中说:过去曾谣传愈之先生已在太平洋战争爆发后流亡南洋期间不幸去世的消息,许多朋友曾为他写了悼念文章。不久前获悉,他不仅还健在,而且还在战后的新加坡创办了《南侨日报》和新南洋出版社等进步文化事业。我怀着十分喜悦的心情,试着按文末所附通信地址给伯父写了一封信,表达了自己向往民主自由,想去南洋从事进步文化工作的愿望。没有想到伯父竟很快给我回了信,同意我去新加坡工作。经过一番筹措后,我终于在1947年夏远离家乡,先随亲戚经上海到香港,然后独自搭乘小海轮,经受了连续四昼夜风浪颠簸和呕吐晕船的考验,才到达新加坡。伯父把我安排在新南洋出版社从事邮购服务和校稿工作。出版社与《南侨日报》在同一楼内,除自行出版《风下》和《新妇女》期刊外,还经销香港和大陆出版的各种进步书刊。我就充分利用晚上业余时间如饥似渴地大量阅读自己喜爱的各种书刊。同时还开始练习写作,曾多次向《南侨日报》和《风下》周刊投稿。

1948年夏为响应党中央关于筹备召开新政治协商会议的号召，伯父母率先回国经海路北上辗转进入解放区。1949年初接到伯父通过香港地下组织转来的一张便条，要我自行设法伺机回国。9月下旬我回到香港，搭乘由地下组织统一安排的英国太古轮穿经台湾海峡开往早已解放的天津港。就在中华人民共和国宣告成立的那天晚上，我从天津赶到新中国的首都北京。伯父见到我很高兴，问我回国后有什么打算？我的回答是："干革命，什么工作都可以，但希望在参加革命工作前能先进短期政治培训班学习一下革命理论。"伯父认为我的要求合理，遂为我与当时的华北人民革命大学和华北大学联系。其回复是：培养大批南下干部的任务已经完成，短期政训班均已结束。华北人民革命大学即将撤销，华北大学只保留俄语大队进行俄语专业培训，从海外归国的华侨可以优先照顾。这样我就顺利地进入华北大学俄文大队学习。

没有想到的是，华北大学俄文大队是为筹建中国人民大学作准备的。1950年2月新中国创办的第一所新型正规大学——中国人民大学正式成立，华北大学俄文大队的学员大部分转为中国人民大学学生。我被分到经济计划系本科学习。自己竟然成了大学本科生，真使我喜出望外。我十分珍惜这一学习深造的难得机遇，努力取得学习的好成绩。

又一次没有想到的是，当我刚在计划系学完第一个学年的课程，校领导突然把我和杨树珍、郭振淮等同学抽调到计划系属下的经济地理教研室当助教。这是在建校之初，为解决师资紧缺的燃眉之急而采取的一种特殊措施。尽管在我的内心里很不愿意离开大学本科学习岗位，但是在当时的大环境下只能坚决服从组织的调遣。直到"文革"后，校方才给我们补发了一张本科毕业证书，算是我们已在建校初提前毕业。其实我对自己长期未能在学校接受正规教育的浅学历，始终视为一生的遗憾。

2. 从事经济地理专业全靠边干边学

人民大学经济地理教研室是全国最早设立的经济地理专业教学研究机构。除了由北方联大转来的孙敬之、仇为之、祝卓等少数几位老教师具有地理或经济方面的较高专业学历外，多数青年教师缺乏专业基础知识。我们在本科学习时只听过几次由孙敬之主讲"中国经济地理"讲座，对经济地理专业基本上还是个门外汉。但刚调到经济地理教研室就要我们马上担任经济地理课的辅导教员，即由老教师主讲由几个班联合听讲的"中国经济地理"大课，由我们负责分小班的专业辅导，组织同学们进行课堂讨论。对此我们都感到压力很大，因为当时很难找到经济地理专业的参考书，只能把孙敬之、仇为之合作编写的《中国经济地理讲义（初稿）》和王守礼编写的一本《新经济地理学》小册子当做经典来学。当了一年辅导教员后，第二年因人民大学许多财经方面专业的本科和专修科都要开设"中国经济地理"课程，为减轻老教师过重的负担，组织上竟决定要我也担任大课主讲教员，更是把我"赶鸭子上架"了。我只好结合备课，不断充实自己在地理和经济方面的基础知识，大量参阅有关自然地理、区域地理、农业、水利、工业、交通运输和城市方面的著作，密切关注有关全国各地经济建设的新闻报道，以丰富讲课的内容。

1952年苏联经济地理专家巴达邵夫应邀来人大经济地理教研室讲学。为配合苏联专家讲学，培养经济地理专业人才，学校先后招收了两批学员成立研究生班，第一批有刘再兴、周起业、方文等，第二批有梁仁彩、石庆武等。苏联专家给两届研究生系统讲授了经济地理学理论及世界和苏联经济地理，详细论述和推介了苏联著名经济地理学家巴朗斯基对区域经济地理研究与教学的理论体系结构。我们青年教师与研究生一起听讲，感到收获很大。通过两年由被动到主动的边教边学到边学边教，终于使自己开始逐步进入经济地理专业的大门，并对其产生了兴趣和感情。

中国科学院采纳苏联专家萨伊奇珂夫的建议，决定组织力量编写《中华地理志》。1953年成立了由竺可桢副院长挂帅的《中华地理志》编辑部，下分自然地理和经济地理两大部分。由孙敬之任经济地理主编，从当时在南京的中科院地理所抽调邓静中、孙盘寿、李文彦、曹婉如、李慕贞，从中国人民大学借调胡序威、方文、梁仁彩，共同组成经济地理编写组。1954年我们来自人大的三人均由借调转为正式调入中科院，孙敬之也被聘为中科院的兼职研究员。当时编写组的成员多为二三十岁的青年地理工作者，主编孙敬之对我们很放手，强调要发挥集体智慧，群策群力、边干边学地去完成国内首创的《中华地理志》经济地理编写任务。

经集体学习讨论后一致认为，要使经济地理志的编写能全面真实地反映新中国经济建设成就及各地区经济发展的不同条件和特点，必须到各省市进行实地调查，掌握翔实的区域性基础资料。因此决定将全国分为华北、东北、华东、华中、华南、西南、西北、内蒙古、新疆、西藏十大经济地理区，按十大区进行分区经济地理的调查和编写。为取得经验，先以冀南地区为试点。全组在孙敬之的带领下经过近三个月的调查研究于1954年初完成调查报告，向竺可桢汇报，得到他的充分肯定。此项集体成果曾被浓缩成论文"冀南地区经济地理"发表于《地理学报》1954年第2期，成为新中国成立后在区域经济地理研究领域的首篇示范性论文。随后即在内蒙古、山西、河北、河南、山东等省区广泛开展面上调查，并于1955年先后完成了《内蒙古自治区经济地理》和《华北地区经济地理》的编写，由我协助邓静中对上述二书进行最终的统稿。1956年后随着专业队伍的调整和扩大，开始分成三组同时进行分区经济地理调查和编写以加速进程。我参与了《华东地区经济地理》和《西北地区经济地理》的调查和编写，并负责该二书的最终统稿。参加区域经济地理的大量调查和编写工作，对本人丰富专业知识和提高综合分析能力收获不小。第一套《中华地理志》区域经济地理丛书的出版，至今仍具有历史价值。

3. 积极投入区域规划和地区生产力布局研究

1958年中国科学院地理所总部从南京迁至北京后，与《中华地理志》编辑部合并，成立了以吴传钧为主任的经济地理研究室，我任该室工业与交通地理组组长。当时国家正在开展新工业基地的区域规划工作，主要由建筑和工程方面的专业力量在承担。我们认为经济地理研究不能只停留在对各地区经济地理现状的描述，应积极参与能改变各地区经济地理面貌和生产力布局现状的规划研究。区域规划符合经济地理学的这一研究方向。我们在吴先生的支持下，从1959年开始投入区域规划研究。我参加了当时由建筑科学院区域规划研究室组织领导的四川省和重庆地区的区域规划。通过实践增强了经济地理学在区域规划中可以发挥应有作用的信心。1960年初国家城市建设局在辽宁朝阳市召开全国区域规划经验交流会，若干参加过区域规划工作的高校和科学院的地理单位受邀参加了这次会议。我代表地理界在大会上发言，着重说明经济地理学在区域规划中可发挥哪些方面的作用，增进了建设部门对地理科学的了解。1960年年末中国地理学会在长春召开的地理学术会议，区域规划也成为经济地理学讨论的主要议题。

伴随着"大跃进"的失败而出现的三年困难时期，使我国的区域与城市规划工作陷于全面停顿。为响应中央提出的深入基层调查研究的号召，我们在当时的海南热带作物研究院院长何康的支持下，1961年去海南岛进行热带作物农场开发建设布局的专题调查研究，深入农场蹲点解剖麻雀，与农场职工同吃同住，以木薯和被戏称为"无缝钢管"的老硬空心菜充饥。在完成海南岛发展热带作物问题的调查报告后，于1962年与吴传钧等合作编写出版了《中国热带作物布局的理论探讨》一书。

1963年我们争取到华北局计委的支持，开展华北地区工业布局的调查研究，深入了解若干重要工业部门布局的条件、特点、存在问题和发展前景。我和陈汉欣共同完成了"华北地区钢铁工业发展和布局问题"的专题调查报告。我们的成果引起华北局计委的重视，1964年他们主动向我所委托重要研究任务，由我组织力量主持完成了"华北地区经济建设战略布局分区设想"的内部报告。1965年我们参加中国科学院资源综合考察委员会组织的西南地区综合考察，我作为工业、交通分队队长，主持完成了"川滇黔接壤地区煤炭、冶金、化工与电力工业基地选择考察报告"。这是当时为"大三线"建设服务的研究课题，其成果曾向国家计委领导汇报。

我们曾把经济地理学视为研究生产布局的科学，把以工业布局为重点的地区生产力布局研究视为区域规划研究的重要组成部分。我们认识到要想解决生产力布局的具体问题，除了需要有正确理论指导外，还必须熟悉与生产力布局有关的各种技术经济知识，为此我们很重视工业布局技术经济知识的学习。我们曾组织力量合作翻译了苏联以研究工业布局技术经济论证见长的著名专家A.E.普洛勃斯特所著《社会主义工业布概论》一书。我还与胡欣合作写了一篇论文"工业布局的技术经济论证"，发表于《地理学报》1965年第3期。

我从1964年开始被任命为经济地理研究室副主任兼室党支部书记，成为吴传钧主任名副其实的副手。"文革"动乱开始后我们很快被打倒，接受群众的批判。对于其中有关经济地理学无用论的批判我们一直心中不服。在"文革"后期经济地理研究室开始恢复研究业务，我也开始恢复工作后，我们就利用当时形势，打着"开门办科研"的旗号，主动走出去与地方政府联系科研任务。在1973~1975年期间我们按山东省计委的要求开展了若干工业基地建设布局的调查研究。在我的主持下，先后完成了"济宁枣庄地区煤炭资源开发利用与工业布局有关问题"、"淄博及其以东地区以石油化工为主的工业布局有关问题"、"山东胜利油田油气资源的合理利用与有关工业布局问题"等调查报告。重视工业布局与资源开发利用和环境治理保护之间的综合协调，所提出的某些合理布局方案的建议已被当地主管部门所采纳。

1976年我们在国家计委和河北省计委的支持下，开展了冀东工业基地的综合调查，正当我们刚在7月27日调查完唐山市，开始转到秦皇岛市调查的那天晚上（次日凌晨），突然发生了震惊中外的唐山大地震，我们原住唐山地区招待所的楼房全部倒塌，调查组的全体同志幸免于难。在我们绕道锦州、承德回到北京后不久，就接到国家建委的通知，要我们自带帐篷重返震后的唐山，参加由国家建委城市建设局负责人曹洪涛统一领导的有清华大学、上海规划院、沈阳规划院等众多单位规划人员参加的唐山市震后重建规划工作。由于我们过去经常将调查研究的成果向建设部门汇报，他们也知道我们震前曾在唐山地区进行过调查，所以要求我们侧重在区域分析和生产力布局方面发挥作用。我们在共同讨论重建规划总体布局方案过程中，提出了以丰润为新区，唐山市区分三片建设的方案，并提交了"在建设新唐山规划中有关工业和城镇布局初步设想"的书面报告。通过震后唐山市重建规划工作，使我们与当时朝夕相处的吴良镛、周干峙、王凡等城市规划界的名家开始建立了友谊和联系。

1977年，我们继续进行因地震而中断的冀东工业基地的调查工作，分工完成了"冀东工业基地调查研究"的若干专题报告。就在这一年冬天，我意外地遇上了一次险些丧命的车祸。在我骑自行车回家途中，被一辆由无证新手驾驶疾驰而来的大卡车撞翻在地，送进医院后仍昏迷失去知觉数小时，被诊断为严重脑挫伤。经过长达近一年的医治和疗养才逐步康复。后期在小汤山疗养时我坚持每天抽时间自学英语和练习翻译。从R. C. 赖利的《工业地理学》英文原著中选译其第一章"工业区位理论简介"，2万多字付印，为当时的地理界同行提供了首份有关西方工业区位理论译文参考文献。

改革开放后由城乡建设部拨给专项科研经费支持地理界开展城镇与工业布局的区域研究。由我代表中科院地理所出面组织南京地理所、长春地理所、北京大学、南京大学、华东师大、东北师大、杭州大学等地理单位共同合作。从1979年开始分别选择不同类型地区进行区域性调查研究，我所则选择了辽宁中部地区，着重探讨不同类型地区城镇体系的形成与演变，城镇群体的发展和布局，工业的地域组合与工业基地的建设布局，以及工业布局与城镇布局的相互作用和影响等规律性问题（其集体研究成果《城镇与工业布局的区域研究》一书出版于1984年）。1980年我们曾为周干峙主持编制的《天津市总体规划》提供了"天津市经济发展条件的区域分析"研究成果。

4. 拓展国土规划和沿海区域开发研究

1981年中共中央书记处提出要搞好我国国土整治工作的决定，国家建委抽调干部开办了国土整治研究班，邀请有关各方的专家去讲课，吴传钧讲了"因地制宜，整治国土"，我讲了"国土规划与区域规划"，受到韩光、吕克白等国家建委领导人的重视。1982年春国务院副总理万里在中南海召开各部门领导参加的有关机构调整的座谈会，因涉及国土管理机构的设置问题，韩光主任邀吴传钧和我也以专家身份前去参加并在会上发言。其后不久，国家建委与国家计委合并，由原国家建委副主任吕克白转为国家计委副主任分管国土工作，徐青任国家计委委员、国土局局长。国家计委国土局确定国土工作的重点先从搞好国土规划入手，开展区域性和全国性的国土开发、利用、治理和保护的综合规划，尽量使各地的经济建设与人口布局、资源开发利用和环境治理保护在国土空间相互协调，从而为管理好国土提供重要依据。在推动国土管理部门将工作重点转向国土规划与区域规划方面我曾起过一定作用。

国土局在初期启动由某些省区先进行国土规划试点的过程中，组织有关国土规划立项、内容审议、工作汇报、经验交流等各种会议活动，一般都邀请我参加，征询我的意见。同时由国土局直接抓跨省市的京津唐地区国土规划的试点工作，先从组织课题研究入手：将京津唐地区的人口、城镇、工业、交通、农业、水利、能源、环境等8项专题研究，分别委托给在京著名的相应专业研究机构承担；将"京津唐地区国土开发整治的综合研究"课题委托给中科院地理所承担。为此地理所成立了由我主持、有数十名科研人员参加的课题组，经过两年多的调查研究、分析论证和规划设想，以及与各项专题研究的多次交流和反复协调，终于在1984年6月提交了该项研究成果的正式报告。成果就规划目标、开发方向、建设布局和分区整治方案等所提出的各种建议和战略设想，向国家计委及有关省市和部门的领导汇报后，获得认可和好评（该项成果曾获中科院科技进步二等奖、国家科技进步奖三等奖）。当时在报告中曾提出：今后京津唐地区的工业和城镇布局应向滨海地带推进，对北京市污染严重、耗能耗水量大、占地多的首钢等现有重化工业的发展应严加控制，新建大型钢铁企业应主要向冀东沿海结合港口建设选址，天津市也应把工业开发的重点放到滨海塘沽、大港等新区，这些大方向的正确性已被后来的实践所证明。

1985年国务院批准国家计委"关于编制全国国土总体规划纲要的报告"，要求各地区各有关部门积极配合参加《全国国土总体规划纲要》（以下简称《纲要》）的编制。当时的国务委员、国家计委主任宋平对此非常重视，亲自进行工作部署，并由吕克白任国土规划办公室主任具体负责操办此项业务。我和陆大道、郑度等代表地理所参加了综合组对《纲要》的研究和编写起草工作，主要在总体框架、综合协调、布局结构和地域开发重点方面发挥了自己的作用。在1986年完成的《纲要》初稿中提出以沿海和沿长江地带为一级开发轴线，以陇海—兰新、京广和哈大铁路沿线为二级开发轴线，把沿海的长三角、珠三角、京津唐、辽中南、山东半岛、闽东南、长江中游武汉周围地区和长江上游重庆、宜昌地区等列为综合开发的重点地区，至今仍有其积极意义。

随着国土规划在全国各地的开展和大量地理工作者的投入，显示出国土规划工作对地理科学，尤其是对经济地理学科发展的重要带动作用。中科院地理所以往长期以从事自然地理方面的研究为主，经济地理研究室的科研力量还不到全所的 1/6，远不能适应客观任务的需要。1982 年由吴传钧领衔，与我和李文彦、邓静中等共同联名给国务院写信，要求给经济地理学科以较大发展。经方毅副总理批转中科院后，1983 年院领导决定在地理所内成立经济地理部，下设农业地理、工业与交通地理、城市与人文地理三个研究室和一个办公室，其后又新增一个区域开发理论研究室，壮大了经济地理的研究力量。1984～1992 年，我一直担任经济地理部的领导职务。卢嘉锡和周光召先后两任院长曾多次在全院性会议上提到经济地理学科的重要性。1986～1996 年因工作需要，国家计委和中国科学院共同对地理所实行双重领导，不仅改善了经济地理研究的工作条件，而且还扩大了地理科学对外界的影响。

早在 1979 年国务院就批准了由国家科委、国家计委、国家海洋局等单位联合提出的"关于开展全国海岸带和海涂资源综合调查的请示"报告，并从 1980 年开始组织各方面的力量在沿海各省市相继开展调查。最初的调查内容只包括自然资源和自然环境。随着形势的发展，通过一段实践后进一步明确：自然资源的开发利用离不开社会经济条件。1984 年全国海岸带和海涂资源综合调查技术指导小组决定，成立社会经济专业调查组，由我代表中科院地理所任该专业调查组组长，组织全国沿海各省市的经济地理和区域经济方面的研究力量，分段开展全国海岸带的社会经济调查。直至 1989 年，我才主持完成了《中国海岸带社会经济》调查报告（1992 年由海洋出版社内部发行）。该项成果作为《全国海岸带和海涂资源综合调查》大成果的组成部分，曾荣获国家科技进步奖一等奖。我在 1988 年发表于《人民日报》（4 月 8 日）的"沿海地带开发建设的几个问题"一文中提出的五项建议，尤其是关于我国许多沿海城市的中心市区和工业区多远离海岸，今后应结合由河口港向外海深水港的发展，将城市和工业布局的重点向海岸带推进的建议，受到有关各方的重视。

为配合我国沿海城市率先对外开放和加速开发的形势，我所经济地理部决定结合全国海岸带调查，组织国内同行着手《中国沿海港口城市》一书的编写。此举曾得到当时香港中文大学教务长、著名地理学家杨汝万教授的大力支持。1990 年由我和杨冠雄合作主编的该书中文版交付出版。同时在此基础上，由杨汝万进一步组织海外多位学者进行翻译和加工，与我合作主编了英文版 *China's Coastal Cities* 一书，1992 年由夏威夷大学出版社出版，成为国外第一本较系统介绍中国沿海城市的专著。我在 1991 年底香港中文大学召开的"中国城市与区域发展"研讨会上提交的"中国沿海城市发展的区域分析"论文，是对当时我国沿海城市发展的系统归纳和总结。

为加强对区域开发的科学研究，1991 年中国科学院新成立了以孙鸿烈副院长为主任的区域开发前期研究专家委员会，我被任命为该委员会副主任。1994年我和陆大道、毛汉英等合作，完成了"中国沿海地区可持续发展若干重大问题的分析与思考"的科研报告，由中国科学院报送国务院，受到国家计委领导的高度重视。该报告后来被压缩成论文："中国沿海地区持续发展问题与对策"，发表于《地理学报》1995年第1期。

5. 重点转向城市化、城镇体系和城市型区域规划研究

由于我与建设部门和城市规划界长期保持着工作和学术上的联系，曾在城市规划的学术团体中先后担任城市规划学术委员会委员、区域规划与城市经济学术委员会主任、中国城市规划学会副理事长等领导职务。与我国地理界从事城市与区域规划研究的宋家泰、魏心镇、许学强、崔功豪、周一星等知名专家密切合作，共同为推动城市规划界开展城市化、城镇体系和城市型区域规划方面的研究，发挥独特的作用。

自进入1990年代以来，随着国家计委领导的变动和机构的调整，国土区域规划工作开始由式微走向中止。而建设部门和城市规划界却一直很重视区域规划工作，认为城市规划离不开区域规划，不仅将市域城镇体系规划纳入《城市规划法》，而且将区域城镇体系规划的内容引向围绕城镇发展和布局的实质性区域规划。所以我的研究重点也就随之转向城市化、城镇体系和城市型区域规划研究。

行政区划中的设市工作与城市化的进展密切相关。在全国许多县都争着要求设市的情况下，有必要在对全国各地城市化进行科学预测的基础上，按能真实反映城市化水平的设市标准进行设市的规划和预测，以求防止设市工作的盲目、无序和随意性。民政部从1989年开始成立由张文范主持的全国设市预测与规划领导小组，并由中国科学院地理所和民政部行政区划司共同组成课题组，由我担任领导小组副组长兼课题组组长，在马清裕、顾朝林、浦善新等合作支持下，继1990年完成《设市预测理论和方法》及《山东省设市预测与规划》的试点后，陆续在全国各省区开展，并在1994～1995年间完成了《全国设市预测与规划》的总报告，该项成果曾获民政部科技进步一等奖。

经济和人口在空间的集聚与扩散，对城市化和城市发展的空间演化有重大影响，只有深入了解驱使经济和人口集聚或扩散的内在动因机制及各种外力作用，才能掌握其空间演化的基本规律。为此在1993年由中科院地理所联合北大、南大、南京地理所、华东师大、杭大、中大、广州地理所等地理单位，共同向国家自然科学基金委员会提出"沿海城镇密集地区经济、人口集聚与扩散的机制和调控研究"的项目申请，当年即获批准立项，成为我国人文地理、城市地理界获得国家自然科学基金资助的第一个重点项目。1994～1997年的3年多时间内，在8个协作单位、20多位专家的精诚合作、共同努力下，通过深入调查研究，经多次学术交流和工作协调，终于在各自按分工提交专题研究成果的基础上，由我和周一星、顾朝林共同完成总报告的集成，最终成果《中国沿海城镇密集地区空间集聚与扩散研究》一书的出

版，成为对我国沿海发达地区的城市化和空间演化的研究领域有较大影响的理论专著。

我国在长期计划经济体制下形成的城乡二元结构，改革开放后仍在继续产生影响。曾一度大力提倡"离土不离乡、进厂不进城"的农村工业化，就是担心过多的农民进城。尽管早在20世纪80年代初地理界和规划界曾接连多次召开有关城市化（城镇化）问题的研讨会，政府对限制农民进城的政策也开始逐步有所放松，但在政府正式文件中却总是在强调工业化的同时尽量回避或淡化城市化问题。直到1997年因东亚金融危机而出现市场普遍疲软，为扩大国内需求才引起对城市化问题的重视。1998年2月新任建设部部长不久的俞正声主持召开有多方专家参加的"中国城市化和城市发展战略"座谈会，我受邀在会上作重点发言。我从城市化与工业化、城乡一体化、农业现代化、耕地保护和环境保护等各方面的关系，论述应以积极而慎重的态度去迎接城市化高潮的到来。由发言稿改写成"对我国的城市化形势应有清醒的认识"一文，发表于《城乡建设》1998年第6期。1999年9月，浙江省省委书记张德江在杭州亲自主持召开了有全省各县市主要领导人参加的"浙江省推进城市化工作研讨会"，从北京邀请了几位专家到会作学术报告，我继周干峙之后作了"有关城市化与城镇体系规划的若干思考"的系统发言，主要内容发表于《城市规划》2000年第1期。2000年国家发改委委托世界银行组织海内外专家共同进行中国城市化问题的调查和研讨，我也曾受邀参与其活动。2001年公布的《中华人民共和国第十个五年计划纲要》，首次将推进城镇化（城市化）问题提到战略的高度。

进入新世纪后，国内出现了城镇化热，与城镇化有关的城镇体系规划和城镇密集区、城市群、都市圈等城市地区类型的区域规划蓬勃兴起。虽然我自2001年以来，除承担中科院下达的城镇化研究项目外，已不再承担具体地区的规划研究任务，但作为建设部城乡规划专家委员会委员，经常参加建设部主持的有关城镇体系规划和城市型区域规划的讨论和咨询。由建设部汪光焘部长和广东省张德江书记共同推动的《珠江三角洲城镇群协调发展研究》和由吴良镛院士主持的《京津冀地区城乡空间发展规划研究》均聘我为顾问。此外，我还参加了大量地区性规划的评审和论证工作，因而对我国区域规划的研究动态还比较了解。

早在1988年，我针对国家在工业化和城镇化进程中所出现的滥占土地、不合理布局等众多开发无序、空间失控的乱象，写了一篇"强化地域空间规划和管理"的建议性论文，刊载于《人民日报》总编室主办的《内部参阅》。进入新世纪后，不仅建设部门重视区域性空间规划，已将《城市规划法》改为《城乡规划法》，国土资源部也开始抓国土规划，2003年完成了深圳和天津二市的国土规划试点。国家发展和改革委员会过去只重视发展规划，忽视空间规划，而现在也已打出区域规划的旗号，把区域规划放到空间规划体系中亟待加强的重要位置。除组织跨省市的长三角和京津冀都市圈的区域综合规划外，并正在进行全国性的主体功能区规划。地域空间规划的引起有关各方重视，是大好事，但如何理顺地域空间规划体系，处理好各有关主管部门的关系，已成为迫切需要解决的问题。为此我写了"中国区域规划的演变与展望"一文，发表于《地理学报》2006年第6期。

6. 反思与期望

回顾自己50多年来的学术生涯，密切结合国家经济建设实际，完成了不少区域与城市方面的研究项目，基本上都是集体研究成果。如果说取得一定成绩，应主要归功于团队的精诚合作和同事、同行们的鼎力相助。本人一贯重视调查研究，关注现实问题，但较少理论建树，缺乏个人的系统理论总结和创新。我对经申请获得国家自然科学基金资助的"经济区划理论与方法"研究项目，只完成了两篇论文而未能形成系统理论专著。我曾长期持有集中精力系统总结各方经验编写一本具有中国特色的区域规划理论专著的愿望，却始终未能如愿。随着科学的进步和规划事业的发展，对编写此书的质量要求越来越高，已使自己感到力不从心。我的理论基础不够扎实可能是主要原因。

我一直是个中国城镇化问题的促进派，强调要以积极而慎重的态度对待城镇化，至今我仍坚持这立场。我国"十一五"规划提出的要"促进城镇化的健康发展"，"积极稳妥地推进城镇化战略"与我的认识是一致的。我不同意关于我国前些年"人口城镇化已冒进"的观点。我认为推进城镇化的工作重点就是要放在：为吸引农民进城创造更多就业岗位，不断改善进城农民工的生活待遇和社会保障条件，使越来越多进城就业的暂住人口逐步转变为正式城镇居民的真正意义的人口城镇化。问题在于不少地方政府借推进城镇化之名，搞大规模扩占农地为城镇建设用地的土地过度城镇化。对这一问题的严重性，在我以往的城镇化研究中估计不足。如何通过城镇化使我国的大多数农民变为完全脱离农村土地（宅基地和承包地）的城镇居民，如何通过城镇化逐步缩小城乡之间的差距，真正走向城乡相互促进、相互融合的城乡一体化，确是一个对我国的发展有重大现实意义的理论问题。

长期以来，我对区域规划研究情有独钟，曾利用各种场合一再呼吁应加强对区域空间的规划管理和调控。然而，并不是只要开展区域规划就能对区域空间的开发和整治进行科学管理和有效调控。不少地方政府甚至企图利用编制区域性规划为其过度扩大城市规划区范围、扩大不合理的建设用地面积提供合法依据。所以要提高区域规划的科学性和公益性，不能只停留在地理、生态、技术经济等层面，还应从政治经济学的理论高度，研究政治体制、政策法规、政府行为等因素对区域规划编制和实施能否切实代表公共利益的具体影响。当前区域规划的多头进行，不同层次空间规划的互不协调，也主要受代表不同部门利益的行政体制和政府行为的影响。

对上述引以为憾的自己未能研究解决的理论与实际问题，只能寄希望于年富力强的第二代和年轻有为的第三代的同行精英们。而且我深信，由你们继续推动和发展的区域与城市研究，必然会取得远胜于前人的辉煌成就。

（原载《城市与区域规划研究》2009年第1期）

论城镇化的概念内涵和规律性

1. 城市概念与城镇地域的界定

城镇化或城市化主要指人类生产和生活方式由乡村型向城市型转化的历史过程,表现为由乡村人口向城镇人口转化以及城市不断发展和完善的过程。所以研究城镇化问题,首先必须弄清区别于乡村的城市或城镇的概念以及如何进行城镇地域界定等问题。

1.1 城乡地域的本质区分

按我国《现代汉语词典》的释义,乡村是主要从事农业、人口分布较城镇分散的地方,农村是以从事农业生产为主的人聚居的地方。在实际应用时,乡村与农村常以同义词对待,只是乡村稍侧重于与其反义词城镇相对应,农村则更多地强调主要是农民居住、生活的地方。乡村或农村地域可用同一英语词汇"rural area"表述,与"urban area"——城镇或城市地域相对应。

城镇或城市具有以下几个不同于乡村或农村的基本特征:①以非农业人口为主;②人口聚居规模大于乡村;③人口密度和建筑密度高于乡村;④有相对较好的公共设施和较高的物质、文化水平;⑤往往是一定地域范围内(包括周围乡村)的政治、经济、文化活动中心。

1.2 城市与城镇概念的异同

城市与城镇这两个名词在我国古代早已有之。城市起源于防卫之城与交易之市的结合,具有军事、政治、商贸和手工业中心等多种职能,其后城市逐渐被泛指为人口较密集、工商业较发达的地方。城镇的概念自古包含城市和集镇。自我国近代以来形成发展的"市"和"镇"的行政建制,使城市和城镇这两个不同的名词概念渐趋混淆。如今在现实生活中城市和城镇经常被混用,而且对这两个名词概念常被赋以广义和狭义的不同理解。对城市概念的狭义理解,只局限于市(city),不包括镇(town),即只有在现行行政区划中设"市"的才能称城市,未设"市"的镇不能称城市。例如通常所说的城市人口和城市个数,一般均不包括县辖建制镇。然而对城市的广义理解,却是既包括市又包括镇,凡有"市"和"镇"建制的都是城市。对城镇概念的狭义理解,与对城市概念的广义理解完全相同,例如通常所说的城镇人口,一般均包括建制市的市区人口和建制镇的镇区人口。对城镇概念的广义理解,除设市城市和建制镇外,还可外延到尚未设镇建制的乡间小集镇。例如研究城镇体系的形成与发育过程若向基层深化,就可对城镇概念作广义理解。此外,也有少数人主张将城镇概念只局限于"镇",以示与设"市"城市的区别。但此种观点未被社会公众接受,一般都将"镇"称为小城镇。

正是由于客观上存在着城市与城镇概念的混淆,所以在国内大陆地区对"urbanization"一词就出现了"城市化"和"城镇化"两种不同译法的共存。在台湾地区则被译成"都市化"。在日本都市即城市,而在我国都市多被理解为大城市,都市化易被理解为大城市化,故未被大陆学者所采用。若仔细考察,采用城市化或城镇化这两个术语,也存在深层次的不同缘由。改革开放后开始出现"城市化"术语。但由于在当时严格控制大城市和偏爱小城镇的特殊背景下,我国的决策层和部分学术界人士对"城市化"这一提法心存顾虑,把"城市化"狭义地理解为发展设市的大中城市,不包括发展小城镇,致使"城市化"术语的推广应用受到不小阻力。为此中国城市与区域规划学界和地理学界于1982年共同在南京召开了"中国城镇化道路问题学术讨论会",明确指出城市化与城镇化为同义语,体现了社会经济发展的必然趋势。建议以"城镇化"替代"城市化",可避免某些不必要的误解。此后这两个同义的术语在社会上一直被同时使用。在1984年公布的《城市规划条例》,尤其是1990年公布的《城市规划法》,明确城市包括建制镇后,使用"城市化"术语的明显增多。在2001年公布的《中华人民共和国国民经济和社会发展第十个五年计划纲要》中首次明确提出:"要不失时机地实施城镇化战略",因而使"城镇化"术语又开始被广泛地使用。看来"城市化"与"城镇化"这两个不同译法的术语将会继续共存下去,在短期内尚难以统一。"城市化"容易被与城市有关的规划、建设、管理和科研部门所接受,并可较好地体现社会发展的前进方向;"城镇化"便于与城镇人口增长和城镇体系发展直接相联系,且有助于防止忽视发展小城镇的倾向。但不能把"城市化"片面理解为主要发展现有大中城市,也不能把"城镇化"片面理解为重点发展小城镇,这都是对"城市化"或"城镇化"本意的扭曲。

1.3 城镇地域范围的界定

城镇地域的界定,除考虑行政中心因素外,还需要以能反映城镇本质特征的某些量化指标为依据。在国外一般多以居民点人口聚居规模、非农业人口比重或人口密度等最低限度指标,作为界定城镇地域的主要标准,但世界各国的界定标准差别很大。例如以人口聚居规模作为界定城镇的下限:丹麦、瑞典、挪威为200人,法国、德国为2000人,英国为3000人,奥地利、瑞士为5000人,意大利、西班牙等为10000人,同属欧洲国家最高与最低相差50

倍，所以在国家之间城镇发展的横向可比性相对较差。

我国设市和设镇的标准以及市、镇行政区划在历史上曾几经变动，因而也给国内城镇发展的纵向比较带来一定困难。现行的设市和设镇标准，按人口分布密度的不同类型地区，采用非农业人口聚居规模、经济发展水平和基础设施水平等多种复杂指标。从发展情况看，原定的经济指标已明显偏低，比较硬性的仍然是人口指标，其中规定从事非农产业的人口聚居规模的最低限度，要求一般设市的市政府驻地不少于8万人，设镇的镇政府驻地不少于2000人。实际上市、镇的设置也并不完全严格按标准执行，形势、政策和人为因素对市、镇设置有较大影响。

对于已有行政建制的市和镇，如何具体界定其城镇地域范围，所涉及的问题也很复杂。对城镇地域范围的界定，通常可按建成区、功能区和行政区三种不同模式，各有所长，也各有其尚待进一步研究解决的问题。

（1）按城镇建成区界定城镇地域范围，便于直观判别，界线比较分明。但建成区边界常处于变动之中，其周围的近郊区和邻近的村落一般都与城镇中心区保持着密切的社会经济联系，多数居民直接服务于城镇，或就在城镇中心就业，共享着各种城镇服务设施。而且城镇的功能也不完全局限在成片的城镇建成区内，特别是一些较大的城市，其工业、服务业、居住、休闲等功能已扩散到周围郊区，因而在界定城镇地域时不能将郊区排除在外，需以动态的建成区界线为基础，向周围郊区适度拓展，但如何适度又难免有一定的随意性。

（2）按城镇功能区界定城镇地域范围，可较贴近实际地反映从整体上发挥城镇基本功能的中心及其外围的城镇化地域。不受市、镇建制和行政区划变动的影响，按中心人口规模、外围人口密度、非农业人口比重、与中心联系密切程度、土地利用结构中城镇功能用地所占比重等界定指标，划出已城镇化的城镇地域，可作为以城镇建成区为基础的城镇地域的重要补充。美国早在1950年开始提出"城镇化地域"（urbanized area）概念，主要用作国情普查中的统计区。但由于城镇化地域不与行政区挂钩，其界线随城镇化的进展而不断变化，平时要取得城镇化地域历年变化的资料数据相当困难。如何根据我国国情界定城镇中心及其外围的城镇化地域迄今尚无成熟经验。

（3）按城镇行政区界定城镇地域范围比较简便，且易于获得各种有关的基本统计数据，故已被国内习惯采用。在1980年代以前，我国一般市、镇的直接辖区只包括中心建成区及其近郊区。新设市也只从县内划出城关建成区及其周围近郊为市区，被称为"切块设市"。按当时的市区和镇区作界定，基本上接近于实际的城镇地域范围。但由于我国的行政区对经济的干预影响较大，由切块设市形成的城乡分割、县包围市的行政区划，使城乡之间和县市之间在发展中的矛盾不易得到妥善解决。因而从1980年代开始，多以"撤县设市"代替"切块设市"模式，在整县改市后不另划出市区，使县级市行政区内容纳了大量乡村地域。同样，新设建制镇也采取"撤乡设镇"模式，全镇的乡村地域人口往往高出镇区人口许多倍。因而现今县级市和县辖建制镇的行政区已难以代表城镇地域范围。与此同时，为促进城市带动乡村的发展，对大中城市已多年实行市领导县的行政体制。近年来不少大城市竞相扩大市辖区，将一些远郊的市辖县改为市辖区，使市辖区内也包含了大量尚未城镇化的乡村地域，从而给按行政区界定城镇地域带来了更大困难。

长期以来，我国城镇人口统计面临的主要问题是人口统计口径不一和城镇地域范围界定不清。在第五次全国人口普查中已明确将居住在城镇地域的全部人口，包括有户籍和无户籍的常住非农业人口和近郊农业人口以及暂住半年以上的外来人口，均计入城镇人口。同时还对如何界定构成城镇地域的市区和镇区提出试行方案。无疑这是一次重要的探索性实践，为今后进一步实现城镇人口统计的规范化提供了有益的经验。

鉴于我国现行的市、镇行政区域一般都大于已实际形成的城镇化地域，有必要在市、镇行政区范围内划出已城镇化的或与市、镇中心联系十分密切的城镇地域作为城镇统计区。需由国家统计局会同民政和城乡建设部门，在组织专业力量进行深入调查研究的基础上，形成法定规范的城镇统计区实施条例。要求市、镇行政区兼有按城镇统计区定期上报人口、经济等主要统计数据的义务。每逢进行全国人口普查时，可根据实际变化情况，对城镇统计区的界线做一些必要的调整。正确界定城镇地域范围和提供真实可靠的城镇人口统计数据，是开展城镇化研究所必需的重要科学依据。

2. 城镇化的基本内涵

城镇化作为人类社会的生产和生活方式由乡村型向城市型转化的过程，其具体内涵主要包括以下四个方面。

2.1 依附于农村土地的农业劳动力越来越多地向城镇非农产业转移

在农业社会，农村劳动力主要从事农、林、牧、渔等第一产业，离不开农村土地。在由农业社会向工业社会过渡期间，必然有越来越多的农村富余劳动力离开农村土地，由第一产业转向工业、服务业等第二、三产业。而第二、三产业的发展，主要向城镇地域集聚。城镇成为吸引农村富余劳动力、实现就业转移的主要场所。

2.2 分散的农村人口逐步向各种类型的城镇地域空间集聚

地域产业结构的转换，农村富余劳动力向城镇第二、三产业的就业转移，必然导致原先分散居住在广大农村的人口逐步向不同规模的既有城市、新兴城市、小城镇或中心城市外围都市区空间集聚。由越来越多的农民进城就业和谋生所引起的从农村进城聚居的人口不断增多，使城镇居住人口占总人口的比重不断上升。

2.3 城镇建设促进城镇物质环境改善和城镇景观地域拓展或更新

产业和人口向城镇的集聚推动城镇的发展，原有城镇的扩大和新城镇的涌现都要求不断加大城镇建设的投入。通过对城镇基础设施建设以及对城镇住房、市政服务设施和生态环境建设等各方面的投入，不断改善城镇的投资环境和生活环境，可促进企业和人口进一步向城镇集聚，并使无论从建筑水平和建筑密度来看均不同于农村的城镇建筑景观在地域上不断有所拓展或更新。

2.4 城市文明和城市生活方式的传播和扩散

由城镇人口组成的城市社会在其历史进程中发展了包括城市生活方式和城市文化在内的城市文明。在城市社会，人口的就业结构、经济收入、消费需求、文化素养、受教育水平以及人口的出生率、流动性、开放意识、价值观念、生活风尚等方面，均与农村社会存在着明显的差别。在城镇化进程中，伴随着城镇人口的增长、城镇地域的扩展、城市环境的改善和物质文化水平的不断提高，城市文明和城市生活方式在城市间和城镇地域传播的同时，也向城镇周围的广大农村扩散和渗透，为农村地域向城镇化地域过渡和演进开辟道路。

有关城镇化含义的以上四个方面的主要内容是相互联系、不可分割的。由工业化引起的大量农村富余劳动力由第一产业向城镇第二、三产业转移是城镇化的前提，在广大地域分散居住的农村人口逐步向不同类型的城镇地域集聚而变为城镇人口，是城镇化的核心。城镇建设的不断投入为城镇居民的工作和生活提供较好的物质环境，是对城镇化的重要保证。城镇居民物质与文化水平的提高，城市文明的发展与传播及其对周围农村辐射影响的扩大，促使城乡差别的缩小，是城镇化的主要目标和社会进步的重要标志。

根据以上对城镇化概念和基本内涵的理解，由于各国对城镇地域界定和城镇人口统计的口径不同，使城镇人口占总人口比重的城镇化率不具有国际的完全可比性。至于评述一个国家或地区的城镇化速度和水平，虽多以城镇人口占总人口的比重作为衡量城镇化的主要指标，但也不能仅局限于此。首先要分析由农村人口进城而引起的新增城镇人口能否为其基本解决就业问题，如果大量农民进城后变成无业的城镇贫困居民，那将是虚假的城镇化。其次还要重视反映在城镇建设、城市文明方面的城镇化的质量水平，同样的人口城镇化率，可以有相差悬殊的城镇化质量水平。只关注城镇化数量的增长，不重视城镇化质量的提高，就不是健康的城镇化。高度城镇化的国家和地区应是城乡文明的高度融合。

3. 城镇化的规律性

3.1 城镇化的社会必然性

城镇化是社会经济发展的必然趋势，是在人类社会发展的历史长河中一个不可逾越的发展过程。在人类社会的发展中，原始农村聚落的出现早于城市。原始社会由狩猎向游牧、由采集向种植的演进，并出现农业和畜牧业的第一次社会大分工，依靠耕种土地为生的分散定居的农村聚落便随之产生了。为了防御野兽和别的部落的侵袭，在居民点外围挖壕沟、筑木栅或垒土石墙，出现"城"的雏形，但还不是城市。城市的起源是在由原始社会向奴隶社会过渡的时期，开始出现第二次社会大分工以后，手工业从农业中分离出来，产品在市场进行交换，是城市最初形成和发展的物质基础。历代统治阶级为巩固和扩大自己的统治权力，陆续修建了一批将防御之城和交易之市结合在一起的城市，其中有些具有明显的政治、军事或宗教文化目的。虽然在漫长的奴隶社会和封建社会，随着交通、贸易和工场手工业的发展，城市也有一定的发育和成长，甚至还出现过某些曾经辉煌一时的大城市。但就总体而言，在只靠人力、畜力或水力、风力等自然力从事生产活动的社会，基本上还只能是一个分散地依附于土地和自然资源的呈自然经济状态的农村社会，城市的发展受到很大限制。在1800年前世界城镇人口占总人口的比重较低的估算只占3%左右，较高的估算也只有5%左右。

从18世纪后半期开始的以蒸汽机的发明为主要标志的工业革命，尤其是随后电力的被广泛应用，使人类学会利用可输送转移的能源带动机器以代替人力和畜力，从而使社会生产力产生质的飞跃。近代资本主义机器大工业的兴起，启动了由农业社会向工业社会转化的工业化进程，同时也推动了由农村社会向城市社会演化的城镇化进程。

机器生产的大工业的发展，强有力地促进了社会分工的深化和工业专业化水平的提高。生产技术和工艺设备的不断改进和创新，使工业的生产规模越来越大，工业的产品种类日趋丰富多样。社会愈向前发展，在人类的物质消费结构中，工业品消费所占份额越来越高，农产品消费的相对比重不断下降。而且工业的发展还可为农业提供越来越先进的各种技术、装备和生产资料，推动农业劳动生产率的不断提高，使农业经济有可能在满足社会对农产品各种需求的同时，释放出越来越多的剩余劳动力投向工业、服务业等非农产业。因而使就业结构中从事农业劳动的比重逐步下降到远低于工业和其他非农产业的比重。这是一个必然要经历的农业经济社会逐步转向工业经济社会的工业化进程。

工业化也必然会推动城镇化的进程。这是由于：第一，在工业化进程中，规模经济和集聚效应会驱使某些工业企业不断扩大其规模，并使越来越多的工业企业及其主要来自农村的职工向区位条件较好的地理空间集中，直接推动众多新老城市的形成和发展；第二，工业在城市的集中发展，大量工业职工在城市的集聚，会带动为城市生产和生活服务的各项城市服务业的迅速发展，从而为进一步扩大城市规模和吸纳更多农民进城提供大量就业岗位，一般而言，城市的经济发展水平愈高，城市的规模愈大，城市服务业的就业岗位也愈多；第三，各国各地区以实现各自比较利益为基础的工业化，会有力地促进交通运输和国内外贸易的发展以及各种生产要素在较大地域范围的流动，一些交通运输的连接点和中转枢纽，往往成为商贸与金融中心，并吸引大量工业和人口来此集聚，发展成为不同地域范围的经济中心或兼具政治、文化等综合功能的重要中心城市；第四，工业化可加速财富的积累、技术的进步、人口素质的提高、城市文明的发展和传播。

城镇化的进展对工业化也有一定促进作用：第一，城镇化不仅使城镇数量增多和城镇地域扩大，而且还使城市基础设施逐步改善，城市服务效率与生活质量不断提高，可为工业的进一步发展提供越来越好的投资环境；第二，城镇化将各种高素质的人才吸引到城市，培育高智力的科技、教育和文化产业也主要在城市发展，可在新产品与新工艺的研究开发、科学技术的创新、管理体制的改革、高新技术产业的发展等许多方面使城市发挥孵化器的作用，有利于工业向更高层次发展；第三，城镇化让越来越多的谋求改善生活的农民进城就业，发展城市经济，可以衍生出更多的城镇就业岗位，相应减轻农村劳动力过剩的压力，可以有效地提高城乡居民收入，扩大国内市场需求，增强工业发展的活力和潜力。

由此可见，正常的城镇化进程就是一个与工业化紧密联系、相互适应、相互促进的互动过程。现代的工业化多是与信息化相结合的新型工业化，科技的飞跃进步，工业劳动生产率的空前提高，使工业化过程中，工业所能直接吸纳的就业岗位相对比重有所下降，为现代生产和生活服务的第三产业在社会就业结构中的比重有逐步增大趋势。所以衡量一个国家或地区的工业化水平，不能只看工业本身在产业结构或就业结构中所占比重的大小，应主要看由工业化所推动的劳动力从农业向非农产业转移的程度，即就业的非农化水平。在高度发达的工业国家，农业已只占很小的比重，以信息化为基础的服务业的比重已远超过工业。然而就大多数发展中国家而言，当前仍需着力于工业的发展。因为"无工不富"是真理，这在中国尤为明显。2000年中国从事工业的人员只占就业总数的23%，而所创造的财富却占国内生产总值的50%。所以不实行工业化，社会就难以致富；不发展现代工业，不提高人民的收入水平，服务业的发展也将会受到较大的限制。即使在某些小国或局部地区可能主要靠发展旅游等服务性产业来实现非农化和城镇化，似乎与工业化没有直接联系，但若没有来自工业化国家和地区的投资和游客消费，只靠当地原有的农业基础是难以直接实现非农化和城镇化的。因而就总体而言，城镇化仍离不开工业化。信息化和现代服务业的发展，仍需以坚实的工业化作支撑。当然在工业化进程中也应十分关注为进城农民创造更多的就业岗位，在发展现代化的大批量生产的工业企业同时，要重视发展中小企业和大力发展各种服务业。从事非农产业的人口不一定都住在城镇，一般人口的城镇化率低于就业的非农化率，若无特殊原因，在低收入国家低于 5~10 个百分点,中等收入国家低于 10~15 个百分点,高收入国家低于 15~20 个百分点,均属基本正常现象。有些发展中国家人口的城镇化率高于劳动就业的非农化率。这是由于大量破产农民进城后找不到工作而导致城镇化过于超前工业化,被称为"过度城镇化"(over-urbanization)或"虚假城镇化"(hyper-urbanization)。另外,也有一些发展中国家,由于工业过于分散在农村,使城镇化滞后于工业化,影响城市经济和服务业的正常发展,被称为"过低城镇化"或"不充分城镇化"(under-urbanization)。城镇化过于超前或过于滞后于工业化,均不利于城市的正常发展。

3.2 城镇化的发展阶段性

城镇化从何时开始?学术界对此存在不同的见解。多数学者主张从城市的起源算起,强调城镇化是一个渐进的连续的过程,但也同意以工业革命为转折点,将城镇化划分为古代城镇化和现代城镇化两个阶段,或划分为前工业社会、工业社会、后工业社会三个阶段。不少学者倾向于城镇化也同工业化一样,以工业革命为起点。认为不能将"城镇化"的概念完全等同于"城市发展变化"的概念,后者的含义比前者要广泛得多。从全球城市发展变化的历史全过程来看,当然不能忽略从城市起源到工业革命前这一段古代城市发展的重要历程。而城镇化主要指由农村社会向城市社会转化的过程,与工业化主要指由农业社会向工业社会转化的过程相对应。谁都知道,没有古代个体手工业和工场手工业的逐步发展,也不可能出现后来的机器大工业。既然学界都认可工业化以工业革命为起点而不是以手工业的出现为起点,那么为何城镇化非要从远古时代原始城镇聚落的出现算起呢?这是难以令人信服的。所以我们认为城镇化应同工业化一样,同属人类社会发展历史中一个特定的重要发展阶段。

根据发达国家所已经历的城镇化实际过程,与工业化进程相对应的整个城镇化进程还可进一步区分为三个不同发展阶段(图 1)。

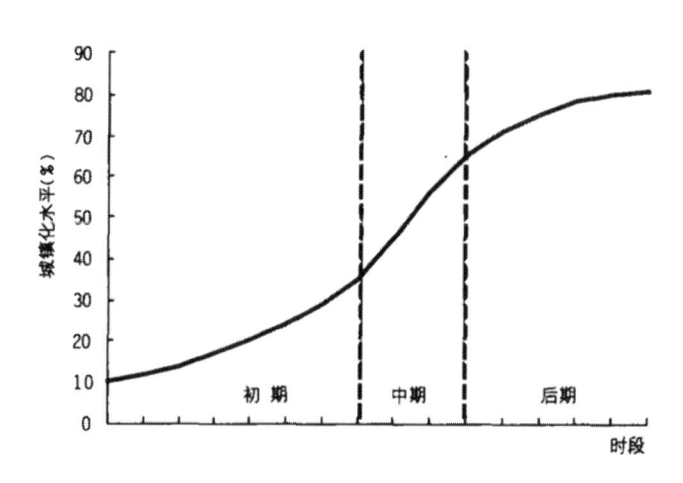

图 1 不同发展阶段城镇化进程曲线

第一，城镇化初期阶段。在工业化初期，尚处于较低加工层次的劳动密集型和资源密集型的机器工业开始兴起，随着农民由农业向从事工业和服务业转移的人数逐步增多，就业结构中从事第一产业所占的比重逐步由80%以上下降至50%左右。工业集中在各类城镇发展，使城镇人口的增长开始超过乡村人口的增长。人口的城镇化率开始逐步由10%~20%上升至30%~40%。但由于当时经济实力还较弱，城镇基础设施水平较低，城市环境质量较差，除少数国家首都和殖民时期形成的某些贸易港口城市的人口规模继续膨胀外，一般城市的发展规模还不大。城镇化初期的进展相当缓慢，基本上处于低增长运行状态。在工业化和城镇化进程开始最早的英国，其城镇人口占总人口的比重由10%提高到30%，共经历了79年。按同样目标，在其后起的美国用了66年，日本则只用了36年，呈现崛起较晚者初期城镇化进程有所加快的趋势。

第二，城镇化中期阶段。在工业化进入中期后，向重化工和深加工发展的资本密集型和技术密集型的工业迅速发展起来。虽然由于劳动生产率的显著提高，一些现代加工制造企业的用工数量相对减少。但因工业生产的总体规模空前扩大，在专业化基础上形成的工业生产门类和产品规格品种越来越多，适应市场多样化需要的中小企业仍保持较强活力，使工业就业岗位比前一阶段有大幅度增加。为企业生产和城镇居民服务的第三产业也有更大发展。就业结构中一、二、三产业的比重顺序开始由一、二、三或一、三、二逐步转向二、三、一，第一产业所占比重将由50%降至20%以下。城镇化的进程明显加快，城市建设大规模开展，大城市成批涌现。城镇人口占总人口的比重开始从30%~40%上升到60%~70%。在经济正常发展情况下，一般在这个阶段为城镇化的加速期。美国从1900年的32%上升至1970年的69%，经过两次世界大战，跨越70年，平均每年增加0.52个百分点。日本从1930年的33%上升至1965年的67%，在包含8年战争的35年内年均增加0.97个百分点。战后新起的韩国从1965年的32%上升至1988年的69%，23年内年均增加1.6个百分点。在新兴的工业化国家和地区，城镇化加速期的存在都较为明显。但在一些经济发展长期处于低速或衰退的国家和地区，即使城镇人口占总人口的比重早已超过30%~40%，也不可能出现城镇化的加速发展期。

第三，城镇化后期阶段。工业化的高潮已经过去，并开始逐步由工业社会向后工业社会或知识经济社会过渡。以信息产业为核心的知识密集型的高新技术产业和高级服务业迅速发展，传统的劳动密集型和资源密集型产业加速向尚未工业化的国家和地区转移，从事农业生产的劳动力已只占很小比重。随着工业生产自动化水平的不断提高，由工业转向服务业的从业人员急剧增加，第三产业的就业比重超过60%以上，呈现明显的倒置型三、二、一产业就业结构。提高城乡环境质量和完善区域性现代化公用设施越来越受到重视。一些大城市中心区的产业和人口向周围郊区和邻近地区外迁扩散的郊区化（suburbanization）或区域化（regionization），扩大了城市功能的地域范围，形成众多的都市区（metropolitan area）。甚至还出现了有些城镇居民流向非都市区乡村的逆城镇化（counter-urbanization）现象。有些大都市中心区则经历了由衰退的空心化到重新聚合的再城镇化（re-urbanization）过程。随着广大乡村地区也逐步实现以中小城市和小城镇为主的城镇化，城市功能的区域化和乡村地区的城镇化相结合，使区域内外的城乡界线渐趋模糊。现代化交通通信网络的发展，使城乡之间在收入水平、生活质量、文明程度方面的差别日趋缩小。城镇居民内部的贫富差距已远超过城乡居民之间的差距，因而由乡村人口转变为城镇人口已逐渐失去其原有的强劲驱动力。多数发达国家的城镇人口比重一般多在65%～90%之间缓慢进展，直至基本趋向稳定。城镇化的最终标志，并不意味着乡村的完全消失，将全部乡村人口都变成城镇人口，而是主要体现在城乡之间相互趋向融合的城乡一体化。

城镇化过程将于何时在何种情况下才算终结？迄今未有定论，学术界也很少论及。从20世纪中期以来，以电子计算机的发明为起点，以信息技术和各种智能工具的不断创新为先导的世界新技术革命以及渗入到经济活动各部门和社会生活各领域的信息化，正在强有力地推动社会生产力由工业经济社会向信息经济社会或知识经济社会演进。早在1960年代，美国社会学家丹尼尔·贝尔就已开始对后工业社会进行探索。几乎同时，经济学家弗里·马克卢普提出"知识产业"，马克·波拉特提出"信息经济"。未来学家对完成工业化以后的社会进行各种预测和描述。究竟接替工业社会的是信息社会还是知识社会？说法不一，但都承认信息经济是知识经济的基础。1996年经济合作与发展组织（OECD）正式发表"以知识为基础的经济"报告。多数学者已倾向于以知识经济社会接替工业社会比信息社会更为全面。按一般逻辑推理，在工业化过程已经全面完成并开始进入新的知识社会以后，与工业化相伴随的城镇化过程也将随之终结。当然，在知识经济社会，城市和工业一样仍将继续存在、发展和变化，只是在其功能、结构和空间形态演变方面将赋以新的时代特征。所以现今在国外城市地理研究文献中，城镇化研究内容主要针对发展中国家，而对发达国家的研究则已以城市变化（urban change）研究代替城镇化研究。

当然，从全球范围的城镇化进程来看，离全面完成城镇化过程还任重而道远。全球城镇人口占总人口的比重刚接近50%，低收入国家的平均城镇化率还只有31%，其中有不少贫困国家的城镇化率长期处在20%以下。城镇化质量水平在贫富国家之间的差距甚为明显。当前在全球范围出现的由发展中国家向发达国家的大量移民和由发达国家向发展中国家的输出资本、技术和转移产业，也是一种正在进行中的全球城镇化过程的反映。大多数发展中国家，尤其是人口众多的发展中国家，仍应继续坚持通过自身的工业化，尤其是与现代化、信息化相结合的新型工业化以推动城镇化的进程。

3.3　城镇化的空间整体性

城镇化过程是一个由不同地域范围的城镇化组成的整体发展过程，大至全球、跨国地区和全国范围的城镇化,小至国内不同区域层次的城镇化都是相互联系、相互制约的。

在一定区域范围的城镇化,必然会引起一系列城镇的形成、发展及其在空间分布的变化。任何一个城市都不能离开自己所在的区域独立存在和发展,城市与其周围地区城乡之间、城镇之间的物质、能量、人员、信息、金融等各种要素的流动一旦停止,就会迅速使城市陷于瘫痪。城市的生态环境与周围地区的生态环境更是密切关联,不可分割。在一个区域或国家的城镇化过程中兴起和发展的众多不同规模和职能类型的城镇,都各有其特定的地位和作用。它们通过交通、通信等联系通道和多种物质与人文要素的流动,交互作用。彼此既有合作,又有竞争,密切联系,相互依存,形成有机组合的城镇群体-城镇体系。在体系内一些城镇的兴衰与变化,会直接影响另一些相关城镇的兴衰与变化。整个区域物质环境和人文环境的变化,会引起区域内一系列城镇的发展和变化。

在城镇化过程中大量分散的农村人口将随非农产业的发展而向各类城镇集中,呈现出产业和人口的空间转移。其中集聚了较多非农产业和人口的城市,一般多为一定区域范围的经济、文化中心或兼具行政管理中心。它们多位于交通运输和通信网络的重要节点,通过各种要素的集散和联系,直接影响周围地区产业和城镇的发展。每个中心城市辐射影响所及的主要腹地范围,即为该中心的城市经济区或与行政区基本吻合的行政经济区。在同一经济区或行政经济区内各类城镇共同组成以区域中心城市为核心的区域城镇体系。若出现两个以上彼此邻近、功能互补、规模相当的中心城市,则有可能成为同一经济区内城镇体系的共同核心。有些行政管辖区范围与主要由市场运作形成的经济区范围存在着较大出入,在此类行政区域内就难以形成相对较完整的区域城镇体系。经济区的范围是在不断动态演变的,区域城镇体系的跨行政区发展也是不可避免的。

中心城市按其集聚规模和辐射影响力的大小,可区分为从全国到县域的具有不同等级规模的地域中心。分别由不同等级规模的中心城市与其腹地相关城镇共同组成的区域城镇体系也可相应区分为由大到小的不同区域层次的城镇体系。在一般情况下,低层次较小区域范围的城镇体系为高层次较大区域范围城镇体系的组成部分。作为全国和较大区域的中心,一般都已发展成为特大城市或大都市区。在其周围的城镇,因受近距离强辐射的影响,发展较快,有可能围绕主要核心城市发育成为城镇密集区或由多个彼此邻近的不同类型和规模的城市共同组成紧密联系的城市群。城市群所在的城镇密集地区,有可能进一步发育成为高度城镇化的都市连绵区,即广域的城市地区。这种由众多城镇集聚融合而成的城市地区,一般都是能对全国或较大区域范围的经济社会和城镇体系的发展产生重大影响的核心地区。核心地区以外的边缘地区,除受核心地区的辐射影响外,尚需通过各自的中、小中心城市以推动其发展。

任何国家和地区的城镇体系都是开放式的,在城镇体系内外都同时存在着纵向联系和横向联系。但在主要靠水陆交通运输联系的年代,在区域内外城镇间联系的货流和人流,多需通过交通联结点和重要枢纽逐级中转。所以传统工业社会的城镇体系,按不同等级的城镇逐级纵向联系比较明显，而同级城镇之间的直接横向联系相对较弱。再从城镇的主要服务功能来看，城镇规模的大小等级直接影响服务功能级别的高低，某些在小城市难以满足的高级服务需求，必须到较大中心城市去寻求解决。在同级的服务中心之间通过竞争形成各自的市场区范围，并同为更高一级服务中心市场区的组成部分。

当前在全球化和信息化的时代背景下，跨国、跨地区的城市间要素流动大大加强，国际大城市间的金融流、信息流尤为活跃。现代化的信息网和航空网为发展跨国、跨地区的城市间直接联系开辟了新途径，各国各地区的城镇体系纷纷向国外扩展联系，逐步融入全球城市体系。某些处于世界金融、信息、航空、航运网络中心，设有较多跨国公司总部，集中高密度的财富与智力资源，拥有高度发达的现代服务业，对全球发展有重大影响的被称为巨型城市（megacity）的城市地区成为全球城市体系中顶尖级的世界城市（world city），如纽约、伦敦、东京等。次一级为对全球部分地区（如亚太地区）有重要影响的国际大都市（如上海、香港、新加坡等）。有些发展中国家的重要门户城市，与世界各主要城市保持密切的金融信息交流和各种定期航班联系，成为国内众多城市与国外城市联系的网络中转枢纽，其在全球城市体系中的地位将随经济实力的增长而提高。在全球城市体系、便捷通信与快速交通网络的作用和影响下，国家与区域的城镇体系，已由传统的以垂直纵向联系为主的城镇等级体系，向扁平化的以纵横交叉联系为主的城镇网络体系演化。但在国内、区内的城市间联系中，处于复合网络节点的不同规模等级的中心城市对其周围地区的发展仍有其不可替代的辐射带动作用。

3.4 城镇化的地域差异性

城镇化总是与一定的地域范围相联系，不同国家和地区的国情和区情存在着很大地域差异。各国、各地区不同的地理环境、历史基础、发展机遇、资源特点、人口密度、经济水平、社会制度、文化传统、政策法规等具体条件均在不同程度上影响着城镇化的进程、水平和结构。各地城镇化的差别和特色是由地域条件的时空差异所决定的。各国、各地区经济和社会发展的不平衡性也会直接反映为城镇化的地域差异性。城镇化过程中的一些共同性规律在不同国家和地区会有不同的表现形式。因而研究制定各国各地区的城镇化战略必须因地制宜，不能忽视地域条件的差异搞统一的发展模式。城镇化的普遍性与城镇化的地域差异性相结合的发展过程，也应看成是一种客观规律的反映。

世界城镇化的进程自进入19世纪以来呈长期持续增长趋势，从1970年代开始，世界城镇化的主流已由发达国家转移到发展中国家。通过表1可从总体上看出：处于不同经济发展水平的国家，在其城镇化进程和水平方面所存在的差异性。

表1 世界不同经济发展水平国家间比较

类别	总人口（百万）		年均增长（%）	城镇人口（万人）		年均增长（%）	城镇人口占总人口比重（%）		年均增长（%）
年份	1990年	2004年		1990年	2004年		1990年	2004年	
全世界	5256.3	6563.0	1.4	2259.9	3091.5	2.2	43	49	0.43
低收入国家	1763.4	2343.0	2.0	454.7	717.1	3.3	26	31	0.36
中收入国家	2589.4	3017.8	1.1	1146.2	1604.3	2.4	44	53	0.64
高收入国家	903.5	1004.2	0.8	659.0	770.1	1.1	75	78	0.21

资料来源：世界银行：《2006年世界发展指标》，中国财政经济出版社，2006年。

其实在经济发展水平相似的国家之间也存在着城镇化的较大差异，例如同为高收入的欧美发达国家，其人口城镇化率虽多数已超过80%，有的甚至高达90%以上，然而在瑞士、荷兰、奥地利、芬兰、爱尔兰等一些欧洲国家至今仍保持在70%以下。其中爱尔兰的人均收入已高于英、德、法等国，而其人口城镇化率却只有60%，处于发达国家的最末位。这说明各国城镇化率的高低，不完全取决定经济发展水平，除了各国对城镇人口统计口径的不同外，还受到农村原有经济文化基础、生活环境质量、城乡联系便捷度以及在快速发展期所处的不同时代背景等多种因素的影响。因而在国家现代化进程中，人口城镇化率的提高，应从各自的实际情况出发，顺其自然，不必去刻意追求。相反，就多数尚处于中低收入水平的发展中国家而言，倒是更应关注如何防止因农村经济破产而导致大量失地农民涌进城市形成巨大城市无业贫民群体的虚假城镇化现象。

中等收入国家的人口城镇化率一般多在40%～65%之间。然而曾在1950～1970年代经历过一段工业繁荣期而后又出现过较长经济萧条期的一些拉美中等收入国家，其人口城镇化率已赶上发达国家，其中阿根廷、智利、巴西、乌拉圭、委内瑞拉等国均已超过80%。在这些人口城镇化率过高的中等收入国家，在城市内居住着大量贫困人口，其城镇化的质量水平必然远低于发达国家。同样，在低收入国家中，也有不少人口城镇化过于超前的国家。在撒哈拉以南的非洲国家，平均人口城镇化率为36%，除南非、加蓬、博茨瓦纳、纳米比亚等少数中等收入国家外，多为年人均国民收入只有几百美元的贫困国家。其中位于大西洋沿岸的毛里塔尼亚、塞内加尔、利比里亚、加纳、尼日利亚、喀麦隆、刚果（布）等西非国家，平均城镇化率均高于45%，有的甚至高达63%（毛里塔尼亚）。这些过去曾长期受殖民掠夺、在口岸形成一系列殖民城市，独立后其人口城镇化率过高的贫困国家，2/3以上的城市人口居住在自发形成的大片贫民区内，所面临的"城市危机"远比拉美国家严重。在亚洲一些农业人口密度较大的发展中国家，人口的城镇化率相对较低。如近年来经济发展较快的印度和越南，其城镇化率均还不到 30%。泰国已早进入中等收入国家行列，而其城镇化率在 2004 年还只达到 36%。中国在 2000 年人口普查时城镇化率为 36%，也低于当时经济发展水平相似的发展中国家。在中、泰、越等国沿海大城市周围，人口密集，原有农业经济基础较好，由内外投资推动的加工企业向城市周围广大农村地区扩散，从而形成大片城不像城、乡不像乡的半城镇化或边缘城镇化（periurbanization）地域。在南亚的印度、孟加拉国等国，大量人口向大城市周围的农村地区集聚，形成城乡居民点交错混杂连绵不断的空间形态。对居住在上述两类地区的人口是否计入城镇人口，会直接影响人口城镇化率的高低。

在世界城镇化进程中，大城市发展较快，呈不断膨胀趋势。世界百万人口以上大城市，在 1900 年还只有 16 个，现已增至 400 多个，其中 75% 在发展中国家。2000 年全球已有 20 个人口规模 1000 万以上的特大都市区，发展中国家占 80%。全球百万人口以上大城市占城镇总人口的比重已由 1980 年的 15% 提高到 2000 年的 35%。但世界大城市的发展也是不平衡的，各国情况有很大差别。除了像新加坡这样国土狭小的城市型国家，全国就是一个大城市外，在已工业化的国家中，大城市在城镇化规模结构中的人口比重已超过 50% 的只有美国、澳大利亚、日本、韩国等少数国家，多数欧洲国家的大城市比重仍在 30% 以下。而且在瑞士、比利时、爱尔兰、挪威等欧洲国家境内至今尚未形成百万人口以上的大城市。当前大城市人口膨胀压力最大的是发展中国家。百万人口以上大城市比重超过 50% 的已有南非、沙特阿拉伯、叙利亚、巴基斯坦、孟加拉国、越南等多个发展中国家。中国、印度、巴西这三个发展中的大国，其大城市比重各在 40% 上下，也均已超过世界的平均水平。随着发展中国家城镇化的进展，其大城市比重将呈继续升高趋势。

表 2　世界特大都市区的人口规模排序

年份	2000 年		1990 年		1980 年	
排序	都市	人口（百万）	排序	都市	人口（百万）	排序	都市	人口（百万）
1	东京	26.4	1	东京	25.1	1	东京	21.9
2	墨西哥城	18.1	2	纽约	16.1	2	纽约	15.6
3	孟买	18.1	3	墨西哥城	15.1	3	墨西哥城	13.9
4	圣保罗	17.8	4	圣保罗	15.1	4	圣保罗	12.5
5	纽约	16.6	5	上海	12.3	5	上海	11.7
6	拉各斯	13.4	6	孟买	12.2	6	大阪	10.0
7	洛杉矶	13.1	7	洛杉矶	11.5	7	布宜诺斯艾利斯	9.9

续表

年份	2000年			1990年			1980年		
排序	都市	人口（百万）	排序	都市	人口（百万）	排序	都市	人口（百万）
8	加尔各答	12.9	8	布宜诺斯艾利斯	11.2	8	洛杉矶	9.5
9	上海	12.9	9	大阪	11.0	9	加尔各答	9.0
10	布宜诺斯艾利斯	12.6	10	加尔各答	10.9	10	北京	9.0
11	达卡	12.3	11	北京	10.8	11	巴黎	8.9
12	卡拉奇	11.8	12	汉城	10.5	12	里约热内卢	8.7
13	德里	11.7	13	里约热内卢	9.7	13	汉城	8.5
14	雅加达	11.0	14	巴黎	9.3	14	莫斯科	8.1
15	大阪	11.0	15	莫斯科	9.0	15	孟买	8.1
16	马尼拉	10.8	16	天津	8.8	16	伦敦	7.7
17	北京	10.8	17	开罗	8.6	17	天津	7.3
18	里约热内卢	10.6	18	德里	8.2	18	开罗	6.9
19	开罗	10.6	19	马尼拉	8.0	19	芝加哥	6.8
20	汉城	9.9	20	卡拉奇	7.9	20	埃森	6.3

注：若按中国2000年人口普查数据（百万），上海为16.7，介于圣保罗与纽约之间居第5位；北京为13.8，介于纽约与拉各斯之间，居第7位；天津为10.0，代替汉城居第20位。

资料来源：United Nations Centre for Human Settlements：The State of the World's Cities，2001.其中，2000年为预测数。

从全球人口集聚规模列于前20位的特大都市区排序变化情况来看（表2）；1980～2000年间，巴黎、汉城、莫斯科、伦敦、芝加哥、埃森等已退出这一行列，纽约由第2位降至第6位，大阪由第6位退至第15位，新进入这一行列的有拉各斯、达卡、卡拉奇、德里、雅加达和马尼拉，孟买则由原第14位跃升至第2位，这些都是亚洲发展中国家新发展起来的特大都市区。虽然在全球化、信息化时代，国际化大都市区最具有竞争力。但是都市区竞争力的大小并不与人口集聚规模的大小呈正相关的必然联系。竞争力主要靠城市的创新力、经济与文化的实力、魅力和活力。只有300多万人口的新加坡，其竞争力明显高于其周围东南亚和南亚各国人口规模超千万的特大都市区。伦敦大都市区的人口规模虽已退居全球前20位之后，但仍然是对全球发展有重大影响力的世界级城市。

由城镇人口不断集聚与扩散引起的城市向大都市区和都市连绵区发展的过程，按发达国家所已经历的实际情况，存在着不同的空间演变模式。一是以单个大城市为核心的由向心集聚到离心扩散的发展模式。多数国家在城镇化早、中期都出现过大城市规模不断膨胀，中心区人口高密度集聚，城市建成区持续呈"大饼"式向外扩展，导致环境恶化、交通拥塞、住房紧张、贫民窟包围富人豪宅区、社会矛盾尖锐、治安问题严重等一系列大城市病。进入城镇化中晚期后，随着城市中产阶层的扩大，私人汽车的增多，环境问题日益受到重视，开始出现城市中心区人口和某些产业向周围近郊区和远郊县离心扩散的郊区化和区域化，逐步形成大都市区。而在其由向心集聚转向离心扩散的过程中，又有美国式的放任自流、高度分散、无序蔓延的扩散（如纽约、洛杉矶）和欧洲式的规划调控、留出隔离绿带、在外围建卫星城（如伦敦）或主要引向沿发展轴城镇带发展的不同空间模式的区别。二是以多个相邻城市为基础的多中心集群式发展模式。例如荷兰由阿姆斯特丹（首都、经济与文化中心）、鹿特丹（港口、贸易、临港工业）、海牙（政府、议会所在地）三市及其相邻城镇组成的环绕"绿心"呈马蹄形的兰斯塔德地区，又如德国西部由埃森、波鸿、多特蒙德、杜伊斯堡等数十个转型的工矿城市集群而成网络状的鲁尔地区，均是在原有众多城镇通过快速交通密切联系的基础上进一步集聚发展起来的多中心组合型的都市连绵区。这种由多中心城市群演变而成的广域城市地区，一般有较好的发展空间，但需通过城市间的竞争逐步改变群龙无首的局面。那些在与全球联系中处于中转枢纽地位的城市，如阿姆斯特丹和埃森等，也已迅速成长为百万人口以上的大城市。

大城市、大都市区、城镇密集区和都市连绵区的发展，都是在城镇化过程中人口和产业向少数核心地区集聚的极化反映。然而，不论是在全球或全国，核心地区毕竟只占相对狭小的地域范围，不可能将所有城镇人口和非农产业都集聚到狭小核心地区，这将会给人类社会的生存环境带来深重的灾难。在促进核心地区以外的广大边缘地区的发展中，中小城市和小城镇的发展仍有其不可替代的重要作用。法、日、韩等国，为缓解人口和产业过度向首都周围地区集聚的压力，都先后开展了全国性的国土规划，以解决过密与过疏的矛盾和协调区域发展为重点，为边缘地区中小城市和小城镇的发展创造良好的投资环境和生活居住环境。至于国土辽阔、资源丰富、人口相对稀少的加拿大和澳大利亚等国，要开发广域分布的国土资源更得主要靠众多中小城市和小城镇发挥作用。

现已成为世界城镇化主流的发展中国家，应在各自的城镇化进程中，认真从已成为城镇化先行者的发达国家吸取经验教训，选择适合本国国情的城镇化道路。中国作为一个正在迅速崛起的对全球有重要影响的发展中大国，更应慎重选择具有自己特色的城镇化道路。而且由于在我国国内各地区之间，在自然环境、区位条件、资源和人口分布、经济文化发展水平、政策影响等诸多方面均存在着巨大差别，使各地区城镇化的动力机制、速度、水平、结构、空间格局及其发展特点和存在问题等也呈现出明显的地域差异性。因而对全国各地区的城镇化，也要从各地的实际出发，强调因地制宜，不追求统一的发展模式。

（本文为中国科学院资助项目 KZCXZ-SW-318"中国城镇化的基研究"部分成果，原载《城市与区域规划研究》2008年第2期。参考文献已删）

中国城镇化进展问题的观察

观察中国城镇化的进展问题，需涉及人口城镇化的速度，城镇化的地区分布与规模结构的变化，以及城镇建设与土地开发等多方面内容。社会上和学术界对这些问题存在着多种不同的认识和议论。现就以下几方面谈些个人的观察体会，以求与关心我国城镇化进展的领导、专家和公众共同探讨。

一、人口城镇化的速度问题

改革开放以来，随着我国经济的迅速发展，城镇化也取得巨大进展。以 2006 年与 1978 年相比，已由人均 GDP200 多美元的低收入国家迈入人均 GDP 超过 2000 美元的中等收入国家行列。同期人口城镇化率由 17.9% 提高到 43.9%。全国总人口由 9.62 亿增到 13.14 亿，增长了 3.52 亿；全国城镇人口由 1.72 亿增至 5.77 亿，增长 4.05 亿；后者超过前者 0.47 亿，大大减轻了农村人口的增长压力。新增城镇人口中吸纳了大量农村富余劳动力，其中包括 1.3 亿～1.5 亿进城半年以上的农民工，对增加农民收入，缓解"三农"问题，起到不可估量的作用。

1. 对城镇化进程是否滞后的评估

随着我国的工业化由初期进入中期发展以来，我国城镇化的进展速度在明显加快。（图 1）

以近三次全国人口普查的城镇化率作比较：1982 年的"三普"数为 20.50%，年末数为 21.13%；1990 年的"四普"数为 26.23%，年末数为 26.41%；2000 年的"五普"数为 36.09%，年末数为 36.25%；据此，1983～1990 年的 8 年间平均每年提高城镇化率 0.66 个百分点，1991～2000 年的 10 年间平均每年提高 0.98 个百分点。考虑到"五普"与"四普"、"三普"的城镇人口统计口径均不相同，借用联合国预测法内推对逐年城镇化率提出理论修正值，则 1990 年为 27.12%，1982 年为 20.95%。据此，1983～1990 年平均提高 0.77 个百分点，1991～2000 年平均提高 0.91 个百分点。按 2005 年全国人口抽样调查统计得出的全国城镇化率为 42.99%，则 2001～2005 的 5 年间平均提高城镇化率 1.38 个百分点，新公布的 2006 年统计的城镇化率为 43.9%，只比 2005 年提高 0.91 个百分点。

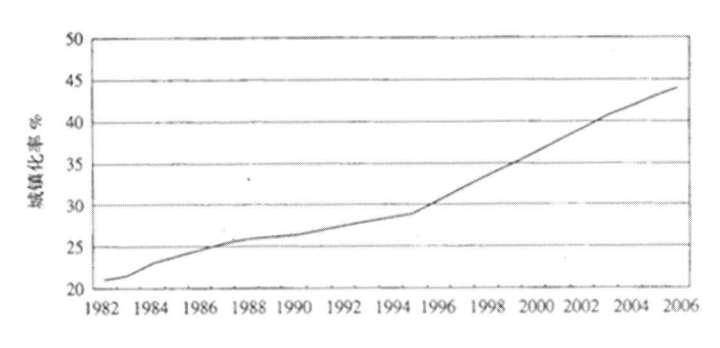

图 1 中国人口城镇化率的增长（1982～2006）

关于中国城镇化的发展速度与经济发展水平和工业化进程相比较，究竟是滞后还是超前，尽管存在不同的评估，笔者仍然认为在 20 世纪 80 年代和 90 年代中期前，我国城镇化的进展明显滞后于经济的发展。主要由于我国曾长期推行重视工业化而忽视城镇化的政策。即使在改革开放后，也曾一度过于强调搞离土不离乡的农村工业化，让大批乡镇企业过度分散于广大农村，使城镇化的进程相对滞后于工业化。对于允许农民工进城也曾采取相当谨慎的渐进式开放政策，直到 1992 年明确以建立社会主义市场经济体制为改革主要方向以后，对农民全面开放的城市劳动力市场才得以逐步形成和发育。因此在评估城镇化进程是否滞后时，不能不考虑上述体制和政策因素的影响。

对如何用具体数据来衡量我国城镇化的滞后或超前，各方所采取的方法多有不同。较多是采取与经济发展水平相似的国家进行城镇化率的横向比较。由于各国的国情和城镇人口的统计口径有较大差别，所以单国之间进行比较意义不大，一般多与发展水平类似国家的多国平均值进行比较。例如有人曾将 1995 年世界各国的人均 GDP 水平和人口城镇化率参照世界银行的分类标准，分成以下几类（表 1），并与中国在 1995 年的人均 GDP 和人口城镇化率进行横向比较，从而得出 20 世纪 90 年代中期中国城镇化水平明显滞后于经济发展水平的结论。

表 1 1995 年世界不同发展水平国家和地区的平均城镇化率

	低收入国家（不包括中国）			中等收入国家		高收入国家	中国
	下低收入	中低收入	上低收入	下中等收入	上中等收入		
人均 GDP（美元）	217.6	362.2	630.3	1670	4260	24923	602
城镇人口比重（%）	22.7	38.2	42.3	56	73	75	29.0(31.5)

资料来源：根据世界银行《1997 年世界发展报告》和国家统计局《中国统计摘要 1998》有关资料整理计算，（　）内是修正值。

为说明城镇化滞后于工业化,有人简单地以城镇化率与全国工业增加值在 GDP 中的比重相比,缺乏科学性。因为在工业化进入中晚期后,工业在国内生产总值中的比重是呈下降趋势的。改以包括工业和服务业在内的非农产业的比重来衡量工业化水平可能比较符合实际。例如我国 2000 年非农产业附加值占 GDP 的比重为 83.6%,人口城镇化率为 36.2%,同期与世界各国相比较,除泰国等少数国家外,很少有非农产业比重已超过 80% 而人口城镇化率尚低于 40% 的。若能以就业结构中的非农产业就业比重与人口城镇化率进行比较,当然更具有直接相关性。但也不能过于简单化,如有人直接以我国 2003 年非农产业就业比重为 50.4%,而人口城镇化率只有 40.5% 为例,来说明我国的城镇化仍严重滞后,就明显缺乏说服力。因为许多发达国家的就业非农化率高出人口城镇化率约 20~30 个百分点,谅不会由此而认为他们的城镇化比我国更滞后。因此笔者建议以人口城镇化率与就业非农化率的相对比例关系进行比较。绝大多数国家的人口城镇化率与就业非农化率之比在 1∶1.1~1∶1.4 之间,在我国的这一比例关系为:1980 年 1.54,1990 年 1.51,2000 年 1.38,2005 年 1.28。这说明在 20 世纪 80~90 年代,城镇化滞后于非农化的差距较大,进入新世纪后,差距在迅速缩小。

2. 对 1996~2005 年人口城镇化率急剧提高的分析

根据国家统计局公布的历年人口城镇化率数据,自 1996 年以来突然出现了每年增高 1.4 个百分点以上的虚高城镇化现象。虽然在战后处于经济高速发展时期的日本和韩国也曾先后出现过城镇化率年均增高 1.5~1.7 个百分点的高增长阶段,但由于我国是一个国土辽阔、人口众多、地区间发展很不平衡的大国,按全国平均值的城镇化率不可能达到像日、韩那样的高增长率。在我国若全国平均城镇化率长期处于年均增高 1.4 个百分点以上,即应属过速城镇化。为此有必要对产生这一现象的原因作如下具体分析。

一为统计因素。由于 2000 年的"五普"和 1990 年的"四普"采取不同的城镇人口统计口径,加以 90 年代新增设了 8000 多个建制镇,将原乡集镇人口统计为城镇人口,致使"五普"的城镇化率在统计口径与统计范围上约高出"四普"4 个多百分点。有关部门将这 4 个多百分点的差值并不是分摊到"四普"与"五普"之间的 10 年,而是集中分摊到 1996~2000 的 5 年内。这就导致前 5 年城镇化率年均只提高 0.53 个百分点,后 5 年的城镇化率年均提高 1.44 个百分点,形成突发性高增长的假象。进入新世纪后继续按此增速推算因而使这一超高速的增长率具有统计上的较大水分。

二为政策因素。"十五"计划开始提出积极推进城镇化战略,在国家文件中首次将城镇化提到应有的战略高度,无疑是历史的进步,调动了各级地方政府对发展城镇的积极性。然而有不少市政府不是把工作重点放在如何为吸纳农民进城创造更多就业岗位,努力改善低收入城镇居民和进城农民工的生活保障、公共服务和居住环境等实质性的城镇化,而是热衷于搞扩大市辖区、扩大城市建设用地规模、扩大城镇人口统计地域范围等表面上的城镇化,忽视了城乡之间的协调发展。中央及时提出了科学发展观。"十一五"规划特别强调要"促进城镇化的健康发展",并已将"积极推进城镇化战略"改为"积极稳妥地推进城镇化战略"。

三为发展因素。中国经济的发展在经历亚洲金融危机时仍然一枝独秀,年增长率始终保持在7%以上。自2001年我国加入WTO后,进出口贸易和外资投入额急剧增长,世界制造业基地在迅速形成,重工业有很大发展,工业化中期的特征已十分明显。近年来经济增长率均超过10%。在经济持续高速增长的情况下,在总体上已进入工业化和城镇化中期发展阶段的中国,城镇化的加速也是不以人的意志为转移的,理所当然地会高于20世纪80～90年代的增幅。

以上说明,在90年代中期前我国的人口城镇化明显滞后于工业化进程,而在其后连续10年出现城镇化率年均增高1.4个百分点以上的数据,确有人为的虚高现象。但同时也应该看到,我国经济社会发展到现阶段,城镇化的适度加速有其客观必然性。

3. 大量农民工进城不存在冒进

有学者根据我国当前的人口城镇化率统计中包含了约1.3亿～1.5亿进城农民工,他们不能享受与当地城镇居民同等的社会保障和公共服务待遇,还不能算真正的城镇人口,并以多数农民工收入水平低、居住环境恶劣为由,说明在我国已出现有些类似于拉美国家的过度城镇化的冒进现象。故而建议将今后全国人口城镇化率的年均增幅控制在0.6～0.7个百分点内,亦即要回到20世纪80年代的增幅水平,对此笔者难以苟同。

首先,将进城居住已超过规定期限("四普"为一年以上,"五普"为半年以上)的农民工计入城镇人口是实事求是、合乎情理的。不能将已主要住在城镇工作和生活,共同为城镇发展作出贡献的人,只因他们尚未摘除农民户籍帽子而不承认其为城镇人口。其实在我国的城镇化人口中包含了大量进城农民工,正体现我国的城镇化具有不同于其他发展中国家的特色。由于我国农村的土地为集体所有,不允许自由买卖,农民除宅基地外还拥有农用土地的承包经营权。所以进城谋生的农民工,多数仍在农村保留其住宅和农地的承包经营权。若在城市找不到工作,无法生活下去时,仍可回到农村去。不像在许多发展中国家那样,因农村经济破产而失去土地的农民流入城市后,很难再回到农村去。在城市找不到工作就只能被迫聚居在贫民窟内,成为艰难度日的城市无业贫民。所以在我国城市内存在大量收入低、居住条件差的农民工与拉美、非洲国家城市贫民窟内存在大量无业贫民有本质的区别,不能将我国进城农民工过多视作过度城镇化。

其次,应该承认我国进城的大量农民工尚处于不稳定的由农民向市民转变的过渡状态,只具有半城镇化性质。其中除了部分农民工仍将回到农村去生活外,需要将越来越多的进城居住的农民工变成常住的正式城镇居民,才算完成由半城镇化到城镇化转变的全过程。按统计公布我国2005年人口城镇化率为43%,城镇人口为5.62亿。其中进城半年以上的农民工（包括其随带子女）若以 1.3 亿估算，约占全国总人口的 10%。亦即在我国 43% 的人口城镇化率中包含了约 10 个百分点的半城镇化人口，按完全意义的名副其实的城镇人口其城镇化率还只有 33%，应该说尚处于很低的水平。我们强调要提高人口城镇化的质量，不仅要着力提高城镇居民中弱势群体的生活质量，更要重视逐步改善进城农民工的生活待遇和居住条件，并使多数进城较久的农民工转变成为正式城镇居民。在市场经济条件下，城乡收入较大差距的客观存在，大量农民进入各类城镇找工作的大趋势是难以阻挡的。加强新农村建设，改善农村的生产和生活条件，有可能在一定时期、一定程度上减缓这一势头。然而随着我国农业生产的进一步现代化，农村富余劳动力的大量增加，要想将我国人口城镇化率的增幅退回到 20 世纪 80 年代的水平是相当困难的。

最后还需要指出，人口城镇化与加强新农村建设是可以相互促进的，全面建设城乡共同富裕的小康社会为其现阶段的共同目标。事实证明，当前在城镇化水平较高的地区，新农村建设的进展也较为顺利；而在城镇化水平较低的欠发达地区，新农村建设的任务就较为艰巨。要改变欠发达地区的农村面貌，除依靠国家投入改善农村基础设施、提高农村社会服务水平外，还要想方设法使当地农民致富。提高农业的产业化水平，发展非农产业和县域经济，减少农村人口，实行就近城镇化和异地城镇化同时并举，均是促使农民迅速致富的重要途径。可以预见，随着全国新农村建设的大规模开展，必将有力地推进农村地区以发展县城和中心镇为重点的城镇化。

主张将我国人口城镇化率年均增幅压低至 0.8 个百分点以下的专家，主要考虑过去多年我国实际每年新增的城镇就业岗位仅在 800 万～1000 万个之间，若将人口城镇化率年均增高 1 个百分点，就业问题将难以解决，其担心不无道理。但笔者已注意到近两年新增城镇就业岗位都已超过 1000 万个。而且今后只要坚持科学发展观，使广大农民和全国人民能真正共享发展成果，必将会强有力地推动国内消费需求的增长，可为城市和农村地区的城镇提供越来越多的非农就业岗位，尤其是服务业的发展更有巨大潜力。所以预计今后我国的城镇化按年均增加 1.0～1.1 个百分点的速度，应属积极稳妥、可持续发展的健康城镇化。

二、城镇化的地区差异问题

在我国辽阔的国土，各地区的地理区位、自然基础、历史文化积淀和经济社会发展水平等存在很大差别，城镇化的地域差异显著。国家在不同发展时期所采取的区域发展政策，也对各地区的城镇化产生重大影响。

1. 城镇化在不同地区的进展

从表 2 可以清楚地看出，自改革开放以来，全国各地区的城镇化虽均有不小进展，但其发展水平和速度却呈现明显的地区差异。早在 20 世纪 70 年代后期，国家为提高宏观经济效益，加速国民经济发展，已开始将投资重点由内地转移到沿海。80 年代初率先对东部沿海地区实行对外开放政策，利用其区位优势，设立经济特区，开放港口城市，建立各种名目的开发区和开放区，以多种优惠政策吸引外资企业，推动东部沿海地区经济的迅猛发展。这种区位优势加区域倾斜政策，导致 20 世纪 80~90 年代我国东、中、西之间地区经济发展的人均 GDP 差距迅速扩大，城镇化水平的地区差距也随之明显拉大。在 80 年代初，西部地区的城镇化率（16.7%）只比东部地区（22.3%）低 5.6 个百分点，而到 2000 年其差距已扩大到 20 个百分点。以东部地区发展最快的广东省与西部地区发展最滞后的贵州省作比较，在 1982 年广东的城镇化率（18.7%）还低于贵州（19.7%），而到 2000 年广东（55%）已高出贵州（23.9%）31 个百分点。

表 2　全国分地区城镇化进展

地区	城镇化率（%）				年均增幅（百分点）		
	三普 1982	四普 1990	五普 2000	抽样调查 2005	1983-1990	1991-2000	2001-2005
全国	21.1	26.4	36.2	43.0	0.66	0.98	1.38
东部地区	22.3	30.1	45.3	52.8	0.98	1.52	1.50
东北地区	41.0	47.6	52.1	55.1	0.83	0.45	0.60
中部地区	16.0	20.2	29.7	36.5	0.52	0.95	1.36
西部地区	16.7	21.0	25.9	32.3	0.54	0.49	1.28

资料来源：新中国 55 年统计资料汇编，中国统计出版社，2005。
中国统计年鉴（2006），中国统计出版社，2006。

在我国东部沿海地区已率先起飞，能带动全国发展的经济实力已日趋强大以后，国家的区域发展政策也开始由区域倾斜逐步转向区域协调发展。实行对外开放优惠政策的城市和地区，从 1992 年就已开始逐步由沿海扩展到内陆广大地域。1997 年中央首次提出"西部大开发"战略，进入新世纪后又先后提出"振兴东北等老工业基地"和"中部崛起"等区域发展战略，开始形成比较全面的区域协调发展的总体框架。在"十五"计划（2001~2005）期间，城镇化水平的地区间相对差距已开始出现不再继续扩大的转折。鉴于我国中西部地区的平均城镇化率均已超过 30%，将逐步进入加速发展期；而东部地区的平均城镇化率已超过 50%，其中广东已超过 60%，京津沪三市则已超过 70%~80%，其增幅势将趋缓；因而面向未来的城镇化，我国东中西之间现存的巨大差距有可能呈逐步缩小趋势。

东北地区辽、吉、黑三省是我国计划经济时期形成的老工业基地，原有的城镇化基础较好。由于大而全的国营老企业较多，体制改革的难度较大，经济发展一度缺乏活力，城镇化率的增幅从20世纪90年代开始一直低于中西部地区。在实施振兴东北老工业基地战略后，加大了对老基地进行体制改革和技术改造的力度，使其在为推进我国工业化提供更多原材料和重型装备方面发挥重要作用，从而促使东北地区城镇化的增幅也开始有所回升。东北地区的人口城镇化率长期高于国内其他地区，其城镇化率2000年为52.1%，高出全国平均值16个百分点，高出东部地区近7个百分点；2005年达55.1%，高出全国平均值12个百分点，高出东部地区已不到3个百分点。预计东部地区将很快超过东北地区。

中部地区除山西省具有与东北地区类似的老工业基地特征外，豫、皖、鄂、湘、赣诸省均为人口密集的重要农业基地。其原有人口城镇化率甚至还低于西部地区的多数省区。改革开放后中部地区的富余农村劳动力流往东部地区务工经商的日益增多。据"五普"调查，2000年中部地区就近跨省东移的农民工约有2000万人，相对降低了中部地区的总人口基数，使人口城镇化率开始超过西部地区。加强新农村建设有可能加速中部农村地区的城镇化进程。提高中部地区的城镇化水平，将对全国城镇化进程产生实质性的重大影响。

西部地区的四川也是农业人口密集的大省，具有与中部地区共同的类型特征。西北干旱高原和青藏高原地区地广人稀，随着某些重要资源的开发，人口城镇化率的提高较为容易。若按分县市统计的人口城镇化率，西部有不少县、市的人口城镇化率远高于东部地区。所以西部广大地区的关键不在于提高人口的城镇化率，而在于提高城镇化的质量水平。在生态脆弱而人口不少的西北黄土高原和西南山区，人口城镇化的难度相对较大，需结合退耕还林还牧和生态建设，合理疏导人口外迁，择优发展县城、中心镇和中心村。

2. 城镇密集地区的演化

一般而言，只有在人口密度较大且又城镇化水平较高的城镇密集地区或城市群地区，才是带动广大地域发展的核心地区。在我国2000年已基本形成的由多个城市和离散市辖区组成的其地域面积超过1万 km^2、城镇人口密度大于350人/km^2、城镇化率高于50%的城镇密集地区，包括珠江三角洲、长江三角洲、京津（冀）、辽中南、山东半岛、闽东南（海峡西岸）、以武汉为中心的江汉地区、以郑州为中心的中原地区，以及成都和重庆地区。以上城镇密集地区的总面积只占全国5.1%，城镇人口却占全国36.2%，GDP占全国46.6%。其中对全国影响最大的珠三角、长三角和京津（冀）三大城镇密集地区在不到全国1.9%的面积内却集中了全国城镇人口的20%和GDP的28%。

以"五普"与"四普"作比较的1991~2000的10年间，同属上述城镇密集地区地域范围的城镇人口合计占全国城镇人口的比重只增加了约0.5个百分点，而其中三大城镇密集地区的城镇人口占全国的比重却上升了近2个百分点。这反映了城镇人口主要向三大城镇密集区集聚的趋势。进入新世纪后，因缺乏分市的城镇人口统计，只能以不完全的流动人口统计来分析人口的转移和集聚趋势。根据公安部提供的资料，2005年全国登记的暂住人口计8673万人（约为全部居住满半年以上流动人口的2/3）。其中70%分布于全国各城镇密集地区，58%集中于三大城镇密集地区，仅珠三角和长三角两个地区就集中了全国一半以上的外来暂住人口，能吸引大量外来暂住人口的地区往往也是最有发展活力的地区。然而过多的外来暂住人口向这些地区集聚，而又迟迟未能将其大部分转化融合为当地的正式城镇居民，应属不可持续的发展。预计今后流动人口继续向珠三角和长三角集聚的势头将会有所放缓。加速其他城镇密集地区的发展，尤其是中西部城镇密集区的进一步培育和壮大，包括现今尚处于分离状态的成都和重庆两个城镇密集区进一步联合发展成为强大的城镇密集带，以及正在兴起的以西安为中心的关中地区和以长沙为中心的长株潭地区等城镇密集区的形成和发育，均将有助于促进我国地区之间的协调发展。某些人口密度不大或主要城市之间相距较远的省区，侧重于发展围绕核心城市的都市区以及有快速通道连接主要城市的重点开发轴，同样可以起到带动周围地区发展的核心地带的作用。

三、城镇化的规模结构问题

改革开放以来，随着城镇化的进展，新涌现的市镇大量增加，全国设市城市由1978年的193个增至1990年的467个和2000年的663个。全国建制镇总数由1978年的2172个增至1990年的11392个（其中县辖建制镇9115个）和2000年的19692个（其中县辖建制镇12111个）。

在我国城镇化进程中，长期重视有关城市的发展规模问题。在计划经济时期，一直强调要控制大城市规模，合理发展中小城市。对小城镇有所偏爱，曾一度提出要积极发展小城镇。事实上，对大城市的发展规模难以进行有效控制，许多特大城市都在继续膨胀；对小城镇的发展则往往只注重数量而忽视质量。在向社会主义市场经济转轨后，控制大城市规模的紧箍咒被解套，大城市有很大发展，甚至出现了城市愈大愈好的误导。许多城市政府把城市尽量做大列为自己的主要发展目标。城市规模结构以"五普"与"四普"作对比，呈现出特大城市向超大城市发展，小城市向大中城市发展的明显趋向。（表3）

1. 特大城市向超大城市发展

市区城镇人口规模超过500万的超大城市，1990年还只有上海、北京、天津3市，至2000年新增了广州、深圳、武汉、重庆4市，使7个超大城市的合计城镇人口规模达5400万，为1990年的2.5倍，其在全国设市城市总计城镇人口中所占比重由7.2%上升至15.9%。超大城市迅速增长，除了这些城市对外来人口集聚确有较大吸引力外，也有行政区调整等重要政策因素。上述城市均通过行政区划的调整，将原市辖或市管的部分县市改为市辖区。除天津市

表 3 全国城市规模结构变化

设市城市人口规模等级（万人）	1990（四普） 个数	%	城镇人口（万人）	占设市城市%	占全部城镇%	2000（五普） 个数	%	城镇人口（万人）	占设市城市%	占全部城镇%
超大城市>500	3	0.7	2143.2	9.3	7.2	7	1.1	5408.1	15.9	11.9
特大城市 300~500	5	1.1	2025.0	8.8	6.9	6	0.9	2286.2	6.7	5.0
100~300	47	10.0	8212.0	35.6	27.7	47	7.1	7628.1	22.4	16.7
大城市 50~100	68	14.6	4635.5	20.1	15.7	90	13.6	6085.4	17.9	13.3
中等城市 20~50	102	21.8	3354.7	14.6	11.3	300	45.2	9605.7	28.2	21.1
小城市<20	242	51.8	2665.1	11.6	9.0	213	32.1	3020.7	8.9	6.6
全部设市城市	467	100	23035.5	100.0	77.8	663	100	34034.2	100.0	74.6
县辖建制镇	9115		6579.0		22.2	12111		11559.8		25.4
全部城镇			29614.5		100.0			45594.0		100.0

资料来源：根据国家统计局四普、五普统计资料整理计算。

新扩的市辖区面积小于原市辖区面积外，其他市新扩的市辖区面积均远大于原市辖区面积，北京、重庆、广州为原市辖区的 1.6~1.8 倍，上海为 3.5 倍，武汉为 4.2 倍。由扩大市辖区范围而增加的城镇人口各在一二百万人以上。紧邻香港的深圳是一个在改革开放后迅速崛起的很特殊的超大城市，原为宝安县境内的一个口岸小镇，1979 年设市时只是一个 10 万人口的小城市。1980 年划出约 400 平方公里的狭小面积设立经济特区后，至 1990 年 "四普" 时特区内城镇人口激增至 86 万，特区外约 1600 平方公里的保安县仍只有 20 万总人口。在 2000 年 "五普" 时，宝安县已被改扩为深圳的两个市辖区，全市城镇人口跃增至 648 万。而至 2005 年仅根据公安部不完全统计，深圳市的外来暂住人口已高达 1035 万人。按现今的深圳规模，已可与上海和北京并列为全国城镇人口超千万的顶尖级城市。

城镇人口规模在 100 万以上的特大城市多为省会或自治区首府城市（西宁、银川、拉萨除外）、计划单列城市（大连、青岛、宁波、厦门等）、工业发达的地级市（东莞、佛山、苏州、无锡、常州、徐州、温州、台州、烟台、洛阳、柳州、吉林、齐齐哈尔等），以及一些重要的工矿城市（鞍山、抚顺、包头、唐山、邯郸、大同、淄博、大庆等）。其中城镇人口规模已超过 300 万的城市按 2000 年的普查数计有沈阳、成都、西安、东莞、南京、哈尔滨 6 市。若按新世纪初调整的行政区划，杭州市区并入了萧山、余杭县级市，佛山市区并入了南海、顺德县级市，则使杭州、佛山二市也已成为城镇人口规模超 300 万的特大城市。某些城镇人口规模已逼近 400 万或 500 万的特大城市在继续向超大城市演进，其中沈阳和东莞已在近年率先跨进超大城市行列。与深圳毗邻的东莞市，不同于一般中心城市的发展轨迹，是一个与深圳相类似的在改革开放后靠利用特殊区位大量吸纳外来打工人员而迅速崛起的超大城市，下辖 31 个建制镇，其中仅虎门镇就有城镇人口 73 万（外来人口 61 万）。

一些具有较强发展活力的特大、超大中心城市，通过行政区划的调整适当扩大市区范围，有利于改善城市发展的空间布局，可在一定程度上缓解由密实的中心市区不断向外摊大饼式扩展膨胀而引起的多种大城市病。然而有些中心城市为了尽量把自己做大，将一些离散于中心市区外围较具发展活力的中小城市也都划入自己的市辖区之下，从而影响了中小城市独立自主发展的积极性。这不是正确的发展方向。特大城市的区域化确为世界发展的共同趋向，但不能把它理解为将核心城市周围地区与核心城市有密切联系的市县都合并成为一个特大、超大城市。我国现行的行政区管辖对城市发展的干预权力过大，应在深化行政管理体制改革的基础上，运用社会主义市场经济机制，着力培育跨行政区的由核心城市与周围城镇共同组成的大都市区、都市圈或城市群。

在当前最具发展活力的特大、超大城市往往也就是集聚外来农民工最多的城市。深圳和东莞外来的暂住人口数超过当地有户籍的常住城镇人口 3 倍。上海、北京、广州三市各有超过 500 万、400 万和 300 万的暂住人口。佛山、杭州、宁波、苏州、无锡、南京、青岛等城市的暂住人口也都在 100 万以上。如此大量集中的进城农民工，为这些特大、超大城市的建设、发展和繁荣作出了不可磨灭的贡献，这些城市也就负有改善农民工待遇的更大责任。在加速劳动密集型产业向内地转移的同时，应为进城工作居住多年的外来"暂住"人口转为当地市民积极创造条件。

2. 大中小城市的不平衡发展

城镇人口在 50 万～100 万之间的大城市，多数为省内地区一级中心城市。只有少数经济发达的县级市如江阴、常熟、义乌、慈溪等已进入大城市行列。在 20 世纪 90 年代大城市的个数虽有增加，但由于超大城市和中等城市两头城镇人口比重急剧上升，使大城市的城镇人口比重相对有所下降。为促进城市的发展，在 1992～1996 年间我国曾出现过撤县改市的高潮，使设市城市由 1991 年的 479 个增至 1996 年的 666 个。为遏制设市过快过猛的势头，国务院于 1997 年开始冻结设市工作，迄今尚未解冻。由于县级市的城镇人口规模不是按中心城区计算，而是按全市所有建制镇城镇人口的总和计算，所以多数县级市已成为城镇人口超过 20 万的中等城市。而且在已设市的县级小城市继续向中等城市发展过程中，长期得不到新设县级小城市的补充，因而就出现了中等城市大量增加而小城市比重不断下降的现象。

自从设市工作停顿以来，某些特大、超大城市为扩大自己的市辖区范围而将一些实力强大的县级市合并为市辖区，致使全国设市城市的个数由 1997 年年初的 668 个减至 2005 年的 661 个。随着城镇化的进展，我国城市的数量应该是越来越多，而不是越来越少。为此，今后除对大城市就近合并县级市的追求趋向进行必要制止外，在研究制订科学规范的设市标准和工作条例的基础上，及早开放设市工作已提到重要日程。全国现已有不少城镇人口集聚规模超过 10 万人的建制镇。其中像温州地区著名的农民城龙港镇已发展成为有 30 多万城镇人口的相当像样的城市，却未能按城市的建制进行管理，是不利于城市的正常发展的。应考虑可在县内设县辖市的模式。

3. 小城镇的战略意义不容忽视

在积极发展小城镇的思想指导下，我国建制镇的个数曾由 1990 年的 11392 个增至 2000 年的 19692 个，其中 7581 个为已设市的市辖建制镇，其城镇人口已计入所在城市，12111 个为尚未设市的县辖建制镇，其城镇人口约占全国 1/4，被单列为小城镇人口。尽管我国镇的建制标准有些偏低，许多镇的镇区规模偏小，非农产业薄弱，基础设施较差，有待进一步改善提高，然而绝不能由此而忽视发展小城镇的重要战略意义。我们必须坚持城乡统筹的科学发展观，要把新农村建设与发展小城镇、推进农村地区城镇化紧密地结合在一起。不能把主要注意力只投向发展少数特大、超大城市，把全国大部分城镇人口都集中到少数特大、超大城市是不可思议的。广大农村地区的人口转移，中小城市和小城镇仍是主要吸纳者，没有广大农村地区的就近城镇化也就不可能实现城乡一体化。事实上在我国现有的许多特大、超大城市地域范围内就包含了众多小城镇和若干中小城市。有不少中小城市是由多个小城镇联合组成的，有些新城市的形成也是在小城镇的基础上发展起来的。因而坚持大中小城市和小城镇的协调发展是完全正确的。

四、城镇化的建设与土地开发问题

城镇化离不开城镇建设。城镇建设是提高城镇化质量水平的一个重要环节。在计划经济年代，由于资金来源不足，我国城镇建设的欠账较多。改革开放后，尤其是允许土地使用权的转让进入市场后，城市土地的迅速增值开始成为城市建设投资的重要财源之一，大大加快了城市建设的进程。（表 4）

表 4　全国城市建设进展

年份	1981	1985	1990	1995	2000	2005
全社会固定资产投资（亿元）	961.0	2543.2	4517.0	20019.3	32917.7	88773.6
城市建设固定资产投资（亿元）	19.5	64.0	121.2	807.6	1890.7	5602.2
城市建成区面积（km²）	7438.0	9386.2	12855.7	19264.2	22439.3	32520.7

续表

年份	1981	1985	1990	1995	2000	2005
人均住宅建筑面积（m²）	7.7	10.0	13.7	16.3	20.3	26.1
人均道路面积（m²）	1.8	1.7	3.1	4.4	6.1	10.9
燃气普及率（%）	11.6	13.0	19.1	34.3	45.4	82.1
污水处理率（%）				19.7	34.3	52.0
人均公共绿地面积（m²）	1.5	1.6	1.8	2.5	3.7	7.9

资料来源：中国城市建设统计年报（2005），中国建筑工业出版社，2006。

应该指出，表4所引的城市建设固定资产投资，只限于狭义的由城市建设部门掌管的直接用于城市基础设施工程和环境建设的投资。广义的城市建设，应包括用于有关城市发展的工业、商贸、金融、文化教育、医疗卫生、住房与社区服务等各项建设，亦即城市全社会固定资产投资的总和。近20多年来，我国城市建设取得辉煌成就举世瞩目。许多城市的面貌发生了日新月异的巨大变化，被公认为我国改革开放所创造的奇迹。

1. 城镇建设用地的过度开发

城镇化的进展和大规模城市建设的开展，不可避免地需要扩大城市建设用地面积。由于我国的土地实行公有制，以往将农村集体所有的土地征用为城市发展所需的国有土地较为容易，而且为征用土地而付给失地农民的补偿又偏低，这就为加快城市建设进程提供了比土地私有制国家有利的条件。可以说，在城镇化和大规模城市建设中，农民为提供廉价的建设用地作出了自己的利益牺牲；而且从事城市建设的劳动大军，又主要靠大量低工资的农民工，因此在我国城市建设的伟大成就中贡献最大的是农民。

现今需要反思的是，许多城市政府热衷于通过扩大规划区的合法途径征用更多农村土地，用以经营开发城市土地，作为推动城市发展和建设的重要手段，致使城镇建设用地扩展过多过快，损害了"三农"利益。

根据国土部门提供的数据，全国城镇和工矿区用地由1996年5.42万平方公里，增至2005年的7.27万平方公里，年均增加2055平方公里。按建设部编制的《全国城镇体系规划》专题研究报告提供的数据，全国城镇建设用地由1991年的2.75万平方公里扩大到2005年的6.78万平方公里，14年内扩大了约4万平方公里，年均扩大2860平方公里。新扩的城镇建设用地60%以上是耕地，且多为优质耕地。这对于像我国这样一个人口最多、耕地特别紧缺的国家来说，所面临的大规模建设占地的形势十分严峻。尽管已早将节约宝贵土地资源列为我国的基本国策，但在以往开发建设的实践中，浪费土地资源的现象仍然相当严重。

20世纪90年代，全国各地的许多城市和县镇，为推进工业化而划出大片土地设立各类开发区，竞相以低地价甚至零地价出让土地招商引资。经国家批准设立的开发区和某些由地方政府兴办的区位条件优越的开发区，引进资金密度大，土地利用集约度高，经济效益显著，确实起到了推动当地经济迅速发展的重要作用。但多数未能实现大量引资的开发区，土地资源的浪费现象十分严重。根据国土部门的统计，到 2004 年 8 月全国共清理出各类开发区 6886 个，规划用地面积达 3.86 万平方公里，其中实际建设占用土地 1.03 万平方公里。在国土资源部的城镇与独立工矿区用地统计项目包含了各类开发区，而在建设部的城镇用地统计项目内未包括开发区。这是由于赋予特殊优惠政策的开发区的规划和建设多自成独立系统，不受城市建设部门管辖，导致出现不同的统计口径。按常理，开发区的建设用地也应纳入城镇建设用地范畴。

在建设部门提供的自 1991 年以来全国新增的城镇建设用地面积中，约有 30% 属于由新设 8000 多个建制镇和扩大设市城市某些市辖区范围而形成的"统计增长"。在净增长的约 2.8 万平方公里的城镇建设用地中，也确实存在着土地资源粗放利用的浪费现象。在"九五"和"十五"期间许多城市热衷于搞新区建设，尽量拉大城市发展的空间框架。城市间竞相以宽马路、大广场、豪华行政办公大楼、大会展中心、大学城、高档别墅区和高尔夫球场等建设攀比城市的气派。有些城市主要致力于新区的大规模拓展，老区的人口过密、交通拥塞和环境压力却未能得到有效缓解，高密度的老区与低密度的新区形成反差鲜明的对照。建筑密度过低的新区因长期形不成人气而影响服务业的正常发展。如果说我国的城镇化存在着冒进现象，那主要指城市新区建设土地开发的过度。这是由某些城市政府不符合科学发展观理念的土地操作与开发商的利益驱动相结合的产物，与进城农民工过多的人口城镇化无直接关联。相反，廉租房和经济适用房供应的不足，房价的不断上涨，为长期进城"暂住"的农民转成当地常住市民设置了更高的门槛。

2. 加强城乡建设用地空间布局的统筹规划

试图以压低人口城镇化率来控制建设用地的增长，似为舍本逐末。因为众所周知，乡村居民点建设的人均占地远高于城镇。据 2005 年的统计，全国城乡建设用地合计为人均 182 平方米，其中乡村建设用地人均 222 平方米，城镇建设用地人均 130 平方米，设市城市建设用地人均 98 平方米，乡村建设人均用地为城镇用地的 1.7 倍和设市城市用地的 2.3 倍。一般而言，城市规模愈大，人口居住愈集中，人均占地也愈小。从长远发展趋势看，人口城镇化水平的提高应有助于土地的集约利用。日本在实现城镇化后，耕地面积不但没有减少，还曾一度有所增加，就是最好的例证。我国当前存在的主要问题是，大量进城的农民工处于候鸟式的城乡两栖居住状态。这种不彻底的人口城镇化，明显增加了扩大建设用地的压力。解决这一问题的根本途径，在于研究建立一套适合我国国情，能使城乡土地流转置换、让多数进城农民由城乡两栖逐步转变成为完全脱离农村土地的城镇居民的合理机制。

当前首先要严格把好征用农地这一关。必须征用的农地应遵循级差地租的法则，给予较高的补偿，并优先安排失地农民转为城镇居民。在城市房地产开发和住房建设中要尽力为城市弱势群体和外来农民工提供所需廉租房和经济适用房。要把节约用地放到突出地位。大力挖掘现有城镇建设用地的潜力，提高城镇土地利用的集约度，规划建设好布局紧凑的城市和小城镇。加强对城镇化空间布局的规划管理和调控。在县域经济较发达的地区，可通过规划逐步引导乡村企业向城镇工业小区集中，过于分散的自然村居民向中心村和小城镇集中，农地承包经营权的有偿转让向少数种田能手或农业开发公司集中。在加强农村土地整理的基础上，就近试行城乡建设用地的公平置换。有重点地建设县城和中心镇，完善城镇基础设施建设，提高社会服务水平，创造更多就业岗位，以增强对周围农民就近集聚的吸引力。在欠发达地区的新农村建设中应尽量不扩占耕地。要特别警惕和防止以加强新农村建设之名掀起又一轮建设用地大量侵占耕地的大潮。

（本文为中国科学院资助项目 KZCXZ-SW-318 "中国城镇化的基础研究"部分成果，原载《中国城市发展报告（2007）》，中国城市出版社，2008。参考文献已删）

控城市区域化 促区域城镇化

【原编者按】本文是我国区域规划和城市规划领域著名学者，中国科学院地理科学与资源研究所研究员、中国城市规划学会顾问胡序威先生，在看过《国家新型城镇化规划》出台前写的一篇文章，表达了胡先生对我国新型城镇化的一些看法，胡先生个人认为政府和学界对城镇化的认识尚存在着一些盲点和误区，不利于城镇化的健康发展。征得胡先生同意，本刊将该文奉献给读者。

在全国城镇化进程中，农村人口向各地区不同规模类型的城镇化转移集聚的区域城镇化，往往与一些大城市不断向周围空间扩张的城市区域化相互交错地起作用。按一般规律，随着城镇化的进展，设市城市应该越来越多，我国的实际情况却与此相反。以城镇人口统计较可靠的最近两次全国人口普查数据作比较，全国人口城镇化率 2000 年为 36.2%，2010 年为 49.7%，平均每年增加 1.35 个百分点。同期，全国已设市的城市数，却由 2000 年的 663 个减至 2010 年的 657 个，这是由于自 1997 年以来，我国的设市工作被长期冻结，有些原已撤县改市的城市却被撤市改区，合并为大城市的市区，致使设市城市数不增反减，而且大城市所占的人口比重明显增大。在全国城镇人口中，100 万人口以上的大城市所占比重由 2000 年的 18.7% 上升至 2010 年的 35.0%。与此同时，城镇人口 50 万以下的中小城市所占比重却由 2000 年的 27.4%，下降至 2010 年的 17.5%；未设市的建制镇人口比重由 46.1% 下降至 36.4%。上述这种发展趋势，显然不符合我国城镇化所倡导的"大中小城市和小城镇协调发展"的要求。

1. 要控制大城市盲目扩张的城市区域化

一些拥有优越区位、优势资源和强大经济、科技、文化基础的大城市，为改善其生存和发展环境，提高其在国际国内市场的竞争力，将其城市功能适当向周围区域空间扩展，是合理和必要的。我国在改革开放前，乃至改革初期，一直坚持"严格控制大城市规模"的方针，实际上却难显成效。随着市场化改革的进展，尤其是供城市建设用地进入市场后，大大加快了城市的建设和发展。2000 年编制的我国"十五"计划，首次将推进我国城镇化列入国家重要发展战略，同时解除了"严格控制大城市规模"的紧箍咒，只强调大中小不同规模城市的协调发展，极大地调动了各级城市政府对发展城市的积极性。当前需要着力防止的是许多城市盲目追求把城市做大，不断向周围区域扩大城市发展空间的城市区域化倾向。

曾有相当一个时期，我国的城镇化，没有把重点放在将进城农民工变为正式城镇居民的人口城镇化，而是放在将农村土地变为城镇建设用地的土地城镇化。城市政府只要能征用大片农村集体所有土地为城市国有土地，即可直接以地生财，或以土地作担保从银行获取大量贷款，为城市建设提供巨额资金，从而使城市面貌迅速改观，以此彰显自己的政绩。所以有不少城市政府，不顾客观条件，盲目追求扩大城市发展空间。由于国家规定，要扩大城市空间，征用更多的农地为建设用地，需以城市规划为依据，因而各级城市政府都很重视规划工作。政府多以市场招标方式，要求规划编制单位为其进行城市规划修编或编制各类空间发展规划，不断拉大城市发展的空间框架，辟建占地面积甚大的新城、新区、各类开发区和休闲旅游区等，将缺乏人气的城市功能区建设向周围广大市辖区域扩展撒开。

进入新世纪以来，我国行政区划的改革广泛实施地市合并，即将地区与省辖地级市合并。本来地区这级行政机构不属一级政权，只作为省的派出机构，代省分片协调管理相关各县市。地市合并，地级市成为可直接管原地区代管各县市的地区级政权，增强了地级中心城市对周围地区各县市资源的掌控能力并为将其所辖的某些县市改为市辖区，扩大其大城市的辖区范围提供了方便。

由上述可见，许多市的区域化或大城市化不是主要由市场决定的，而是由政府行为推动的。应遵循中共十八届三中全会指明的改革方向，切实转变政府的职能，处理好市场与政府的关系，既坚持使市场在资源配置中起决定性作用，又更好发挥政府在制度创建、市场监管、公共服务、社会管理、环境保护、规划管理等方面的职能。由政府负责编制的规划，应力避局部私利的干扰，真正代表社会公众利益，严格按照科学合理的规划，加强对城市发展的空间管理，才能有效控制某些大城市盲目扩张的城市区域化。

2. 发展城市群应能带动农村地区城镇化

城市群是指在一定区域内围绕一个或几个重要核心城市，逐步发育起来的由众多大中小不同规模城市组成的彼此联系紧密的城市群体。将少数特大、超大城市不断向周边摊大饼式的空间扩张，引向在其周围区域发展众多不同规模的独立市并与核心城市保持密切联系的城市群，既可优化城市发展的空间布局，又可显著提高城市群所在地区的整体竞争力。发展城市群应致力于有效控制特大、超大核心城市空间的无序扩张，并促进所在区域内大中小城市与小城镇的协调发展，率先实现区域的城镇化和城乡一体化。

然而把发展城市群作为城镇化宏观布局的主体形态尚有待探讨，可不能把它简单地理解为只要把城市群发展起来了，也就解决了城镇化空间布局的主要问题。城市群的发展，不仅要使其能吸纳较多的农村转移人口进入城市群所在地区就业和生活，而且还应更好地带动和促进其周围广大农村地区的就近城镇化。

城市群所在地区，一般均指全国、大区或省区城镇化水平较高、大中城市相对较发育、城镇人口较密、经济较发达的核心地区。现今学术界对我国城市群的地域划分还缺乏公认的科学界定范围，有较大的任意性。有的将距核心大都市较远、城镇化水平不高、城镇人口密度较低、经济欠发达的城市也都划入城市群的地域范围内，降低了城市群的标准，失去了城市群的原有涵义，混淆了城市群与都市经济圈（区）的概念。应该明确：城市群所在地区多属城镇较密集、以城镇人口为主、经济较发达的核心地区，非城市群地区多属城镇不够发育、农村人口比重较大、经济相对欠发达的外围边缘地区，客观上反映了城市地区与农村地区的差别。

我国东部沿海地区城市群的发育程度已较高，尤其是长三角、珠三角和京津冀（东）三大城市群。在中西部地区加速培育和发展新的城市群对推动内陆地区的发展仍有其积极意义。但同时也必须看到我国的社会经济发展到现阶段，要处理好区域之间的协调发展问题，不仅指东部地区与中西部地区之间的关系，也包括城市群地区与非城市群地区之间的关系。即使同在东部沿海地区，也存在着城市群地区与非城市群地区（如河北大部、鲁西、苏北、闽西等）之间的较大贫富差别。毕竟能形成城市群的地区在全国有人口居住的总面积中只占较小的比重。如果听任城市群地区与非城市群地区之间，城市地区与农村地区之间的贫富差距继续不断扩大，必然会导致社会的不安定，也有悖于建设社会公平、公正、共同富裕的社会主义远大目标。如果在城镇化进程中，将非城市群所在地区广大农村的富余劳动力，均向少数大城市或城市群地区远距离转移集聚，还将会导致深重的生态灾难。因而在积极发展城市群的同时，必须逐步加大城市对农村，城市群地区对周围广大农村地区的反哺力度，发展城市群应能同时着力于带动周围广大农村地区的就近城镇化。

3. 重视县域的部分农村人口就近城镇化

我国人口的城镇化，必须坚持走部分农村人口向大城市、城市群远距离转移的城镇化和部分农村人口向散布于广大农村地区的众多中小城市和小城镇就近转移的城镇化同时并进的道路。在远离城市群的广大农村地区，除发展某些地区级中心城市外，积极发展众多县域内的小城市和中心镇，对加速我国农村地区的城镇化有其重要意义。

县是我国现行的基本行政区域单位，县域是经2000多年历史演变长期形成的便于对广大基层实施行政管理的基本地域单位。有的县域面积或其拥有的人口数比欧洲的某些小国还大。如果在大城市和城市群地区外围的众多县域的农村人口，除在当地发展农业生产外，主要靠远距离外出打工以改善民生，不积极推进县域内的就近城镇化，不将县域内的新农村建设与当地人口的就近城镇化紧密地结合起来，就难以实现全面提高县域内城乡居民生活质量的城乡一体化。从国家对2020年全面建成小康社会的发展目标要求考虑，也有必要加速众多县域人口的就近城镇化。

推进县域人口的就近城镇化，要以发展县域经济为基础。应鼓励大城市、城市群的资金、人才、技术、信息流向广大农村地区的众多县域，改善沟通城乡的各项基础设施，着力提高当地农业生产的现代化和产业化水平，积极发展具有地方特色、对市场有一定竞争力和适应力或承接城市地区产业链延伸扩散的以中小型为主的加工制造业，大力发展为当地生产和生活服务的包括部分现代服务业的第三产业。要倡导通过发展当地产业，创造更多就业岗位，以吸纳一部分农村人口就近进城的真实城镇化；严防通过大量征用土地，大搞城镇建设，驱赶农民进城住楼房，缺乏产业支撑的虚假城镇化。只有在人口真实城镇化基础上发展起来的城镇房地产业，才能成为共同繁荣县域经济的重要产业部门。国家和省级地方政府应不断加大对欠发达地区众多县域的财政转移支付，逐步实现全国基本社会服务的均等化。各县都应拥有医疗卫生水平较高的医院、卫生院，教育质量较优的中小学、幼儿园，以及各种较现代化的社会文化服务设施。大城市、城市群有责任为各县积极培养和输送在医疗卫生、教育、科技、文化和社会服务等各方面的优秀专业人才。能为全县服务共享的设施完善、水平较高的医院、学校、图书馆、博物馆、体育馆、影剧院等一般多设置在人口较集中的县城或中心镇，卫生院、敬老院、幼儿园、小学、文化活动中心等一般性社会服务设施则可在县内城乡社区广泛发展。只要县域内城乡医疗、养老等基本社会保障逐步到位，各项社会服务明显改善，将会吸引众多目前在大城市就业的农民工，因大城市过高的房价和生活成本使其难以在那里定居，愿在挣足钱后回到家乡城镇创业或购房养老。若能允许农村宅基地使用权的有偿流转，可用作城镇购房的投资，并将空心村荒废的宅基地的整理复垦与城镇建设扩大占地面积直接挂钩，将不会因就近城镇化而导致大量农地的流失。

由于各县的发展条件和所处的地理环境存在差异，推进各县的城镇化当然应该因地制宜。尤其是处在生态脆弱地区的县域，对其城镇化的规模和速度应持十分谨慎的态度。要通过生态补给，引导分散在高山陡坡或干旱草原粗放耕作对生态起严重破坏作用的农民，逐步转移到人居环境相对较好的村镇或城镇聚居，为其另谋生路。各县在城镇化进程中必须十分重视对基本农田和生态环境的保护。在统筹城乡建设和生态文明建设的县域规划的指引下，将众多远离大城市和城市群的县域建设成为以产业为依托，城乡融合，既有城市现代服务，又有农村田园风光、山川秀丽、环境宜人的美好家园，将会对长年居住在拥挤大都市的人口产生越来越多的吸引力。所以在县域内着力推进与新农村建设密切配合的部分人口的就近城镇化，不仅可明显提高县内城乡居民的生活质量，还可有效缓解少数特大、超大城市人口规模不断膨胀的巨大压力。

4. 改革行政区划等体制已提到重要日程

要控制城市的区域化和促进区域的城镇化，迫切需要对现行行政区划的设置进行必要的改革。近十多年来已有150多个县市被撤销改为大城市的市辖区，该下决心刹住此风了。对大城市增加和扩展市辖区应制定出严格的控制标准。已在全国普遍实施多年的地（区）市合并，改由地级市直接管辖下属各县（市）的体制，相对地削弱了县（市）级政府的财权和事权，使资源的配置不利于县域的就近城镇化，有必要进行适当的调整。建议基本恢复原有的省管县体制，只是不再恢复原作为省派出机构的地区一级行政机构，将其代省对邻近各县（市）进行分片协调管理的职能仍由相应的地级市政府承担，但对各县（市）的人、财、物及其资源环境无直接管辖支配权。国家和省对欠发达县的财政转移支付和各种政策优惠均应直接下达到县。地区级中心市应受省的委托，负责妥善处理与周围县市共同有关的区域性问题。通过规划协调，密切合作，互补互利，共建共享。

设置新市的工作曾被多年冻结，束缚了小城市的发展。如浙南著名的龙港农民城，已集聚了30多万的城镇人口，至今仍只是苍南县的一个建制镇，使其难以发挥城市应有的功能。如今开放设市需解放思想，选择不同的模式。不能只局限于将整县改为市的撤县设市一种模式。要防止再度出现像上世纪90年代那样各县竞相追逐撤县设市成风，必须显著提高撤县设市的标准。似可考虑只能允许其县城或中心镇城镇人口集聚规模已超过20万或30万，全县人口城镇化率已超过65%或70%的少数县撤县设市。对众多城镇人口规模已超过10万的县城或中心镇，可试行在县内设县辖市的模式。将众多已达到城市规模的县辖建制镇提升为相当于副县级的县辖市，有助于推动全国小城市的大发展。至于县内设市是否有违宪法关于行政区划的规定，可进行专题研究。应该指出，以往所推行的地市合并体制，在省与县之间增加了地区一级政权，也是不符合宪法规定的。在我国已建制的市中，按其功能作用和规模大小的不同，被区分为省级市、副省级市、地级市、县级市等不同等级的城市，亦并非均以宪法为依据。我国现行的宪法曾经历过多次修改，充分反映了改革所取得的成果。若能在行政区划的体制改革中，新增县内设市的模式，不仅可避免有深厚历史渊源的行政区基本单元"县"的不断消失，还可为众多县域小城市的发展松绑，迅速涌现出一大批对繁荣县域城乡经济富有活力的小城市。

当前应加强对城镇化发展空间的规划管理，使城乡人口分布与产业发展布局、资源集约利用、环境治理保护更好地相互协调融合，促其走向可持续发展的道路。为此需在转变政府职能的同时，改革现行规划管理体制，使其能真正成为代表国家和区域城乡社会公众利益对空间进行合理有效管治的政府重要职能。现今多个政府部门分头主持的国土规划、主体功能区规划、区域规划、城乡规划、生态环境规划、土地利用规划等各类空间规划，存在着诸多交叉重复而又各不认可，有必要加强梳理、协调和整合，并通过规划立法给以界定。经综合协调后的各类空间规划最终都应统一落实到县域总体规划的图纸上。

（原载《城市与规划》2014年第1期）

应厘清与城镇化有关的各种地域空间概念

城镇化,是指农村富余劳动力进城从事非农产业,人口由分散的农村向不同类型的城镇转移集聚,城镇建设随之逐步拓展地域空间和改变人居环境,以及城市文明不断向广大乡村传输扩散的进程。因而研究城镇化问题,有必要首先厘清与城镇化有关的城镇、城市、市镇、市区、都市区、都市圈、城市群、城镇密集区、城市地区、农村地区等各种地域空间概念。迄今有些关于城镇化的报道或论文,时而有因对上述地域概念的认识不清而形成对城镇化的误导或误判,有的甚至成为笑料。

1. 城市与城镇

在我国,城市起源于防卫之城与交易之市的结合,为一定地域范围人口聚居相对较集中的活动中心,其后被泛指为人口较密集、工商业较发达的地方。城镇则指城市和集镇的统称。自近代我国开始在行政区划中实行市和镇的建制以来,城镇成为"市"和"镇"的统称,渐渐地把设市(city)的地方称为城市,设镇(town)的地方不列入城市。例如,现今常说全国共有650多个城市,均指已设市城市,包括中央直辖市、副省级市、地级市和县级市,统计全国的城市人口数也只限于设市的城市。许多尚未设市的县城,尽管其人口集聚规模早已超过10万,仍只能够算镇人口;只在全国城镇人口统计中,才包括设市的城市人口和未设市的建制镇人口。国外不严格区分城市和城镇,"Urban Population"既可译为城市人口,也可译为城镇人口,有些居住在"Urban Area"的不足千人的人口也均被计入其内。同理,对从国外引入的"Urbanization"这一术语,既可译为城市化,也可译为城镇化。

早在改革开放初,我国地理界最早论述城市化,指出这是与工业化不可分离的社会发展方向。但由于当时我国的城市发展方针仍强调"严格控制大城市规模,积极发展小城镇","城市化"易被理解为把发展小城镇排除在外,致使这一术语长期未被国家决策层所接受。1982年地理界与城市规划界联合在南京召开全国第一次城镇化问题学术研讨会,将"城市化"这一术语改为"城镇化",即试图说明这一术语既包含发展已设市城市,也包含发展未设市小城镇。2001年公布的《中华人民共和国国民经济与社会发展第十个五年计划纲要》中首次提出:"需不失时机地实施城镇化战略","城镇化"这一术语开始被广泛应用,但仍有人坚持用"城市化"术语。"城市化"可较好地体现社会发展的前进方向,"城镇化"则可与城镇人口的增长和城镇体系的空间演化直接相联系,各有其理。看来对这一术语的不同译法将会长期共存一个时期。但不能将"城市化"片面理解为主要发展大中城市,也不能将"城镇化"片面理解为重点发展小城镇,这都是对"城市化"或"城镇化"本意的扭曲。

2. 市镇与市区镇区

通常所说的市和镇,一般多指其行政区管辖范围的市域和镇域,其内均包含有城镇和乡村的不同地域。不能将市管辖的整个市域范围看成是一个城市。例如2000年将原四川省的重庆市、万州市、涪陵市和黔江地区撤并成立中央直辖的重庆市,曾被有的记者报道成为在我国西部地区新出现一个拥有3000多万人口的超大城市,成为一夜间冒出一个世界级超大城市的国际笑话。还有一些实行地区与市合并后的地级市,热衷于向外推介:我们这个城市拥有几千几百平方公里的土地面积和几百万、上千万的人口,也同样犯了将市域等同于城市的低级错误。其实市域乃是中心市区所在的由市行政管辖的涵盖众多城镇和广大乡村的区域。同样,由建制镇管辖的镇域,仅其中心所在的镇区(街道)为城镇地域,其周围仍属乡村地域。因而不能将市镇的总人口等同于城镇人口。要统计城镇人口,首先需在市域、镇域内划分出城镇和乡村的不同地域范围,只有真正居住在市区、镇区、工矿区、开发区等城镇地域的人口才能统计成为城镇人口。

早先我国设市城市的市辖区范围较小,只涵盖城市建成区及其近郊区,基本上属于具有城市功能地域的市区。近郊区与不断扩张外延的城市建成区犬牙交错,分担了城市的部分功能,当地和外来居民与中心市区保持着密切的通勤联系,享用着城市公用设施,纯农业收入已只占很小比重,尽管有的尚保存村的建制,也理应划入城镇地域。改革开放后,许多市为了把城市做大,不断将市辖区的范围向远郊扩大,甚至将不少原市辖县改为市辖区。因而现今的市辖区多含有大量乡村地域,已不等同于市区。为了加强城乡统筹和缓解城乡矛盾,自20世纪中期开始,将城镇化水平较高的县由市区切块设市模式改为整县撤县设市模式。致使不论是市辖区或县级市均与未设市的县域一样,同时存在着城镇地域和乡村地域,从其中划分出城镇地域范围,是统计城镇居住人口的重要依据。由于我国的行政区划相对比较稳定,而城镇的地域范围却处在动态的不断扩张之中,所以每隔十年进行全国人口普查时,需按统一口径重新审定统计城镇人口的地域范围。为提高其科学性,有必要由统计、民政、城乡建设、公安等管理部门与有关科研单位联合,加强对城镇地域界定的科学研究,制定规范合理的城乡地域划分标准。

3. 都市区与都市圈

日语的都市即城市,日本的都市化即城市化。在我国被称为都市的一般均指大城市,都市化易被理解为大城市化,故在国内大陆很少用"都市化"这一术语。但多数大城市发展到一定阶段，其城市功能区和城市人口不断向周围郊区扩散伸展也是不争的事实。美国的市辖区面积较小，城市的郊区化很快超越市辖区范围，将其冠名为"Metropolitan Area"，可译为都市区，以区别于一般的市区或市辖区。我国的市辖区面积较大，只有当城市的功能区已超越市辖区，扩及周围市辖县，或在其周围已形成众多城镇和卫星城的大都市，我们才称其为大都市区或都市圈。"都市圈"这一概念术语是从日本引进的。日本的城市、产业和人口高度集聚在东京、京阪神和名古屋三大都市圈。

都市圈与都市区的区别，除了前者的地域范围大于后者可包含多个都市区外，还在于都市圈的界线不十分明确，且常处于动态变化之中。但也不能把都市圈的范围任意扩大。在城镇化进程中所形成的都市圈地域概念，主要指以大都市为核心的城镇化水平较高、城镇人口较密集的地区。现今有些大城市搞都市圈规划，将许多离都市中心较远，城镇化水平和城镇人口密度较低的县市，也都划入都市圈内，显然有名实不符之嫌。若考虑这些县市与中心都市有较紧密的经济联系，还不如称其为"都市经济区"或"都市经济圈"更为合适。当前国内同时存在着"城市圈"（如武汉）和"都市圈"（如哈尔滨）两个地域术语概念。其实二者的基本内涵完全相同。若仅从字面上理解，前者更关注都市外圈形成的城市，后者则强调外圈城市形成的内核为大都市。

4. 城市群与城镇密集区

从优化城市发展的空间布局形态看，为防止少数大都市不断摊大饼式空间扩张导致中心市区的过度膨胀，除在其外圈发展卫星城和中小城市外，还应尽早引导城市沿主要交通轴线发展，形成互有间隔、各自相对独立而又保持密切联系的城市带，同时在纵横交错的便捷交通网的基础上，进一步向网络型的城市群发展。城市群是指由多中心的不同规模和类型城市组成的内在联系紧密的众多城市在空间集聚的地域，其英译名为"Urban Agglomeration"。城市群是城镇化在发达地区较好的空间布局形态。

自从城市地理学者姚士谋等撰著的《中国的城市群》一书出版以来，"城市群"这一概念已被政府部门和学术界广泛应用。《国家新型城镇化规划》提出："以城市群为主体形态，推动大中小城市和小城镇协调发展。"无疑，在城镇化早中期，发展城市群比单体发展少数特大、超大城市可提供较好的经济效益和生态效益，增强其所在地区的综合竞争力。当前存在的主要问题是由于对城市群的界定还缺乏公认的定性与定量相结合的科学依据，因而对城市群的划分存在较大任意性。城市群所在地区应同时是城镇化水平较高、城镇人口密度较大的城镇密集区。胡序威、周一星等提出的"城镇密集地区"概念内涵应与"城市群"基本相似。只是前者侧重于地区，后者侧重于城市。城市群是经长期历史过程逐步发育而成的。长江三角洲和珠江三角洲是我国东部沿海发展较成熟的城市群。京津冀地区还没有形成大范围的城市群，因京津两大都市过于突出，与其邻近的河北省境内的城市群还不够发育，故也有将其称之为京津唐保城市群或京津都市圈的。城市群按其辐射扩散影响范围的大小可分为全国性、跨省性和省内性的不同层次，按其发育程度可分为已形成、正在形成和通过规划将促使其形成等不同类型。例如成渝地区，目前已形成成都和重庆两大都市圈，而其中间地带从城镇化水平和城镇人口密度来看，仍未形成城镇密集的城市群。但通过规划引导发展，可加速成渝地区这一我国西部最大城市群的形成。一般只有在区位与资源环境条件优越、经济发展基础较好、人口较密集的地区，才有可能在城镇化的有利机遇期培育发展成为空间布局优化的城市群。城市群和都市圈均属城镇密集地区。有些省区硬将彼此相距遥远，间隔有众多发展条件欠优、城镇化水平较低的农业县或人口稀少牧区草原的城市，捆绑在一起规划为城市群，显然有背城市群的真实涵义，失去了规划的科学意义。

5. 城市地区与农村地区

城市群与都市圈所在地区，在城市区域化和区域城市化的共同作用下，有的可能进一步发展成为高度城市化的城乡高度融合的城市地区（Urban Region）。一般而言，城市地区或城市群、都市圈所在地区，均为国内或省内城镇人口较密集、经济较发达的核心地区，远离这些核心地区的外围边缘地区，则多为城镇化水平较低的欠发达的农村地区（Rural Region）。改革开放以来，我国经济社会发展在地区间、城乡间的不平衡，突出地表现在东部沿海城市群所在的核心地区与中西部远离城市群和都市圈的边缘农村地区之间贫富差距的明显扩大。我国的城镇化发展到现阶段，已不能再过于追求效率，应更多关注社会的公平。要使全国公民都能共享城镇化的发展成果。

应该看到，我国现有的城市群、都市圈和城市地区的发展，为吸纳大量农民工进城就业，相应地改善农村地区的经济状况，已做出了重要贡献。然而要使已进城多年的农民工变成真正的市民，在住房、教育、医疗、养老等诸多方面享有与原市民同等的待遇，尚需为此做出巨大努力。今后在中西部地区进一步发展新的城市群和都市圈，还可吸纳较多的农村人口进城就业。但在我国这样一个国土辽阔，拥有13亿多人口，生态与地理环境极其复杂多样的大国，具备发展成为区位条件优越、经济发达、城镇人口密集的城市群或都市圈所在地区的地域范围，毕竟只占全国国土面积的较小比重。将全国城镇化进程尚需进城的近3亿农民都往少数城市群、都市圈所在地区集中是不可思议的，不仅需付出巨大的社会成本，而且会导致深重的生态灾难。因而应在继续优化和发展城市群的同时，着力加速广大农村地区部分人口的就近城镇化。应在农村地区精心培育市场导向的地区级中心城市，并在积极发展农村地区县域经济的基础上，加速县域内中小城市和重点小城镇的发展。

要健全城市反哺农村，都市圈、城市群、城市地区反哺农村地区的政策机制。鼓励高度城市化地区的资金、技术、人才、信息向广大农村地区扩散和流通，帮助农村地区发展现代化农业，有特色、有市场潜力或吸纳大城市资金技术扩散的某些加工产业，以及各种为当地生产和生活服务的第三产业。鼓励进大都市就业的部分农民工在挣钱积攒后回到家乡城镇创业或购房养老。国家和省市在基础设施、生态、文化建设方面的投资及教育、医疗、养老等基本公共服务资源的分配上，应适当加大向农村地区倾斜的力度。只有将新农村建设与农村地区的产业化和部分农村人口的就近城镇化紧密地结合在一起，才能使较贫困的农村地区尽快富起来，可以更有效地扩大国内市场的需求，更有力地保证在全国各地全面建成小康社会，加速实现城乡一体化。

（原载《城市发展研究》2014年第11期）

发展城市群应推动全国城镇化的健康发展

发展城市群应首先厘清有关城市群的各种地域概念。发展城市群是一个很重要的问题。目前，多方面都在研究这个问题。首先应弄清城市群这个概念。什么叫城市群？我认为在城市化水平较高、城镇人口较密集、有众多相互联系紧密的不同规模的城市集聚在一起的，就可以称之为城市群。城市群所在地区往往也就是经济较发达的核心地区，对周围地区的发展有强大的辐射和带动作用。我就是这样来理解的。城市群的概念与我们早先提出的城镇密集地区的概念基本相似。只是城镇密集地区主要指地区，城市群主要指城市，城市群所在地区也均为城镇分布较密集的地区。都市圈的概念也与城市群的概念有些类似。日本的三大都市圈也就是我国的城市群，德国鲁尔地区的城市群也有被译为都市圈的。只是在我国倾向于将多个中小城市围绕一个大都市发展的称其为都市圈（或城市圈），由多个都市和大中小城市组成的才称其为城市群。但不论是都市圈和城市群，都应是城镇人口分布较密集的核心地区。我很同意将我国现今通用的城市群这一术语译成 Urban Agglomeration，即城市的集聚。当前有些人因对城市群概念的不同理解，把城市群的地域范围任意扩大，把许多散布在欠发达的农村地区的城市，甚至将间隔有辽阔草原牧场的城市也划进城市群内，致使城市群失去了原有的意义。像这样任意拉郎配的城市群，难以发挥核心地区的合力作用，难以向外有效带动周围地区的发展。我们不能将作为核心地区的城市群或都市圈的地域概念与受其向外辐射影响的都市经济圈或都市经济区的地域概念二者完全混淆。

城市群存在着不同层次类型和发展阶段。城市群按其辐射影响力可分为全国性的和区域性的不同层次类型，按其所处发展阶段可分为发育成熟型、正在发育型和通过规划引导促其形成型。我国东部沿海地区城市群发展较早，长三角、珠三角和京津地区均已成为对全国有很大辐射影响力的核心地区。其中珠三角、长三角的城市群，发育已较成熟，京津冀尚未形成城市群，只突出了京津两大都市圈。现在正加强京津冀的一体化发展，促使河北省的大部分城市也进入京津城市群。还有辽中南、山东半岛、海峡西岸等沿海城市群，只具有区域性的核心辐射作用。东部城市群发育已较成熟的地区，人口不宜继续向这些地区集聚，区内应加速实现城乡一体化。随着产业结构的升级换代，有些产业和生产要素需向外围地区转移扩散。中西部地区的城市群多处于正在发育或促其形成阶段，集聚仍是主要趋势，但同时也包含某些生产要素由大都市向周围中小城市的扩散。规划中的长江中游城市群将由武汉都市圈、长株潭城市群和环鄱阳湖城市群三片联合而成,能否最终形成或何时形成,尚有待观察和研究。同样,长江上游成渝地区城市群,现仅形成重庆和成都两大都市圈,要将两大都市圈联成庞大的城市群尚需经历较长时期的发展。有些省内的核心地区,可能只宜发展成为都市圈,难以形成城市群。

不宜将发展城市群作为全国城镇化的主体形态。在具有区位和资源优势、人口较密集、经济较发达的核心地区,发展城市群的空间布局形态,确实比单一特大、超大城市不断摊大饼式向外空间扩张,或围绕大都市发展若干小城市形成众星拱月的都市圈,无论在经济、生态还是社会效益方面,明显都要优越得多。发展城市群应体现有众多大中小不同规模的城市相互紧密联系,协调发展。对当前出现的城市群内某些中心城市为把城市做大将周边的县市合并成为自己的市辖区的现象需严加控制。尽管发展城市群是城镇化的一种较优的空间布局形态,但在我国具备发展城市群条件的地域面积毕竟只占全国国土面积较小比重,在城市群外围广大欠发达的农村地区的城镇化,将是以中小城市为主的城镇网络体系为城镇化的主体形态,不具备发展城市群的条件。

发展城市群应有力地推动全国城镇化的发展。发展城市群可以大范围吸纳农村富余劳动力进城就业,变农民为市民,对推进全国的城镇化确能起到重要作用。但是我们不能只重视发展城市群,而忽略城市群外围广大农村地区的就近城镇化。当前我国的大都市和城市群所在地区与其外围边缘广大农村地区的贫富差距悬殊,大都市和城市群的就业机会和社会服务水平对各地的农民有巨大吸引力。如果在全国城镇化进程中需要转变为城镇人口的几亿农民都往少数大都市和城市群转移集聚,将会导致严重的生态灾难和社会困境。我国的城镇化必须兼顾经济效率、生态效应和社会公平,要使城镇化的成果为全国广大人民所共享。因此必须在积极发展城市群的同时,密切关注其外围广大农村地区的发展。要鼓励城市群大量积累的资金、技术、人才、信息等各种生产要素有一部分不断向外围广大农村地区辐射和扩散。着力发展城市群外围广大农村地区的县域经济,发展现代化农业和有市场的特色产业,大力发展为当地生产和生活服务的第三产业,尤其是能体现社会公平的现代化社会服务业。要为当地农民提供大量非农就业岗位,以促进农村地区部分农业人口的就近城镇化。在农村地区涌现出大批有活力的中小城市和小城镇,可有效缓解过多农村人口向大都市和城市群集聚的巨大压力。只有把新农村建设与农村地区部分农业人口的就近城镇化紧密地结合起来,才能在全国全面建成小康社会,并使广大农村地区也能最终实现显著缩小城乡差距的城乡一体化。

(原载方创琳主编《中国城市群选择与培育的新探索》,科学出版社,2015)

地理所为何一度由中科院和国家计委共同领导

我国存在着发展规划和空间规划两大系列，空间规划需以发展规划为依据，与发展规划密切相关的各项开发建设和环境整治，需通过空间规划使其较好落实，二者相辅相成。新中国成立以来，国家长期重视发展规划，对空间规划的必要性曾认识不足。在空间规划系列中，比较重视城市规划，相对忽视国土与区域规划，随形势变化而兴衰。从科学发展观审视，要实现可持续发展，进行各项建设，尤其是生态文明建设，必须落实到地域空间，国土与区域规划是空间规划系列中不可缺少的环节。作者通过几十年参与区域规划、国土规划的经历，谈些自己的切身感受。

早期参与区域规划研究

新中国成立后，经过三年国民经济恢复，于1952年成立国家计划委员会，开始着手编制国民经济发展第一个五年计划（1953—1957）。与此同时，在建筑工程部下设的城市建设主管部门的组织推动下，城市规划工作也开始在某些城市启动。随着苏联援助的156项重点建设项目大规模建设的开展，国务院在1956年5月作出"关于加强新工业区和新工业城市建设工作几个问题的决定"，提出"要积极开展区域规划"，指明"区域规划就是在将要开辟为新工业区和将要建设新工业城市的地区，根据当地的自然条件、经济条件和国民经济的长远发展计划，对工业、动力、交通运输、邮电设施、水利、农业、林业、居民点、建筑基地等建设和各项工程设施，进行全面规划。"由新成立的国家基本建设委员会统一管理区域规划与城市规划工作。当时承担区域规划与城市规划具体业务的多为建筑科学和工程技术科学方面的专业力量。

我自1953年从中国人民大学经济地理教研室调到中国科学院地理研究所工作后，曾多年参与由竺可桢、孙敬之领导的《中华地理志》区域经济地理的调查和编写。深感经济地理科学要发展，不能只停留在对区域经济地理现状的分析和描述，应积极争取参加能改变区域经济地理面貌的区域规划实践。1958年地理所成立了以吴传钧为室主任的经济地理研究室，其下设立了一个由我负责的以区域规划为主要研究方向的专业组。我们主动与区域规划的管理部门及有关科研单位联系沟通，1959年分头参与了由建筑科学院组织领导的重庆、徐州等地区的区域规划。通过初步的规划实践，增强了以自己的经济地理专业为区域规划研究作贡献的信心。1960年在辽宁朝阳市召开的全国区域规划经验交流会上，我代表地理学界的发言，着重介绍了经济地理学在区域规划中可发挥那些方面应有的作用，增进了建设部门对地理科学的了解。

由于盲目大跃进而出现三年困难期后，大量基本建设项目下马。1961年国家建委被撤销，城市建设改由国家计委领导，提出"三年不搞规划"。1965年将城市建设和城市规划重新划给已恢复的国家建委领导。不久即因发生文革动乱而使城市规划全面陷于停顿。直至1973年后，城市规划才开始在某些城市逐步恢复，但与城市规划相关联的区域规划，自1961年以来却长期处于消失状态。

在我国已多年不搞区域规划的情况下，中科院地理所的经济地理研究队伍仍坚信区域规划研究对我国经济建设具有重要意义。在"文革"前和1973年后，曾先后在华北、西南以及鲁西南、淄博与胜利油田、两淮、冀东、辽中南等地区开展工业基地生产力综合布局的调查研究，为区域规划研究打下较好的技术经济专业基础。1976年夏，我们正在唐山市进行调查研究期间，发生了空前灾难的唐山大地震。我们在侥幸脱险后，辗转绕道回到了北京。震后不久，当时国家建委城市建设局的负责人曹洪涛受命立即组织各方面力量，着手对唐山市震后重建规划进行研究和编制。他知道我们地理所在地震前曾对冀东地区进行过较详细的区域调查研究，所以特邀请我们自备车辆自带帐篷赶到唐山机场，与城市规划界的吴良镛、周干峙等名家和规划专业队伍共同参加唐山市震后重建规划，要我们侧重在唐山市今后发展的区域分析方面发挥作用。1980年，我们还为周干峙主持的震后修编的《天津市总体规划》提供了"天津市经济发展条件的区域分析"研究成果。

改革开放后，城市规划在全国各地广泛开展，对城市规划专业人才的需求迅速增大。除由原建筑、工程院系培养外，北京大学、南京大学、中山大学等高校的经济地理专业也多转向以培养城市规划人才为主要方面。中科院地理所则仍坚持经济地理的主要研究力量侧重于区域综合研究方向。研究城市规划不能只是就城市论城市，最好能与城市相关区域的规划研究相结合，或在区域综合分析研究的基础上为城市发展和布局的合理定位提供依据。这几乎已成为城市规划界的广泛共识。所以城市规划管理部门都很支持地理界开展区域规划研究。在城乡建设部城市规划司内设有区域规划处，试图通过编制市域或省域的城镇体系规划以顶替区域规划的作用。

一度融入国土规划高潮

1981年4月，中共中央书记处作出搞好我国国土整治工作的决定。同年9月，国家建委举办了有各省、市、自治区建委和国务院有关部门负责人和专家80余人参加的国土整治研究班，请于光远、钱正英、何康等领导同志作报告，还请了一些专家讲课。地理所孙惠南、吴传钧和我分别进行了"中国自然地理概况"、"因地制宜 整治国土"、"国土规划与区域规划"的讲课。国家建委主任韩光、副主任吕克白以及负责筹建国土局的徐青等听课后对所讲内容很感兴趣。研究班结束后不久，国务院批准了国家建委"关于开展国土整治工作的报告"。国家建委把国土开发整治作为首要任务，下设职能机构国土局也于11月正式成立。在国土管理工作开展之初，韩光主任主持听取吴传钧副所长关于地理所可以为国土开发整治做些什么工作的汇报，韩光听后表示：看来国土工作与地理研究的关系最为密切。

1982年春，万里副总理在中南海召开会议，讨论国土管理机构设置问题。吴传钧和我也以专家身份参加了这次会议，并发了言。吴先生介绍了世界上一些主要国家的国土管理机构设置情况，建议成立部级机构。我建议将国家建委改为国土建设委员会，以国土开发建设的综合协调和空间管理为主要职能。万里同志当时没有表态，但事后表明我们的建议没有被采纳。不久国家建委与国家计委合并，原国家建委主管的国土工作业务及其机构归国家计委主管。原国家建委副主任吕克白转为国家计委副主任后继续分管国土工作，徐青任国家计委委员、国土局局长。

国家计委进一步明确国土工作以国土规划为重点。搞好国土开发、利用、治理和保护的综合规划，使经济发展与人口、资源、环境在地域空间相互协调，是搞好国土管理的必要前提。负责国土规划具体组织和推动工作的国土局领导，考虑到国土规划是具有战略性、综合性和地域性特点的重要的基础性工作，需要有扎实的研究工作为支撑。国土局在初期推动某些省区国土规划试点工作中，有关国土规划立项、审议、汇报、经验交流等各种活动一般都邀请我参加。徐青局长也经常就开展国土规划问题征询我的意见。国土局主抓京津唐地区国土规划的试点工作，先从组织课题研究入手：将京津唐地区的人口、城镇、工业、交通、农业、水利、能源、环境等8项专题研究，分别委托在京著名的相应专业研究机构承担，而将"京津唐地区国土开发整治的综合研究"课题交由中科院地理所承担。为此地理所成立了由我具体负责的综合课题组。从1982年3月立项，经历两年多的调查研究、分析论证和规划构想，以及与各项专题研究的多次交流和反复协调，于1984年6月提交最终研究成果的正式报告。该项研究成果针对京津唐地区的特点和问题，就规划目标、开发方向、建设布局和分区整治方案等所提出的各种建议和战略设想，获得国家计委及有关省市和部门的认可和好评（其后曾获中国科学院科技进步二等奖和国家科技进步奖三等奖）。通过此项研究实践表明，地理科学尤其是经济地理专业，可以在国土和区域的综合研究中发挥应有的作用，从而进一步取得了国家计委对地理所的信任。

1985年3月国务院批准国家计委"关于编制全国国土总体规划纲要的报告"。国务委员、国家计委主任宋平对此进行工作部署，成立全国国土规划办公室，由吕克白主持办公室业务，新任国家计委副主任徐青分管此项工作，国土局局长陈鹄兼规划办公室副主任，副局长方磊兼规划办公室综合组组长。地理所应邀指派我、陆大道（经济地理）、郑度（自然地理）、王景华（环境）、任鸿遵（水资源）5人参与综合组的工作。

1985年8月28日至9月14日，吕克白、徐青在怀柔主持讨论修改由综合组起草的《国土规划纲要》初稿，我和陆大道作为地理所参与《纲要》起草的执笔人参加了这次讨论的全过程。此后，又在唐山参与由陈鹄主持修改完成的《纲要》征求意见稿。1986年6月，根据有关部门返回意见对《纲要》进行修改后向宋平汇报。他指定计委政策研究室主任刘洪负责进一步文字加工，由方磊、利广安和我3人协助定稿。1986年9月初完成了提交全国会议讨论的《纲要》讨论稿。9月中旬国家计委在京召开由宋平主持的"全国国土总体规划纲要"讨论会。谷牧、宋健和有关中央部委和省市的领导人员出席会议，一些经济学家、地理学家、生态学家等也应邀到会参加讨论。会议肯定了《纲要》的基本内容，也提出了一些有待进一步完善的建议。

与此同时，许多省区陆续开展了按行政区或经济区的地区性国土规划。国土规划领导同意我的观点：地区性国土规划也就是区域规划，只是较以往的区域规划更强调资源的合理开发利用和环境的有效治理保护。将城市规划部门主导的区域城镇体系规划也纳入地区国土规划，由建设部和国家计委共同对城市规划司实行双重领导。全国各地有不少地理研究力量也投入地区性国土规则。在全国出现了国土规划高潮。

国家计委深感开展国土规划需要有从属于自己的研究机构作依托。早在1984年8月，徐青就与地理所领导联系，探讨由中科院和国家计委共同对地理所实行双重领导的可能性。1985年11月3日，宋平带领国家计委的陈光、甘子玉、刘中一、吕克白等多位领导人到地理所参观访问，对地理所的情况进行全面了解。1986年3月26日由中国科学院和国家计委共同签发了关于对地理所实行双重领导的通知。《通知》规定：双重领导以中国科学院为主，地理所作为全国性的地理科学研究机构性质不变，同时又作为国家计委的一个研究咨询机构；国家计委根据社会经济发展和国土整治的需要，在国土资源开发、地区开发、生产力布局、国土规划等方面直接向地理所布置下达有关研究咨询任务，可根据实际情况给予经费等必要的支持；实行双重领导后，地理所可比照国家计委所属职能局待遇，参加计委召开的与上述领域有关的业务会议，阅读有关的业务文件、资料；地理所应积极向计委反映情况，提出建议和可行性方案。实践证明，地理所实行双重领导后，改善了研究工作条件，扩大了对外的影响。受其影响，河南地理所和河北地理所也相继实行了省科院和省计委的双重领导。

遗憾的是，随着1987年宋平和徐青等调离国家计委后，几经修改的"全国国土总体规划纲要"上报国务院后一直未见批复，后来只作为国家计委系统内部参照执行的文件下发。许多省区编制的国土规划报送国家计委后也均被束之高阁。对国土的规划管理无相应法规作依据。1988年国家计委成立了国土规划研究所，与地理所的关系渐趋弱化。1991年国土局与地区经济局合并，国土所名称也作相应调整，工作重点由国土规划转向地区经济发展研究。国家计委经过几次机构调整，地理所已不再被列入其所属机构名单，双重领导名存实亡。1996年国家计委给中科院再次来函要求取消双重领导，1997年2月中科院复函正式同意国家计委不再实行双重领导。1998年国家机构调整后，国家计委改为发展计划委员会，主要抓经济与社会发展规划，将国土规划的职能转交给新成立的国土资源部。

加强国土空间的规划管控

我一直认为国土是指国家主权管辖范围的地域空间，不同意将国土只狭义地理解为国家主权管辖范围的自然资源，即国土资源。构成国土空间的各种自然和人工的物质要素既是资源也是环境，国土规划不是资源规划，而是综合性很强的空间规划。其主要功能目标应是搞好经济社会发展在不同地域空间与人口、资源、环境的综合协调，使其具有可持续性。全国、区域、城乡等不同层次地域范围经综合协调后的空间规划，最终都要落实到土地利用规划。

进入新世纪后，国内已兴起新一轮空间规划高潮。国家"十五"计划首次提出"积极推进城镇化战略"，极大地调动了城市政府发展城市的积极性。许多城市都提出要把城市做大做强的发展目标，要求不断修编和更新的城市规划，为不断扩大城市发展空间，让大量农业用地转为城市建设用地服务，导致严重的空间失控和土地资源的巨大浪费。今后除深化政府职能和规划体制的改革，将城市规划的重点由扩大空间转向优化空间外，还应加强国土与区域规划对城镇化和城乡建设的空间管控。当前建设部门、国土资源部门和发改委系统都在以不同名目开展全国性和区域性的空间规划，互有重复，各不认账，且均无立法依据，难以对空间进行有效管控。亟须对此进行统一规范管理，并建立相应的规划法。

要加强对国土空间的规划管控，应把县域规划提到重要日程。县是我国行政区划的基本单元，有些县域面积比欧洲小国还大。我国要在2020年全面建成小康社会，必须重视发展县域经济，推进县域农村人口的城镇化。当前在广大县域内所面临的与发展有关的土地、人口、资源、环境等问题十分突出。急需通过县域规划加强对县域空间和土地的规划管控。县域总体规划应将全县的经济社会发展规划、城乡规划和土地利用规划经综合协调后落实到统一的空间规划图纸，对县域空间和土地进行切实有效的管理。

（原载《中国经济导报》2012年12月20日）

着力健全规划协调机制

中国的经济体制已由改革开放前僵化的计划经济转变成为有较强活力的社会主义市场经济，具有市场竞争驱动与规划引导调控相结合的明显特色。经过近几个五年规划的发展，我国的经济社会面貌发生了翻天覆地的变化，其发展速度远超过众多自由市场经济国家。针对以往发展过程中存在的问题和不足，新近中共中央提出的关于制定"十二五"规划的建议，其发展方向和规划目标更突出科学发展、全面协调发展和可持续发展的战略指导思想。要以转变经济发展方式为主线，更加注重结构调整、技术创新、扩大内需、改善民生、城乡和区域协调发展、建设资源节约型和环境友好型社会。制定好科学发展规划，可为政府改善面向未来的宏观经济调控和社会管理提供重要依据。

规划的主要功能在于围绕已明确的规划目标，搞好各方面利益关系的综合协调。包括长远利益与近期利益的协调，国家整体利益与地方局部利益的协调，相关各部门之间的利益协调，不同社会群体之间的利益协调。由政府编制的各类规划，都应尽可能代表公共利益。由国家编制的总体规划，必须代表全国最广大人民群众的根本利益。制定好贯彻科学发展观的总体规划，还应搞好以下几方面的协调。

首先，要搞好经济发展与社会发展的协调。包括经济增长效率与社会公平和谐的协调，经济建设与社会文化建设的协调。在现阶段尤其要搞好工业化与城镇化的协调，二者应相辅相成，共同促进。工业化不仅要关注产业结构的提升，不断提高产业的科技含量、经济效益和现代化水平；同时还应重视为吸引大量农村富余劳动力进城创造越来越多的就业岗位，并为其提供住房、交通以及教育、医疗等各项社会服务。城镇化的重点，不是将农村土地转变为城镇建设用地的土地城镇化，而是由农村居民转变为城镇居民的人口城镇化。在全国现有城镇化水平还不到50%的城镇人口统计中，包含了占全国总人口10%以上的尚未享有与城镇居民同等待遇的进城农民工，这部分户籍仍留在农村的城乡两栖人口还只能算尚处于过渡阶段的半城镇化人口。因而，要使我国达到像发达国家那样的高度城镇化尚任重道远。积极稳妥地推进实实在在的人口城镇化，与社会主义新农村建设密切结合，着力提高城乡弱势群体的经济收入、社会保障和公共服务水平，可有效扩大内需市场，促进工业化的健康发展，而且也可为加速城镇化提供更多非农就业岗位。

第二，要搞好经济社会发展与人口、资源、环境的协调。经济社会发展要坚持以人为本。

我国是世界上人口最多的国家，人均资源相对紧缺，环境承载压力相对较大。在高速发展进程中受资源环境的约束已日趋强化。现今我国的工业化早已进入以重化工业为重点的中期阶段，资源紧缺和环境污染的状况已相当严重。今后的发展，除大力提倡节能、节水、节地，发展循环经济，减少废弃物排放，治理环境污染外，还应严格控制高耗能、高耗水、高污染和占用大量土地的企业建设项目，坚决压缩那些产能已严重过剩的钢铁、水泥等重化工业的生产规模，防止发达国家将过多的高能耗、高污染产业向我国转移。应将产业发展的重点转向以利用我国潜力巨大的人力资源和智力资源为主的高新技术产业、高端制造业、现代生产服务业、全方位社会服务业和洁净生产的劳动密集型产业。要建设资源节约型和环境友好型社会，还要做好国土开发、产业发展和城乡建设布局与各地不同的人口、资源、环境条件在地域空间的相互协调。尽力使工业化、城镇化进程在不同国土空间与资源合理开发利用和环境治理保护相互协调，以促进经济社会与生态的可持续发展。

第三，要搞好不同类型区域之间的发展协调。我国国土辽阔，全国各地的地理区位、自然生态、资源结构、人口密度、民族文化、产业基础、经济社会发展水平等方面存在着显著的区域差异。因而指导全国的发展规划落实到不同类型区域，应因地制宜，各具特色。要构建和谐社会，遏止区域间贫富差距扩大，必须着力搞好发达地区与欠发达地区之间的协调发展。除了我国通常划分的代表不同发展水平和特点的东部、中部、西部、东北四大片之间的协调发展外，还应搞好由大都市及其周围城市群组成的城镇人口密集的经济核心地区与受其辐射影响的广大边缘地区之间的协调发展。不能将我国城镇化进程中新增城镇人口都集中到沿海现有的少数几个经济发达的城市群地区，这样不仅会更加扩大地区间发展的不平衡，而且还会因过密的人口和产业导致发达地区生态环境的严重恶化。在中西部地区积极培育新的城市群和经济增长核心区有其重要意义。然而也应看到具备上述有利区位条件的并不多。有人将城镇化和经济发展水平不高、城镇人口密度较低、城市间距离很大的地区任意规划成为重点发展的城市群地区，可能是由于对"城市群"这一概念的不正确理解所致。对我国城镇化的空间格局不能只强调发展城市群，要带动广大边缘地区的发展，还得通过广布各地的不同规模等级的中心城市和众多中小城镇的辐射传递。要加大发达地区对欠发达地区、核心地区对边缘地区、中心城市对经济腹地的支援，逐步加大财政转移支付的力度。

不久前编制完成的《全国主体功能区规划》根据各地不同的资源条件、环境容量、生态脆弱程度，以及现有经济发展水平、人口密集度和交通便捷度等多种指标，将全国划分为优化开发区、重点开发区、限制开发区和禁止开发区四种类型区。这对于从宏观上因地制宜指导国土开发和建设布局有其积极意义。但被列入禁止开发区或限制开发区的人口不可能都迁往重点开发区或优化开发区。对于留在那里为保护和优化国家生态环境作出贡献，因被禁止或限制开发而作出牺牲的人民群众，理应由这一规划的主要受益者重点开发区和优化开发区给予足够的生态补偿。

第四，要搞好不同层次地域空间的协调。国家层次的发展规划和空间规划需通过与省、市、县等不同层次行政区编制的规划相互上下协调，逐步落实。跨省市的区域规划应由国家负责组织协调，跨县市的区域规划应由省（区）负责组织协调。县或县级市是我国行政区划中的基本单元，我国有些县的面积比欧洲的小国还大。县域内自然环境与社会经济状况的地域差异也较大。因而国家和省区层面的总体规划应尽量落实到县域规划，尤其是指导国土开发与建设布局的空间规划必须落实到县域规划。例如，全国主体功能区规划只能以县为单位进行区划，若落实到县域规划即可发现，即使在整体上被划入禁止开发区的县内，也会存在一些尚可适度开发的较小地域空间。当前县域规划是我国规划系列中的最薄弱环节，县域内乱开发、乱建设、乱占地的现象较为严重。大力培育规划队伍，积极开展县域规划，已提到重要日程。

要搞好规划系列的相互协调，应先理清各类规划管理机构之间的关系。在我国经济与社会发展的规划系列，主要由国家发展和改革委员会系统在负责规划的组织协调和编制实施。有关国土开发利用和建设布局的空间规划系列，则由国土资源、城乡建设、发改委等多部门规划机构分头在抓。如国土部在抓国土规划和土地利用规划，住房和城乡建设部在抓城市规划、城乡规划、城镇体系规划，以及城市群、都市圈等城市地区的区域规划。发改委所抓的全国主体功能区规划，实质上具有国土规划性质；由其组织编制的京津冀、长三角等跨省市的区域规划，与住房和城乡建设部系统编制的城市群、都市圈规划有不少内容重复。而且由不同部门分头编制的空间规划互不协调，各不认账。为改变这一局面，建议将"发展和改革委员会"改名为"规划和改革委员会"，或"发展改革和规划委员会"，加强该综合管理部门对各类规划的综合协调功能。由综合性的规划委员会出面组织，以城乡建设和国土资源部门的空间规划机构为主要依托，适当吸纳环境、能源、交通、水利等各方面的规划力量参加，共同搞好与发展规划密切衔接协调的各类空间规划的综合协调。在合理分工协作的基础上，统一开展国土规划和各种不同类型地区的区域规划，为各地区进一步编制城市规划（或城乡建设规划）、生态环境规划和土地利用规划等不同类型的空间规划提供重要依据。落实到基层县域规划时，应将上述各类空间规划内容综合集成为一张比例尺较大的总体规划图纸，以利于对国土开发、建设布局和环境整治进行整体有效的空间管理。

要使各类规划真正发挥作用，必须增强规划的透明度，不仅要使规划广泛听取和吸纳公众的合理建议，也要使公众能正确理解规划所包含的政策内容。经法定程序通过的各类规划，在实施过程中应接受人民群众的监督。在社会主义市场经济体制下，发展规划对经济社会的发展不具指令性，只起指导作用。政府可主要通过法规及财政、税收、金融等各种经济手段，并辅以对重大项目需经立项审批等少量行政干预手段，按规划指引的政策和方向对市场驱动进行必要的调控管理。空间规划对国土开发、建设布局和环境整治有一定的刚性约束作用。例如有关部门对建设项目的选址、土地用途的改变、各类保护区范围的圈定和对规划建设项目的环境评估等，均有相应的行政审批决策权，可成为按综合协调的空间规划进行有效管理的重要手段。但在规划实施中运用行政手段，在法治社会必须依法行政，有法可依。而迄今我国对空间规划系列的立法还很不完善，仅有单项城乡规划法，另在土地管理法中有一章土地利用规划，高层次的空间规划国土与区域规划尚无法可循，因而有必要尽早建立一个能包含整个空间规划系列的使各类空间规划相互衔接协调的空间规划法规体系。

（原载《城市规划》2011年第1期）

健全地域空间规划体系

国土是指国家主权管辖范围的地域空间，包括陆域、海域和近地空域。国土规划可包括全国性的空间规划和不同地域范围的空间规划。省域、市域、县域规划和跨省市、跨县市的区域空间规划，均属不同地域范围的空间规划。

在我国实行计划经济年代，主管国民经济计划的国家计委，只重视发展规划，不太重视经济社会发展与人口、资源、环境在不同地域空间相互综合协调的空间规划。相对来说，主管开发建设的部门，尤其是城市建设部门，比较重视城市规划、区域规划等空间规划，因为要规划各项开发建设的布局必须落实到具体的地域空间，必须考虑到与当地的资源、环境和人口如何综合协调。

改革开放后，鉴于法、德、日等发达国家都较重视对国土开发整治的综合规划管理工作，1981年中央作出决定，在当时的国家建委内设立国土局，主管对国土开发整治的统筹协调，为开展具有战略性、地域性、综合性特点的国土规划作积极准备。1982年国家机构调整后，将国家建委与国家计委合并，改由国家计委国土局全面负责国土规划工作，原分管国土工作的国家建委副主任吕克白转任国家计委副主任后继续分管国土工作，在当时的国家计委主任宋平的大力支持下，国土规划工作曾一度搞得有声有色。不少省市编制了地区性国土规划，《全国国土总体规划纲要》经多次讨论修改后上报国务院。当时涉及空间规划的管理部门国家土地管理局和国务院环境保护领导小组均转交国家计委代管，原建设部城市规划局曾一度改由建设部和国家计委双重领导，这就为开展空间综合协调的国土规划创造了良好条件。令人遗憾的是，随着国家计委领导成员的变动，使国土规划工作渐趋式微，至上世纪90年代后期已基本陷于停顿，国土地区司的工作重点转向地区发展规划。1998年，原国家土地管理局与地质矿产部门合并，成立了国土资源部。国家计委改名为国家发展与改革委员会后，将国土规划的职能也转给了国土资源部。该部在新世纪初即先后在深圳、天津、广东等省市开展新时期国土规划的试点。建设部城市规划司在国家计委退出双重领导后，除继续全面开展具有空间规划性质的全国和各省市的城镇体系规划外，还推动城市群、都市圈等大量区域规划的编制。随着我国改革的深化，使国家发改委认识到，在市场经济的作用下，发展规划由指令性转为指导性，对其管控趋松，而空间规划具约束性，对其管控趋严。因而在进入新世纪后，他们也想从区域规划入手，重抓空间规划工作，也搞了某些城市群或重点区域的空间规划。这就导致出现国内多部门共争区域规划空间的乱象。

近年来，我国的国土空间规划工作取得了较大进展。国家发改委从2005年开始着手编制《全国主体功能区规划》，已于2010年获国务院批准实施。国土资源部从2009年就开始着手编制《全国国土总体规划纲要》的工作，吸纳了《全国主体功能区规划》的成果，在国家发改委的支持下，完成了《全国国土总体规划纲要（2016~2030）》。虽然此规划纲要尚未经国务院批准，但已于今年2月由国务院新闻发布会向外发布。此前不久，中共中央办公厅和国务院办公厅还印发了《省级空间规划试点方案》，要求"以主体功能区规划为基础，统筹各类空间性规划，推进'多规合一'的战略部署，深化规划体制改革与创新，建立健全统一衔接的空间规划任务，提升国家国土空间治理能力和效率，在市县'多规合一'试点工作基础上，制定省级空间规划试点方案。"以上说明我国的国土空间规划工作已开始逐步走向健全和深化。下面仅就现存主要问题，对如何健全我国的地域空间规划体系提些具体建议。

1. 成立国家规划委员会或将国家改革和发展委员会改名为国家改革、发展和规划委员会，赋予统筹各类国土空间规划的职能，加强与国土资源和城乡建设部门规划机构的联合，共同负责对国土空间规划的综合协调。

国土空间规划的核心任务，是对各项涉及国土开发与整治的规划进行空间综合协调。经济发展的区域协调与产业布局，人口城镇化的城市空间演变和城镇体系格局的变化，各种基础设施的主轴与网络建设，土地、水、气候、生物、矿产、景观、历史经济文化基础等各种资源的开发利用，以及对生态和环境的治理与保护，需要在不同地域空间进行综合协调；编制不同类型、不同地域范围的空间总体规划，需对其经济效益、生态效益和社会效益进行综合论证和统筹兼顾。将具有如此高度综合性和战略性的国土空间规划只交给主要分管土地与矿产资源的国土资源部来承担，必然会遇到较大困难。应由综合管理部门成立规划委员会，邀集涉及空间安排的各专业部门的规划力量，尤其是综合性相对较强的城乡建设和国土管理部门的规划机构，共同参与对各类国土空间规划的综合协调，或在规划委员会的统筹协调下，由城乡规划和土地利用规划机构各自分担不同类型、各有侧重的地域空间规划的编制任务。

2. 国土空间规划应包含全国、跨省市区域、省域、跨地市区域、市（地）域、县（市）域等不同地域层次，并以县域规划作为多规合一试点和强化空间管控的重点。

编制国土空间规划的目的是为了加强对国土空间的合理管控。全国国土总体规划只能是框架性的粗线条的规划，只能从宏观上进行总体把控。全国主体功能区规划将全国划分为优化开发区、重点开发区、限制开发区和禁止开发区，却很难在全国地图上划出明晰的空间分界线，将某些县整县划入限制开发区或重点开发区内，也不一定都很合适。因而要对国土空间进行科学合理的管控，必须将国土空间规划按由全国到省、市、县域的不同地域空间层次逐步深化、细化。包括有些因特殊需要而进行的各种跨行政区的区域规划空间设计，也应尽量落实到县域规划。不同层次的地域空间规划，有时也需要在上下相互协调后作某些必要的调整。一般而言，下一层次的空间规划只是上一层次空间规划的进一步落实和具体化，不能背离上一层次空间规划的基本框架。县是我国行政区划的基本单元。县域规划，包括某些已由县改为市辖区的空间规划，应成为我国最基本层面的地域空间总体规划，新农村建设规划和乡镇规划也均可纳入县域规划统一管控。通过县域规划可把对国土空间的管控落实到较大比例尺的图纸。我国正在推行的"多规合一"的试点，应将重点放在县域总体规划，完全有可能将县内各类涉及到空间开发利用和治理保护的规划都落到同一张蓝图，可真正有效地对国土空间进行科学合理的规划管理。

3. 要加强对国土空间的规划管理，必须建立和完善能涵盖多种类型、不同地域层次空间规划的管理法规。

我国较早建立的空间管理法规是《城市规划法》和《土地管理法》。新世纪初，国家发改委曾想推动区域规划立法，未能如愿。2007年经全国人大常委会通过，以《城乡规划法》代替原《城市规划法》。城乡建设部原打算使《城乡规划法》兼具区域规划的内容，亦未获成功。致使我国迄今还没有关于区域规划和国土规划的空间法规，建议由各有关部门联合，共同协商，妥善分担各自对不同类型空间规划的管理职责与权限，尽快推动能涵盖多种类型、不同层次地域空间规划的《国土与区域规划法》或《国土空间规划法》的立法，以利于依法加强对国土和区域的不同层次空间规划的编制和管理。

4. 要为迎接我国国土系列地域空间规划高潮的到来，及早大力培养能胜任从事各类地域空间规划编制和管理的专业人才。

我国自改革开放以来，随着经济社会的迅猛发展，使我国人口聚居地区的国土面貌发生了翻天覆地的变化。但在取得巨大成就的同时，也应清醒地看到，由于长期缺乏科学合理的国土系列地域空间规划对国土空间开发的严格管理，也存在着大量开发无序、空间失控、建设布局不合理、严重影响生态环境和社会公平等问题。因而要实现中华民族的伟大复兴，需通过对广域国土的合理开发和整治，将其建设成为全国人民所共享的富裕、文明、和谐、舒适、安全、美丽的广土乐园。国土系列的地域空间规划将在全国广泛开展逐步深化，已是大势所趋。为迎接地域空间规划高潮的到来，高等院校应及早筹划为地域空间规划的编制和管理培养输送大量专业人才。由于空间规划的综合性强、涉及面广，需由建筑与工程科学、地理与生态科学、经济学与社会学等多重学科领域培养规划人才。尤其是具有地域性和综合性特点的地理科学，以研究人地关系地域系统为主要对象的人文与经济地理学领域，更应为国土系列的地域空间规划积极培养具有丰富地理知识，擅长地域开发综合分析和空间布局综合论证，熟悉地理信息系统应用和遥感制图等基本技能的综合型规划人才。

（原载《中国城市发展报告（2016）》，中国城市出版社，2017年）

有关我国区域与城乡发展的政策建议

【原编者按】 著名经济地理学家、本刊原主编今顾问胡序威先生在今年4月底写成《有关我国区域与城乡发展的政策建议》一文。该文先在内部传阅，征求各方意见，受到中央有关部门的重视和同行专家的好评。胡先生的建议有可能对正在编制的国家十三五规划产生某些积极影响。现特将此文在本刊发表。

我是一名曾在中国科学院地理研究所长期从事区域与城市发展研究的研究员，虽已离休多年，仍在关心国家大事。最近习近平总书记在论述"四个全面"战略布局时指出："中国已经进入全面建成小康社会的决定性阶段。实现这个目标是实现中华民族伟大复兴的关键一步。"他所指的全面小康，就是要使不同人群、不同地域的城乡居民全都实现小康。他认为要实现这一目标，"当前最艰巨最繁重的任务在农村，特别是在贫困地区。"对此我完全赞同，十分拥护。下面我想就自己所从事专业的角度，对如何实现上述战略目标，提些有关区域与城乡发展的具体政策建议，供中央决策参考。

1. 我国经济社会发展到现阶段，应在逐步缩小区域间、城乡间的相对贫富差距方面加大力度

国外有人把中国特色社会主义道路，诬称为中国共产党领导的资本主义，对此应据理予以驳斥。他们将市场经济完全等同于资本主义。的确，若听凭市场经济无任何约束导向的盲目自由地发展，必将导致资本主义，但我国实行的是社会主义的市场经济。在当前深化改革的过程中，既要让市场这只看不见的手在资源配置中起决定性作用，通过市场竞争提高效率，尽量把经济产出这块蛋糕做大；又要让代表全国最广大人民根本利益的中国共产党领导的政府这只看得见的手，在规划引导、宏观调控、市场监管和收益分配的社会公平方面更好地发挥作用，尽量把经济收益这块蛋糕分好，使其不偏离走向共同富裕的社会主义道路。

在我国经济社会的发展进程中，始终存在着经济效率与社会公平这对矛盾。在经济开始崛起的高速增长期，主要追求经济效率。在社会物质生活条件普遍有所改善的同时，地区间、城乡间、群体间贫富差距的拉大，是一时难以避免的不争事实。现今我国已进入中等收入国家行列，经济的发展已由以往追求GDP的高速增长，转向提质量、增效益、调结构的新常态。

提质增效应兼顾经济、生态和社会效益，使发展具有可持续性。调结构应包括产业结构和地域结构。调产业结构要重视转型升级，改以创新为重要驱动力。调地域结构要促进区域间、城乡间更协调和谐地发展，要为相对缩小区域间、城乡间的贫富差距，在全国各地全面建成小康社会，制定更合理有效的政策和更有力的改革措施。

2. 区域政策应由协调东部与中、西部地区及东北地区的发展，进一步向协调发达或较发达的核心地区与其外围欠发达或贫困地区之间的发展深化

改革开放以来，我国的区域政策主要侧重于协调东部地区与中、西部地区的发展。在我国确实存在着长期历史开发过程所形成的由沿海向内地，由东部向中部、西部地区较明显的发展水平递降的梯度差，需通过协调促进其共同发展。后来为振兴东北老工业基地，又划出一块东北地区，变成四大板块区域的协调发展。但最近一二十年来，随着市场经济的快速发展，地域间贫富差距的拉大，并不主要体现在四大板块之间，而是体现在以大都市或城市群所在地区为核心的发达、较发达地区与其外围的农村为主的欠发达或贫困地区之间。若只看四大区域板块的平均值，地区间的差别不是很大，而且还在逐步缩小。如以东部地区 2000 年和 2012 年的人均 GDP 各为 1，则中部地区 2000 年为 0.49，2012 年为 0.56；西部地区 2000 年为 0.41，2012 年为 0.54；东北地区 2000 年为 0.80，2012 年仍为 0.80。同在东部地区的河北省，实为京津都市区外围的欠发达省，其与京津地区发展水平的差距，大于西部地区与东部地区的平均差距。具体到冀北、冀中地区，以及东部其他省的鲁西、苏北、浙西南、闽西、粤东北等地区，则其发展水平与京津、长三角、珠三角等东部核心地区的差距高出西部地区与东部地区平均差距一倍左右。在中、西部地区也有一些较发达的以大都市为核心的地区，其发展水平略低于东部核心地区而高于整个东部地区的平均水平。东部核心地区与中西部的有些贫困地区的平均收入差距则超出 10 倍以上。因此，有必要以县（市、区）域为单元，按不同的人均 GDP 或人均收入水平，划分出发达、较发达、欠发达、贫困等不同类型区域，以利于制定有区别对待的区域政策。同时通过市场运作和政府推动，在不同类型区域间发展不同层次、相互交叉、互联互通、以强带弱、协调配合、互利共赢的都市经济圈。

3. 发展城市群只能作为人口密集的发达地区城镇化的主体形态，不宜作为全国城镇化的主体形态

大都市作为一定区域经济社会发展的核心，其空间演化存在着以下几种布局形态。一为大都市中心区不断摊大饼式向外空间扩张，形成单一的特大、超大城市。二为在大都市周围发展卫星城和相对独立的中小城市，形成众星拱月的都市圈。三为与邻近较大的都市和众多不同规模的城市组成相互紧密联系的城市群。

城市群所在地区一般均指城镇化水平和城市发育程度较高的大中小城市分布较密集的核

心地区。在人口密集的发达地区，发展城市群的空间布局形态，肯定优于单中心独大的空间过度膨胀，也优于众星拱月式的都市圈。然而，并不是所有地区在经济发达后都能形成城市群。只有在人口密集、区位和资源环境优势明显的核心地带，通过长期发展和规划引导，才能形成高度城市化的多中心、较密集的城市群。有些发达的核心地区，因早已形成一城独大的格局，为改善其空间布局，只宜在其周围发展培育众多中小城市的都市圈，已无可能亦无必要发展成为多中心的城市群。任意将彼此相距遥远，间隔有广大农村地区甚至大片草原牧场的多个中心城市捆绑在一起，圈成城市群，就会失去城市群的真实涵义，难以合力发挥城市群作为核心地区的强大对外辐射影响作用。

在我国适宜于发展城市群或都市圈等核心地区的地域面积毕竟只占全国广大国土面积的较小比重，故不宜将发展城市群作为全国城镇化的主体形态。城镇化的国土空间开发，一般都要经历由点、轴到网络的逐步推进过程。在对全国具有巨大影响力的东部三大城市群中，长三角和珠三角城市群发育已较成熟，基本上实现了由点轴到网络的空间开发全过程。京津冀城市群尚处在进一步发育阶段。为改变以往过于突出京津两大都市的局面，正通过京津冀的协同发展，加速对毗邻京津的河北省境内的轴网开发，使其多数城市也能融入京津冀城市群。为加强我国中西部地区的开发，仍有必要沿长江经济带和丝绸之路经济带国内段的主要发展轴，培育若干新的城市群或都市圈。然而当前在中西部地区新培育城市群，已不具备像改革开放初期那样培育沿海城市群的难得机遇和特殊优惠条件。只能在规划引导下，顺其自然推动其逐步发展，不能拔苗助长，急于求成。总之，我国发展到现阶段，已不能将城镇化的重点主要放在发展核心地区的城市群，应同时加大关注城市群外围地区的城镇化。后者空间布局的主体形态，将是以中小城市为主的广域分布的城镇网络体系。

4. 因地制宜，着力发展广大农村地区的县域经济，推进以产业化为基础的部分农村人口在县域内就近城镇化

要使全国各地全面实现小康，必须着力发展欠发达和贫困地区的县域经济。要使我国现有的贫困人口迅速脱贫，除采取针对贫困户和贫困乡村的精准扶贫措施外，还要重视发展当地的县域经济，否则将难以巩固已取得的脱贫成果。在我国县域经济发展较好的地区早已实现了全面小康，偶有少数困难户或贫困乡村，当地政府可依靠雄厚的财力轻易帮助他们脱贫致富。

县是我国已延续两千多年的行政管辖基本地域单元。历来就有"郡县治天下安"之说。我国的有些县域面积甚至还大于欧洲的小国。所以要全面建成小康社会，必须发展各县的县域经济。发展欠发达地区和贫困地区的县域经济已成为当前的难点和重点。

现有的欠发达县或贫困县多以从事农业生产的农村地区为主，当地城镇的非农产业基础相当薄弱，主要依靠大量农民外出打工挣钱以增加当地居民的收入。故要发展欠发达和贫困

地区的县域经济，首先应在深化农村经济体制改革的基础上，引进资金和技术，大力推进农业生产现代化和产业化的规模经营，发展主要农牧产品由生产、储运、加工到市场营销的一条龙产业链，发展以中小企业为主、有当地资源和产品特色、有市场需求的加工制造业。同时可积极创造条件，争取从发达地区引入某些因其产业结构转型需向外转移的加工企业或其主要产业链需进一步向外拓展延伸的企业。要大力发展为当地生产和生活服务的包括部分现代服务业在内的第三产业，尤其是根据社会基本服务均等化的政策要求，需在各县大力加强医疗、教育、文化、体育、卫生、养老、休闲、公共交通等各种现代社会服务业。为此还必须同时加大基础设施建设和生态环境建设的力度。县域内非农产业的发展和各项开发建设工程的进展，必将为吸纳县域内部分农村人口的就近城镇化创造条件。

城镇化离不开城镇建设，但切忌本末倒置。企图大搞小城镇建设来推动农村地区的城镇化，其结果只能出现城镇住房空置率很高或迫使被拆迁农户进城住楼房等尴尬局面。一定要在积极发展县域经济，大量增加非农就业岗位，对城镇住房的市场需求不断增大的基础上，推进城镇建设和房地产开发，才能使其也成为共同繁荣县域经济，促进城镇化健康发展的重要环节。

我国各县在地理与交通区位，自然条件与资源环境，人口构成与分布密度，经济与社会文化基础等诸多方面，存在着明显的差别。因此发展县域经济必须特别注意因地制宜。要在发展能充分体现当地特色的县域经济方面下大功夫。在位于生态严重脆弱地区的县域，或按《全国主体功能区规划》大部分属禁止开发区或限制开发区的县域，应在鼓励和妥善安排当地过多人口外迁就业定居以减轻生态压力的基础上，发展对当地生态有益无害的产业。应把对生态的修复和保护也列为重要产业，其所创造的生态效益，将有益于广大地域的人民。专职从事生态修复和保护的人员应由国家和地方的财政收入及发达地区的生态补偿保证其收入。为了使留守在生态脆弱地区的人民也能过上享受现代文明的幸福生活，应重视在县域内进行有选择的点状开发建设，在若干城镇发展能就近提供现代社会公共产品的非农产业。

5. 新农村建设只有与县域内部分农村人口就近城镇化密切结合，才能最终实现缩小城乡差别的城乡一体化

进入新世纪以来，在我国广大农村地区已大力加强新农村建设，使农村基础设施与农村面貌有不同程度的改善。但有些地区只是孤立地抓新农村建设，没有将其与发展县域经济和部分农村人口就近城镇化密切地结合起来，致使在提高农村生活质量和缩小城乡差距方面收效不很明显。可以作这样设想：如果在广大农村地区只注重新农村建设，不就近发展现代化的中小城市和小城镇，农村居民就难以就近享用现代城市文明所代表的优质社会服务，就不可能最终实现真正意义的城乡一体化。

以农村地区城镇化替代农村城镇化，以就近城镇化替代就地城镇化，可避免将城镇化简单地视作把农村变为城镇的误解。即使在未来一二十年内全国都已基本实现城镇化，散布在广大地区的农村也不会消失。只是一部分农村人口远距离转移进入大都市和城市群，一部分农村人口就近转移进入中小城市和小城镇，一部分留在新农村的人口也能过上类似城镇的文明生活。

不能把新农村建设片面理解为拆旧建新，变旧村为新村。对有些具有较高历史文化价值和能充分体现当地特色的古村落，应尽快列入严加保护名单，只能在修旧如旧基础上改善其生活设施。但也要防止出现对现有村落一律不准拆建动迁的另一极端。随着农业现代化的进展，以及因大量农民外迁而出现众多村落的空心化，有必要进行适当的并村定点，由此可腾出不少建设用地。要允许供农民使用的农村宅基地的产权可在县内城镇购房中转让作价。如果对现有的已空心化的农村宅基地都不能替换耕地，那么县内城镇化需要扩大的城镇建设用地面积必将占用大量宝贵的耕地，这显然不符合我国的基本国情。

需要对县域内的经济社会发展、产业布局、城乡建设、基础设施、生态环境和土地利用进行统筹规划，将众多欠发达县和贫困县建设成为城乡融合、全面小康、山川秀丽、社会和谐的美好家园。这样才能有效缓解因过多农村人口向少数大都市、都市圈和城市群不断集聚而引起的巨大生态压力和社会困境。

6. 改革现行行政区划的设市体制，允许在众多县域内设立一个或多个副县级市

按一般规律，随着国家城镇化的进展，设市的城市应愈来愈多，但在我国却出现了不增反减的现象。如在1997年全国有设市城市667个，2014年却降至653个。日本的国土面积还不及我国的云南省，却设有700多个市，我国的总人口数高出日本的10倍，而现有的设市总数还少于日本。存在上述问题，其根源在于我国现行的行政区划设市体制。

改革开放初期，我国行政区划的设市工作仍多采取传统的"切块设市"模式。即从县域范围内切割出城市化水平较高的城区及其近郊区单独设市，形成市、县并存，城乡分治，县包围市的空间格局，加深了城乡之间的分离和矛盾。故自1980年代中期开始改为采取"撤县设市"模式，即将整县改为市。但由于1986年民政部制定的设市标准明显偏低，一般县城非农业人口达10万以上，全县常住人口中农业人口不超过40%的即可撤县设市。致使在1986～1997年期间全国出现了撤县设市的高潮，全国设市城市由324个猛增至667个。撤县设市后，易把整县视为城市，其实真正的城市地域只占其中的很小比重。撤县设市后把全县的工作重点转向城市，势必削弱对"三农"的关注。而且照此发展势头，用不到几年我国绝大多数县都可达到撤县设市标准，将会使我国历史悠久的县制趋向消失。因此国务院于1997年做出在全国冻结撤县设市工作的决定，延续多年。在2014年以前，只在边境地区因特殊需要新设了少数市，整个设市工作基本上尚未解冻。与此同时，几乎所有地级市都实行与地区合并。有些地级市为把城市做大，把不少原有相对独立的县级市改为市辖区，致使全国设市的城市数

不增反减，呈现出鼓励大城市膨胀和限制小城市发展的不合理趋向。

当前我国有许多县的县城及某些中心镇已集聚了十万以上的城镇人口，受镇的行政编制束缚，已严重影响小城市和县域经济的正常发展。因此开放设市已势在必行，但不宜再重走老路。建议对现行的设市体制进行必要改革，将"撤县设市"改为"县内设市"，将县内新设市定为副县级，仍归县管。这样既可避免"切块设市"导致县市分治，又可避免"撤县设市"导致城市与县域概念的混淆和县制的消失。要严格控制"撤县设市"，只允许少数已高度城市化的县域整县设市。不要以我国宪法未载明县下可设市为由，拒绝进行县下设市的改革试验。我国现有的设市城市分为省级市、副省级市、地级市、县级市，也均非宪法所载明的。我国台湾各县都设有县辖市，在桃园和嘉义县内还不止一个县辖市。如果在我国大陆也能允许县下设市，将会很快涌现出一大批富有活力的中小城市，可有效地带动县域经济的发展，推进广大农村地区的就近城镇化。

7. 加大国家和省级财政向贫困县和欠发达县的转移支付力度，在加强县级领导班子的基础上向县放权

为缩小地区间、城乡间的相对贫富差距，必须逐步加大国家和省两级财政向贫困县和欠发达县的转移支付力度，一般贫困县或欠发达县的基础设施建设，尤其是能体现社会基本公共服务均等化的现代社会服务设施的建设和营运，有相当部分要靠外来财政转移支付的支持。下拨的各专项资金，特别是扶贫开发资金，应尽可能减少中转环节，直接下拨到县。

我国的行政区划体制，原只分为省、县、乡三级。地区行署不是一级政权，只作为省的派出机构，协助省处理地区内有关各县的行政事务。然而现今我国已普遍实行地区与设有政权机构的地级市合并，由地级市管辖若干县，在省与县之间增加了地区一级政权。在发达地区由经济实力强大的地级市管若干县，尚有助于带动各县的发展。在贫困地区和欠发达地区的地级市，因其本身经济实力较弱，不仅无力带动所辖各县的发展，而且还有可能占用各县的资源以发展自身这个地区中心城市。所以应坚持省直管县，向县放权。地级市政府对所辖各县（市），只能起如同地市合并前地区行署那样代省协调处理区内各县（市）相关事务的作用。

要想全面建成小康，首先要抓好县这个承上启下面向基层的重要环节。应大力选拔、配备和加强县级领导班子。只有在廉洁奉公、关注民生、求真务实、敢于担当、集思广益、奋发图强的领导班子的坚强领导下，才能充分调动广大人民群众的积极性迅速改变贫困县和欠发达县的落后面貌。

8. 鼓励发达地区的城市群和都市圈的资金、人才、技术、信息等要素向欠发达的农村地区流动，倡导先富市县帮带贫困县脱贫致富

东部沿海的城市群和某些内地省的都市圈，都是利用其区位优势和国家赋予的各种特殊优惠政策，以背离市场的低地价或零地价，以来自广大农村的大量廉价劳动力，广泛招商引资，占尽国家改革开放前期的先机，才实现了今天这样的发达和富裕。故而理应饮水思源，富不忘本，重视向其外围广大农村地区的反馈。应鼓励发达地区的资金、人才、技术、信息等各种生产要素向都市经济圈辐射影响所及范围的欠发达县和贫困县流动。鼓励企业家去欠发达县和贫困县投资，鼓励优秀的医生、教师和科技文化工作者抽出一定时间去农村地区的城镇工作，轮流换岗，帮助当地提高社会基本服务水平和科技文化水平。倡导发达县市与贫困县之间的长期结对帮扶，将扶贫成果也列入发达市县的重要政绩。

加大发达的核心地区对外围边缘欠发达和贫困地区的经济辐射和援助，不是单向的付出。欠发达和贫困地区发展的加速，可以有效扩大我国的内需市场，为核心地区开拓更广大的发展空间，使全国顺利地跨越"中等收入陷阱"，实现伟大中国复兴梦。

（原载《经济地理》2015 年第 7 期）

致规划界的一封公开信

我认为在当前编制"十三五"规划进程中,应避免进入以下几个认识误区。

一、不能以《全国主体功能区规划》划定的限制开发区和禁止开发区来限制和禁止这些地区的城镇化

《全国主体功能区规划》对保证我国经济社会的绿色发展和可持续发展有重要意义,应该认真贯彻执行。但在规划中划出的限制开发区和禁止开发区主要指对开发当地资源和环境的限制和禁止,不能以此来限制和禁止当地的城镇化。城镇化主要指由农村人口转变为城镇人口的过程。将生态脆弱地区过于分散的农业人口,适当地向就近城镇转移,改为从事非农产业,将有助于对生态环境的更好保护和修复。对农产品主产区的限制开发,主要从保护农区宝贵的耕地资源,保证农区综合生产力的持续增强考虑,限制工业区的过度开发和城市建设用地的无限扩张。然而许多主要农产区往往也是农村人口很密集的地区。这些地区的发展不能只靠农业,大量富余农村劳动力向非农产业转移,是不可阻挡的趋势。除了向都市圈和城市群的远距离转移外,在广大农业区内就近转移的城镇化也必须引起足够的重视。我国的城镇化,必须坚持以在国土重点开发区和优化开发区集中发展大中城市为主的都市圈、城市群和在广大农村地区分散发展以小城镇和中小城市为主的就近城镇化相互密切结合的两条腿走路的方针。

二、不能把设市的市域都看成城市

现今我国的许多媒体,把设市的整个市域都看成城市,如曾把重庆市说成拥有 3000 万城市人口的世界超级城市。又如 2015 年 10 月 8 日《光明日报》的一篇报道,在全国城市人口规模的排名榜中,重庆市仍列首位,大于上海市和北京市;而且还出现保定市大于深圳市,南阳市大于武汉市等诸多笑料。我国的行政区划自实行地市合并以市管县的体制以来,好多市都爱把自己管辖的地域范围都说成城市。其实许多市辖县都还是很落后的农村地区。所以不能只重视发展城市经济,不能以全市人均 GDP、人均收入的平均值来掩盖市域内客观存在

的巨大城乡差别。现今我国与发达国家的发展差距，主要不在城市，而是外围的农村地区。所以要在2020年全面建成小康社会，就必须加大对城市外围农村地区县域经济的发展力度，推动县域内部分农村人口的就近城镇化。不是靠传统的工业化，而是靠农业的产业化和现代化，发展有特色的县域经济，加快县域内的基础设施建设和社会公共服务设施建设，大力发展各种为当地生产和生活服务的现代和传统的服务业，为农村人口就近向城镇转移提供大量非农就业岗位。着力改善农村地区的人民生活，发展包括金融、网上贸易、快递、旅游、文化、职业教育、环保、健康、养老等产业在内的多样化的服务业，将可有效扩大我国的内需，为经济社会的发展增加新动力。

三、不能把精准扶贫只简单地理解为有针对性地帮助各家贫困农户发展效益较好的农牧生产

从长远发展看，靠各家农户可使用的几亩土地发展小农经济，没有多大前途。即使有些贫困户经精准扶贫开发后，使有些经营项目获得较好经济效益，但随着市场的变化随时都有可能返贫。其根本出路还是使农业生产走向规模经营的产业化和现代化，需要为多余出来的农村劳动力提供足够的非农就业岗位。可通过职业培训就近转业或出外打工，改为从事各种服务业将成为主要出路。可见，发展县域经济推进就近城镇化，为当地的贫困户就近提供更多的非农就业岗位，也应成为精准扶贫的有效举措。

四、不能把社会基本公共服务均等化理解为要把社会公共服务设施的建设均等分摊到所有农村

推进社会基本公共服务均等化，对缩小城乡差别，实现发展成果的人民共享有重要意义。但这只是要使城乡居民都能享受到社会基本公共服务，并不是要把社会公共服务设施的建设均等地分散建设到所有农村。一些高质量、高水平的社会公共服务设施的建设，如医院、中学、电影院、图书馆、体育馆等只能设置在城镇，可供周围农村共同享用。大力提高县城一级的社会公共服务设施的水平，缩小其与大城市之间的差距，可更好地体现社会基本公共服务的均等化。

五、不能在农村地区搞脱离城镇化的城乡一体化

我国很重视在农村地区搞新农村建设，却很少提到在农村地区推进就近城镇化。规划界一致认为今后我国广大农村地区的发展方向应是城乡一体化。但如果只强调新农村建设，而

忽视在广大农村地区以发展现代化小城镇和中小城市为主的就近城镇化，又怎能最终实现城乡一体化。

以上管见，不一定都正确，仅供研究参考。

（发表于 2015 年 12 月 1 日　中国城市规划学会网站）

对《京津冀地区城乡空间发展规划研究三期报告》的评议

吴良镛院士的研究团队对京津冀地区的空间发展规划长期进行跟踪研究，令我十分钦佩。现在已进行到第三期研究报告了，我有幸每期受邀参与学术讨论或评议，很受启发和教育。我觉得这三期研究报告各有侧重，前后呼应，逐步深化，具有很高的学术价值和现实意义。对现今的第三期研究报告，经拜读后，深感这是一项高瞻远瞩，方向明确，分析深入，内容丰富，具有可操作性的高质量、高水平的区域性空间规划研究成果。下面我想主要就这个报告所涉及的人口、资源和环境问题谈些看法。

京津地区近十几年来发展很快，特别是人口迅速增加，城市规模急剧膨胀。其发展成就巨大，存在问题和矛盾也很突出。人口过快增长，是激化各种矛盾和问题的关键所在，所以今天我要着重谈这个问题。我看了三期报告提供的材料，在2000~2010这十年中，北京增加了600万人，天津增加了300万人，河北增加了100万人。京津二市，尤其是首都北京，人口增长过快，是一个突出的问题。其人口过快增长，有其客观原因。首先，这一地区作为首都所在的我国沿海三大核心地区之一，具有强有力的区位、人才及政治、文化、经济管理等多功能的竞争优势。这些年来充分发挥其所长，使经济社会得到迅速发展。尤其是北京，不仅发展快，就业机会多，而且拥有全国最优质的教育、医疗等社会服务资源，因而吸引全国各地的大量人口向北京集聚。天津市原来经济和人口增长较慢，进入新世纪后随着滨海新区的加速开发，经济和人口的增长也随之加速。经济发展快，就业机会多，对人口集聚的吸引力就大。促使京津二市人口增长过快的另一重要原因，是由于区域之间的长期不平衡发展，区域间、城乡间贫富差距的扩大，导致广大欠发达地区、农村地区越来越多的人口远离家乡，涌入少数特大、超大城市来谋求生存和发展，形成不可阻挡的客观趋势。

京津二市的人口，照目前的增长速度发展下去，肯定是不可持续的，当前存在的交通拥堵、水源紧缺、环境污染、社会生态恶化等各种大城市病，均是由人口增长过快引起的。仅靠大城市本身来控制人口规模的膨胀是很难做到的，需从全国的宏观层面来制订调控区域发展的政策。区域经济的发展始终存在着效率与公平这对矛盾。在工业化和城镇化的早中期，主要追求经济发展速度和经济效率，优先在区位和资源条件较好的地区重点发展，从而扩大了与发展条件相对较差地区的发展差距，是难以避免的。但如果区域发展只追求效率，不兼顾公平，不重视区域间的协调发展，将会激化社会矛盾，最终影响经济的整体发展。我国各地区的经济社会发展到现阶段，已开始进入由过于追求效率向较多关注公平过渡的转折期。许多发达国家都经历过这样一个转折期。例如法国在上世纪六七十年代曾因全国人口向巴黎高度集聚而出现过被法国地理学家描述为"繁荣的巴黎和荒芜的法兰西"现象（见［法］让·弗朗索瓦著：《巴黎和法兰西荒漠》，1972）。其后经国土整治规划的引导和国家政策的调控，加速了巴黎周围广大农村地区和欠发达地区的发展，才缓解了巴黎人口规模不断膨胀的压力。

进入新世纪后，我国在推进城镇化进程中，大力提倡发展城市群。即在少数特大城市周围发展相互联系紧密的众多城市，既有利于保持发展的较高效率，又有利于扩大区域发展空间和改善生态环境。发展城市群肯定比单一发展特大、超大中心城市在空间布局上更为合理。我国沿海地区的长三角和珠三角城市群已发育得较成熟，京津的城市群却发育较差。从上海出行，无论往江苏或浙江方向，沿途所见看不出区域间有多少贫富差距。而从北京外行，只要一出北京市界，就可明显看出河北省城乡面貌与北京市的落差。这有赖于京津两个超大型核心城市增强其向周围地区扩散和辐射的影响力，以加速京津冀城市群的成长和发展。在我国中西部内陆地区也应积极培育新的城市群。但城市群所在地区一般多指全国或省区内经济较发达的核心地区。有些城市群所在地区还有可能发展成为城市高度密集的城市地区。所以从全国城镇化的全局看，不能只把重点放在发展城市群。毕竟城市群所在的区域范围只占全国国土面积的很小比重，若将全国广大农村尚需转移进城的近3亿人口都集中到面积相对狭小的城市群或城市地区，将会导致深重的生态灾难。要实现全国人口的城镇化，除了有部分农村人口需继续通过跨省市、跨地区的远距离迁移进入大城市或城市群外，还必须同时重视发展县域经济以促进县域内部分农村人口的就近城镇化。

在欠发达地区发展县域经济，就要大力发展现代化农业和各种为农业服务的产业。在国内已有不少制造业出现产能过剩的情况下，发展县域的加工制造业，应侧重于有资源、有特色、有基础、有市场潜力或直接从大城市承接产业链延伸扩散的产业，金融、商贸、物流、旅游及教育、医疗、养老、文化等各种社会服务业应有较大的发展。现有的县城和县辖中心镇应成为县域内农村部分人口就近城镇化的重点。县域城镇的发展不能只靠房地产开发和建城盖房，必须有实体产业的支撑。我国现已有越来越多的城镇居民对服务性消费的需求，远远超越对物质性消费的需求，因而在县域内发展各种服务业以扩大城镇就业的前景将会越来越好。通过国家和省市财政的转移支付以推进社会基本公共服务的公平化，将有助于区域间的协调均衡发展，应大力改善县域城镇的教育、医疗、环保等公共服务设施，显著提高其服务水平。不少进大城市就业的农民工，尽管居住条件很差，仍要把家属带进城，主要考虑教育、医疗等问题。如果县域城镇的社会基本服务条件得到根本改善，有些在大城市工作多年，因住房等很高的生活成本难以在当地长期定居下来的农民工，有可能在积攒了钱、增长了才干后，重又回到家乡的城镇购房创业或养老，可起到反向助推县域城镇化的作用。农村地区的现代化农业和新农村建设，若不与县域人口的就近城镇化相结合，将难以实现城乡一体化和在全国全面建成小康社会。

我国广大农村地区的农民已为沿海发达地区的城市发展和建设做出了重大贡献。现应更多地关注沿海发达地区、城市地区、大城市和城市群向广大农村地区和欠发达地区的县域城乡发展进行反哺。我们在国际上倡导发达国家对欠发达国家的援助。在国内更应重视和鼓励发达地区对欠发达地区的援助。围绕京津二市的河北省实为我国东部沿海的欠发达省区，京津二市从产业投资、技术传授、人才培养、市场开拓等多方面援助河北省发展县域经济，负有不可推辞的责任。

资源紧缺和环境质量下降是京津地区发展中的突出问题。这里是全国人均水资源量最少的地区，缺水十分严重。为兴建跨流域向京津冀地区远距离供水的南水北调工程，国家和相关地区已付出了很大的代价。从长远发展看，南水北调的中线和东线工程全部完工后，也不能从根本上解决这一地区的缺水问题。在滨海地带发展海水淡化产业，将是增辟新水源的重要途径。但若进行大规模的海水淡化，对海湾的海水水温、水质和海生生物生态环境将产生多大影响，尚需进行深入的专题研究。目前更重要的是要做好节约用水这篇文章。有以下几个节水途径：一要节约农业用水，发展现代化农业的喷灌滴灌，以代替传统的沟渠灌溉，可节省大量农业用水，京津冀要为此共同合作，加大这方面的投入；二要节约工业用水，提高工业用水的循环使用率，控制高耗水企业的发展；三要不断加强工业和城市污水的处理能力，将经处理后的无害中水充分利用于发展城乡绿化或人工沼泽。

大气污染的加重已造成对京津冀可持续发展的严重威胁，对首都北京的负面影响尤大。光靠北京市自己治理解决不了这个问题，必须联合河北、天津进行大面积的共同治理。河北是我国重化工业的大省，其中钢铁工业的生产能力已近3亿吨，占了全国的三分之一，面临着高耗能、高排放、高污染和产能过剩的严峻问题，产业结构的调整迫在眉睫。众多分布在河北内陆的工艺设备较落后的钢铁企业或其他高排放的重化工企业，需要减产、停产或转产。环保设施先进的高度现代化的重化工业将主要向滨海地带发展。河北省在产业结构转型过程中需安排大量被淘汰企业的职工重新就业，任务极其艰巨。京津二市理应为其分担压力，替河北解困，也可同时使自己受益。

从京津地区宝贵土地资源的有效利用和生产力的空间合理布局来看，重点开发建设东部滨海地区，将其发展成为重要产业带无疑是正确的。但要考虑海平面在上升和地下存在着活动性断裂带等因素，增强对灾害的防患意识。由于滨海地带的土壤盐分很高，树木生长不易，绿化难度较大。建议今后在滨海地带新建的重要交通干道，两侧挖深沟，尽量把路基抬高，万一遇到海啸、风暴潮之类的灾害时可起到防浪堤的作用。而且抬高后的路基两旁，用经污水处理后的中水浇灌，冲洗土壤盐分，可保证高大树木的成长，有利于滨海生态环境的改善。

冀北地区是京津二市的重要水源地和生态屏障。为了严格保护其生态环境，必须限制其某些产业的发展，从而影响当地人民的收入。京津二市必须为此向冀北地区支付足够的生态补偿。

总之，为解决京津冀地区在发展过程中的人口、资源和生态环境问题，必须加强区域的共同合作。在三期报告中已将区域合作问题，放到突出地位，是十分必要的。但对主要合作项目及其相关政策尚需进一步具体化。同时还应建议成立正式的区域合作协调机构，组织签订若干具体的区域合作协议，以促使其付诸实践。

最后，我还要对报告中涉及的两个重要术语的正确使用问题谈点看法。一个是关于"流动人口"问题。报告中将进入城市的外来农民工均归入"流动人口"，目前社会上也都是如此称呼的，我认为不妥。"流动人口"的真正涵义，是指短期内进出城市，不在城市长住的流动性人口。其中包括前来旅游、探亲访友、出差办事、寻找工作机会、参加会展活动等各种流动性较大的人口。估计进出北京市的这部分流动人口多时可达数十万人。这部分流动人口是不计入城市人口规模内的。外来务工的农民工及其家属，一般多在市内居住半年以上，不能称其为流动人口，已被计入该市的人口规模。在全国人口普查中，凡在城镇居住半年以上的农民工及其家属均被计入城镇人口内。在城市外来人口中可分为三种情况：有的户籍已转入城市，成为正式的城市居民；有的领取了城市居住证，有固定工作和住处，被统计入外来常住人口；还有已进城务工半年以上的，不管有否发给或领取暂住证，均可称其为外来暂住人口，不宜计入流动人口。另一个是关于"集聚"和"聚集"问题。"集聚"是空间区位动态研究中的专用术语 Agglomeration 的汉译，原义有凝结成团块之意，故在以往文献中有译为"凝聚"或"积聚"的。我早自 1977 年在翻译"工业区位论"文献时就开始将其译成"集聚"，认为此词可较好地体现人口和各种生产要素向一定区位空间集中聚合的过程，现已被地理界广泛采用。但现今在有些新闻报道和政府文件中常把"集聚"改为"聚集"，三期报告行文中也多处受其影响。二者看似同义，其实"聚集"一般均泛指人们聚合在一起的现象，随时可聚可散，并无向一定地域空间的客观集中过程的含义。所以我们希望学术界在区域空间研究中，尽量使用"集聚"这一术语。

（原载吴良镛等《京津冀地区城乡空间发展规划研究三期报告》，清华大学出版社，2013年）

钱学森十分关注地理科学

　　人民爱戴崇敬的大科学家钱学森的仙逝，引发社会怀念热潮，也引起我回忆钱老关注地理科学的往事。钱老不仅是我国航天科技事业的先驱，也是中国系统科学的倡导者和现代地理科学的推动者。早在1983年他开始以系统科学观来探讨地理环境问题。1986年他提出"地理科学"概念，并将其列为全国十大科技部门之一。1991年4月6日他应邀请参加中国地理学会召开的"地理科学"讨论会，并在会上作了长篇发言。开头就说："同志们，今天在座诸位是来参加"地理科学"讨论会的。诸位都是专家，而我可不是搞地理的。为什么今天叫我来就来了？这是因为近8年来，我一直在宣传，建设有中国特色的社会主义需要有一个新的科学技术大部门。这不是一个小的学科，而是一个大的科学部门，即地理科学。"（见发言稿缩印件）。他在发言中高瞻远瞩，反复强调地理系统是一个开放的复杂巨系统，要用从定性到定量的综合集成方法去研究这个复杂的巨系统。这一科学论断已被我国地理学界广泛接受。当时由《地理学报》青年编辑胡天新根据录音整理的这篇发言稿，经钱老亲自审改和秘书润色后，发表于1991年第3期的《地理学报》。

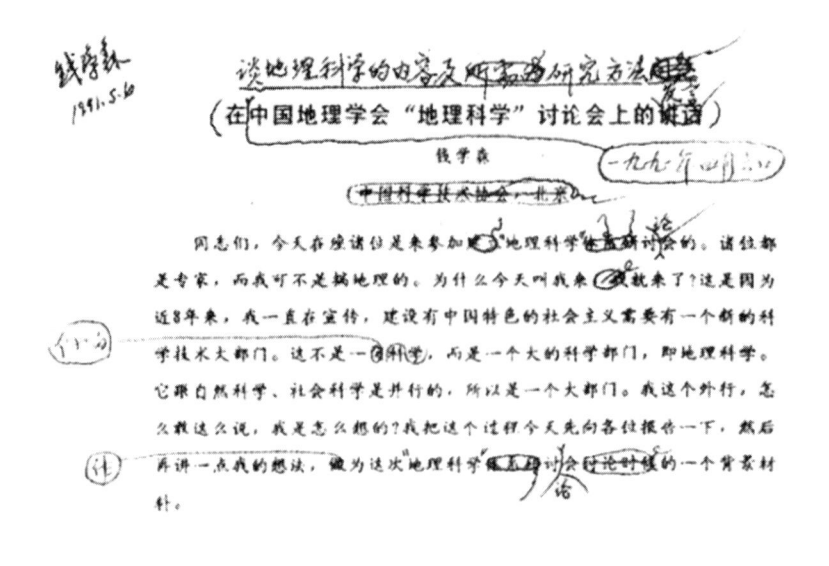

鉴于钱老对地理科学的关注，而经济地理又是地理巨系统中很活跃的重要子系统，所以我曾以地理所经济地理部主任兼《经济地理》期刊主编的名义，于1991年5月15日给钱老去信，希望他能为庆祝《经济地理》创刊十周年赐文或题词，以求扩大经济地理的社会影响。他很快给我亲自回信，信中说："对地理科学，我能谈的都在4月的那次会上讲了，实在再无可说的了；而且发言已整理，将刊登《地理学报》。所以《经济地理》十周年这件大事，我是无能为力的了。至于题词，此类事我从来不会搞，一概婉谢；这次也不例外了。不能遵命，恳请谅解！奉上有关地理哲学的复制件三篇，供参阅。地理工作者似也要参加地理哲学的讨论。"（见来信缩印件）随信附来的三篇文章为：王荫庭"传统地理环境理论之反思"（《哲学研究》1990年第4期），徐亦让"读《传统地理环境之反思》"（《哲学研究》1990年第6期），陶富源"地理环境与人类社会"（《哲学研究》1991年第4期）。

（原载《经济地理》2009年第11期）

以上说明钱老在晚年曾付出很大精力关注地理科学的发展。他只做实事，不图虚名，是其一贯的高尚情操。他对发展我国现代地理科学的宏观启迪和殷切期望，将有待于几代地理科学工作者的共同努力，不断开拓创新去攀登高峰。

新中国经济地理与人文地理学界的领路人

2008年将迎来中国科学院资深院士吴传钧先生的90华诞。他是中国科学院地理研究所的元老，新中国经济地理与人文地理学界的领路人。

中国科学院地理研究所的前身是南京中国地理研究所。吴传钧先生是在1948年获英国利物浦大学博士学位后，回到南京中国地理研究所从事经济地理研究的海归学者。中华人民共和国成立后，南京中国地理研究所改组为中国科学院地理研究所，下设地理、地图、大地测量三个研究室。当时在地理研究室内从事经济地理、人文地理研究的还不到10人，吴先生任经济地理专业的副研究员。1956年开始由高等院校向中国科学院输送的经济地理专业人员大量增加。当时在南京的中国科学院地理所内新成立了经济地理学科组，由吴先生任研究员和经济地理学科组组长。1958年南京的地理所一分为四：大地测量室迁武汉成立测地所，少数同志调甘肃成立兰州地理研究室，其后发展成为冰川冻土研究所。地理室与地图室除一部分成员留南京组成中国科学院南京地理所外，其主体部分由南京迁来北京，同当时由竺可桢副院长领导的中国科学院中华地理志编辑部合并，组成中国科学院地理研究所。在所内创立了以吴传钧先生为主任的经济地理研究室。

胡序威、方文、梁仁彩等是在1953年从中国人民大学经济地理教研室调到中国科学院中华地理志编辑部的，与来自南京地理所的部分研究人员李文彦、邓静中、孙盘寿等共同参加中华地理志区域经济地理的调查和编写工作。1958年中国科学院地理研究所总部从南京迁到北京后，我们就一直在吴传钧先生的领导下工作。1979年吴先生担任地理所副所长后，仍分管经济地理室和后来进一步发展成为经济地理部的业务领导工作。应该说，在他退居二线以前，除"文革"受冲击期间外，他一直是地理所内经济地理与人文地理研究领域的领路人。根据我们和吴先生长期共事相处的切身感受和体会，我们认为吴先生作为学科领路人，对我国经济地理、人文地理研究事业的发展，至少在以下三个主要方面作出重大贡献。

1. 积极承担面向国家经济建设的重大研究课题

吴先生一贯主张，经济地理学的研究不能只停留在对经济地理现状的描述，应该积极参与改变经济地理面貌的经济建设实践，使经济地理研究直接为经济建设服务。早在新中国成立初他本人就参加了铁道部组织的包头—银川—兰州铁路选线调查和水利部主持的黄河流域规划灌溉组的工作。自从他担任地理所经济地理专业的领导职务以来，更是积极组织所内外经济地理专业力量，主动承担为国家经济建设服务的一些重大研究课题。在吴先生多年领导下，由原地理所经济地理室承担或协力完成的有以下几方面的重要研究成果。

1.1 资源综合考察

1956 年中国科学院成立由竺可桢副院长兼主任的自然资源综合考察委员会，负责组织协调众多学科参加的边远地区的资源综合考察，包括黑龙江流域、甘青、宁蒙、新疆、西南等地区的综合考察。有不少经济地理专业人员参加，主要侧重于经济调查以及与资源综合开发利用有关的生产力发展的远景研究，深受有关领导的重视。吴先生本人曾在中苏合作的黑龙江流域的综合考察中发挥了重要作用。李文彦在完成甘青地区综合考察后被调到资源综合考察委员会任综合经济研究室副主任。

1.2 农业区划

农业区划研究可为因地制宜发展农业生产提供重要依据。吴先生早在 1955 年参加甘青地区农业调查的基础上，与周立三先生等合作编写了《甘青农牧交错地区农业区划初步研究》一书。在国家因盲目"大跃进"而出现三年困难时期后，农业区划开始被国家科委和农业部列为重大研究项目。在吴先生的倡导和支持下，由邓静中、程鸿率领农业地理组的曾尊固、徐志康、毛汉英、郭焕成、裘新生等人先后在邯郸、酒泉地区开展农业区划的试点研究，吴先生自己则领导了武威地区的农业区划试点，与中国科学院南京地理所周立三所长主持的江苏省农业区划试点研究遥相呼应。同时还组织了复种北界和秦岭—淮河两条重要地理界线的调查。"文革"爆发后，农业区划研究被迫停顿。直到改革开放后，在新任农业部部长何康的亲自领导下编制完成了《中国综合农业区划》。在其最终成果中作出重要贡献的周立三、邓静中、石玉林等人荣获国家科技进步奖一等奖。其实此项研究成果的最终完成，在一定程度上得益于吴先生主持完成的《中国农业地理丛书》的编写。

1.3 中国农业地理丛书

在"文革"期间由于"农业学大寨"的形而上学相当猖獗，吴先生深感发展农业生产若不考虑因地制宜，祸患无穷。吴先生在刚恢复工作后不久，就建议编写一套《中国农业地理》丛书，供广大农业干部和基层干部阅读，让他们深入了解发展农业生产必须因地制宜的道理。为此在 1974 年专门向当时农业部的杨立功部长作了详细汇报，争取到农业部领导对此倡议的支持。于是就开始组织全国地理界的力量，分头编写以实地调查为基础的分省农业地理丛书。我所农业地理组分担了《宁夏自治区农业地理》的编写任务。同时还在吴先生的亲自主持下合力完成了《中国农业地理总论》,邓静中、郭焕成、徐培秀、徐志康、沈象仁等均为此出了不少力。南京大学的宋家泰教授还应吴先生之邀来北京,共同为此书的最后完善定稿作出自己的贡献。这一套内容详实的《中国农业地理丛书》,为编制《中国综合农业区划》提供了重要基础资料。该项研究成果曾获中国科学院科技进步一等奖。

1.4　中国土地利用

1979年中国科学院地理所接受国家科委、农林部和中国科学院共同交付的编制1∶100万土地利用图的任务,作为"六五"全国科技发展规划第一项重点研究课题"农业自然条件、自然资源和农业区划"的重要组成部分。为此,由吴先生出面组织全国各省区的41个单位的300多名科技人员共同协作,进行了自下而上的全国各省区的土地利用调查和制图工作。这是我国历史上首次按照统一规范进行大规模土地利用调查,在此基础上编制出版了第一套《中国1∶100万土地利用图》,同时还主编完成了《中国土地利用》的科学专著,为编制全国土地利用规划和国土规划提供重要依据。该两项研究成果均获国家科技进步奖二等奖。郭焕成、徐志康、沈洪泉、沈象仁等为协助吴先生完成上述两项成果曾发挥了重要作用。

1.5　全国海岸带和海涂资源综合调查

这是国家"六五"、"七五"的重点科技研究项目,由国家科委、计委、农委、总参谋部和国家海洋局等单位共同组成领导小组,组织沿海10省(区、市)500多单位、万余人参加调查。调查项目包括气候、水文、海水化学、地质、地貌与第四纪地质、土壤、植被、林业、海洋生物、环境质量、土地利用和社会经济等12个专业。其中土地利用和社会经济两项专业调查的组织协调和总结交流工作均由我所经济地理室承担。吴先生和蔡清泉负责土地利用专业调查组,胡序威和陈航负责社会经济专业调查组。经20世纪80年代的多年实地调查,汇集沿海各省市、各单位调查成果总结而成的《中国海岸带土地利用》、《中国海岸带社会经济》等专题研究报告,以及在众多专题研究报告和各省市海岸带和海涂资源综合调查报告的基础上,综合集成的《中国海岸带和海涂资源综合调查报告》,对加速我国沿海地区的开发起到基础性的支撑作用。因而该项研究成果曾获国家科技进步一等奖。

1.6　区域规划、地区生产力布局与国土规划

早在20世纪50年代后期,吴先生就积极支持经济地理室内侧重于工业、交通、城镇地理研究的专业人员参加国家建委和城建部门组织的区域规划研究。"大跃进"失败后,区域规划工作陷于全面停顿。吴先生带领我们主动与华北局计委联系,在他们的支持下,开展华北地区工业布局调查研究。吴先生本人曾带了助手汪一鸣亲自就华北地区的工业和城市用水问题进行了专题深入的调查研究。经过"文革"的艰难和研究力量的重组后,在1974~1980

年间胡序威、李文彦、黄让堂、陆大道、赵令勋、张文尝、陈航、孙盘寿、叶舜赞、马清裕等人在山东、安徽、河北、辽宁等省的计委和建设部门的支持下，先后开展了鲁西南矿区、淄博与胜利油田、两淮矿区、冀东工业基地、辽宁中部工业基地生产力布局的综合调查研究，其研究成果受到地方政府的重视。

1981年中央书记处作出关于搞好我国国土整治工作的指示。为此国家建委举办国土整治研究班，请各方面专家来讲课，吴先生讲《因地制宜 整治国土》，胡序威讲《国土规划与区域规划》。吴先生还主动向国家建委主任韩光、副主任吕克白，国土局局长徐青等领导同志推介：地理研究可在哪些方面为国土工作服务，引起有关领导对地理研究的重视。其后在由国家计委国土局组织的《京津唐地区国土规划》研究中，将"京津唐地区国土开发整治综合研究"的重点课题，交给中国科学院地理研究所承担。在编制《全国国土规划纲要》过程中，让胡序威、陆大道共同参与起草工作，并请吴先生多次参加纲要的审议和讨论。吴先生通过中国地理学会号召："地理工作者要为国土开发整治和规划服务"。在全国各省区开展的国土规划工作，也均吸纳了广大地理工作者参加。由吴先生主持、推动或参与的以上6大研究领域，不仅对国民经济建设有重大意义，而且对带动全国各地的地理研究，尤其是对经济地理和人文地理研究的发展有重大影响。

2. 重视学科发展和人才培养

吴先生长期认真贯彻原中国科学院领导张劲夫提出的"任务带学科"和"出成果、出人才"的方针，在积极承担国家重大科研任务的同时，很重视学科的发展和人才的培养。强调在完成科研任务后要进行学科理论总结。他曾与李文彦等合作撰写了《地区综合考察和生产力远景发展研究》理论总结性论文，他还与学生侯锋合作编写了《国土开发整治与规划》，与刘建一、甘国辉、侯锋合作编写了《现代经济地理学》理论专著，主编了《中国人文地理丛书》中的《中国经济地理》专著。在三年困难时期受当时海南岛热带作物研究院何康院长的邀请，吴先生与胡序威、沈文雄、徐志康、郭来喜、张务栋等深入基层国有农场搞蹲点调查研究，探索热带作物发展和布局的客观规律，完成了《中国热带作物布局的理论探讨》一书，其中第一章"热带作物布局的自然条件评价"由吴先生亲自执笔。

吴先生重视人才和善用人才。他鼓励邓静中在总结农业区划实践经验的基础上，编写完成《中国农业区划方法论》专著，对外界产生很大影响。邓静中曾被戏称为"区划王"。在"文革"前由国家科委副主任范长江主管农业区划科研工作时，在专业上比较倚重邓静中。《人民日报》有一篇关于农业区划的社论，是由邓静中代为起草经范长江修改后发表的。

在以往"左"的思想影响下，盲目学苏联，将人口地理和城市地理也都纳入经济地理范畴，人文地理得不到应有的发展。改革开放后，吴先生首先提出发展旅游地理学的建议，继而发表文章论述地理学的研究核心是人地关系地域系统，进一步拓宽了人文地理的研究领域。吴先生较欣赏郭来喜的开拓创新才能，鼓励他在旅游地理、人文地理研究领域施展才华。

吴先生很重视人才的培养，除在"文革"前 1962~1963 年开始培养陈汉欣和陆大道两位研究生，文革后继续培养了 20 多位博士生外，还甚关注在职干部的学习和培养。他提出对科研工作要实行"三三制"，即每年大致以 1/3 的时间用于学习和提高。他还提倡结合工作需要加强基础理论、基础知识、基本方法的"三基"学习。他在《经济地理学——生产布局的科学》一文中指出：经济地理学"是一门介于社会经济科学、自然科学、技术科学之间、具有强大生命力的边缘科学"。引起大家对有关社会科学理论及自然与技术经济知识学习的重视。在吴先生长期领导和培育下的地理所经济地理团队是一个人才辈出、后继有人、团结进取、顾全大局、自强不息、富有活力的专业研究群体。

3. 扩大经济地理与人文地理学的社会影响

在国外，地理科学研究力量，人文地理超过自然地理，而在我国情况正相反。由于国内学术界深受苏联重自然科学轻人文科学的影响，人文地理学的发展受到诸多限制，主要靠经济地理学为其支撑门面。在中国科学院地理研究所内曾长期按学科设置了综合自然地理、地貌、气候、水文、化学地理、地图、经济地理等研究室，经济地理的研究力量还不到全所的 1/6。但由于经济地理室积极承担面向国家经济建设的重大研究课题，对社会的影响逐步增大。改革开放后在开始筹建中国社会科学院时，胡乔木和于光远曾联名写信给中国科学院的领导，希望将经济地理室转移到中国社会科学院去发展。征求室内群众意见时，大家都愿意继续留在中国科学院内发展。1982 年由吴先生领衔，邓静中、李文彦、胡序威、孙盘寿联名给国务院写信，要求给中国科学院地理所经济地理室以较大发展，经方毅副总理批转卢嘉锡院长。1983 年由叶笃正副院长主持会议专门讨论经济地理室的发展问题，决定在地理所内成立经济地理部，下设农业地理、工业与交通地理、城市与人文地理三个研究室和一个办公室，定编为 90 人。相对提高了经济地理（人文地理）在地理所内的地位。1988 年在经济地理部内又新增了一个区域综合开发理论研究室及其下属的区域模拟实验室。自经济地理部成立以来，先后由李文彦、胡序威、陆大道、毛汉英接任部主任。中国科学院的卢嘉锡院长及其后任的周光召院长，曾多次在全院性会议上提到了经济地理学科的重要性。地理所的领导也开始把经济地理学列为地理科学的发展重点。

自从国家建委撤销，国土规划的管理职能被转到国家计委后，当时的国务委员兼国家计委主任宋平也很重视国土规划工作。通过对国土规划实际工作的了解，使国家计委的领导人都认识到地理科学，尤其是经济地理学与国土规划的关系十分密切。主管国土工作的新任国家计委副主任徐青，很希望有自己下属的研究机构作依托，较早与吴先生商讨由中国科学院和国家计委共同对地理所实行双重领导的可能性。对此吴先生一直持竭力促成的积极态度。经国家计委和中国科学院多次洽谈后，终于在 1986 年 3 月实现了对地理所双重领导。尽管实行双重领导的体制为期不过 10 多年，但在双重领导期间，明显改善了进行经济地理调查研究的工作条件，而且也扩大了对外影响。使本专业与国土有关的资源、土地、人口、城乡建设、环境保护、能源、交通、水利、林业、农业、工业、服务业和民政等众多业务部门增进了相互的了解和沟通。

吴先生有众多学术头衔。1981 年开始任中国地理学会副理事长、中国国土经济研究会秘书长，并被东京联合国大学聘为校长顾问委员。1984 年接任《地理学报》主编，1988 年当选为国际地理联合会（IGU）副会长。1991 年当选为中国科学院院士和中国地理学会理事长。作为中国经济地理、人文地理界学术带头人的吴先生，随其在国内外学术界地位的提高，也就自然地扩大了本学科在国内外学术界的影响。至于由吴先生亲自主持或参与的大量国内外学术交流活动，更是对我国经济地理、人文地理学的发展及其影响的提高起到不可替代、无可估量的作用。

（原载《地理学报》2008 年第 4 期）

精心哺育经济地理英才的老黄牛

仇为之先生是新中国经济地理专业教学的主要开拓之一。早在解放战争时期，他就在华北解放区，与孙敬之等同在华北大学从事地理教学。新中国成立后，在1950年初新创建的中国人民大学计划系内，设立了以孙敬之、仇为之为正副主任的经济地理教研室。这也是当时全国唯一的经济地理教学研究机构。其主要成员就是从华北大学转来的孙敬之、仇为之、祝卓、王经、张之等几位老师。根据苏联的教学规范，对当时人民大学设置的财贸、经济、统计、计划管理等众多方面的专业，都必须讲授"中国经济地理"课程，致使经济地理的教学任务很重。当时只好采取组织多个专业班共听"中国经济地理"大课的方式。在教研室内早期能开讲这一大课的仅孙敬之、仇为之和祝卓三人，孙、祝二位毕业于北京师范大学地理系，仇先生则毕业于西北大学经济系。在当时讲授"中国经济地理"课程，既无现成教材，亦无可供参考的重要著作。全凭主讲者的知识及其对这门学科的理解，临时搜集和组织有关资料，编写教学内容。1951年开始在校内印发的由孙敬之主编的《中国经济地理讲义》一书，仇先生承担了其中相当部分的编写任务。

人民大学为解决经济地理师资紧缺的矛盾，在1951年初采取特殊措施，从计划系在读的本科生中，抽调了我和杨树珍、郭振淮等5人到经济地理教研室当辅导教员（助教），一边随学员共听大课主讲教员讲课，一边在组织学员分班课堂讨论时进行辅导，实际上起着边学边教的作用。几乎与此同时，从校内专修科调来陆大壮，从清华大学地理专业应届毕业生中调来胡兆量，迅速充实加强了教研室内的青年教师队伍。仇先生就是我们这些青年教师的指导老师。

1952年，应中国政府之邀，苏联经济地理学家巴达邵夫来人大经济地理教研室讲学，为教研室全体老师和两届研究生班学员讲授经济地理学理论及世界与苏联经济地理课程。在这两届研究生学员中后来取得较大学术成就的有刘再兴、周起业、梁仁彩等人。他们对中国经济地理课程的学习，也多从孙敬之、仇为之编写的教材中吸取营养。

旧中国的地理学多涵盖自然地理和人文地理，其分支学科尚未基本形成和发育。新中国成立后曾强调学习苏联，而在当时的苏联却把地理科学截然区分为自然地理学和经济地理学两大门类，分属于自然科学和社会科学不同性质的学科，而且把经济地理学放在人文地理学中最突出的地位。因而使经济地理学成为新中国许多高等院校教学需要新设置的新学科。当时遇到的最大困难就是缺乏这方面的师资。人大经济地理教研室自 1954 年苏联专家结束经济地理讲学回国后，继续自办了三届研究生班，成为向全国高等院校输送经济地理专业人才的孵化器。

1955 年，北京大学地理系为了筹设经济地理专业，经时任北大党委书记兼副校长江隆基对老战友的嘱托和地理系主任侯仁之的亲自多次到访商谈，孙敬之才同意让仇先生率领胡兆量、杨吾扬、魏心镇等精英支援北大地理系，筹建以仇先生为主任的经济地理教研室，并于 1956 年开始招收经济地理专业的本科生。从此仇先生就全身心投入北大的经济地理教学工作。他不仅自己严谨治学，埋头苦干，任劳任怨，先后开设多门暂无人能开的新课程；而且还善于调动教师团队的积极性，不断开拓进取，加强学科建设，着力提高教学质量。自 1960 年北大开始向外输送经济地理专业本科毕业生以来，分配到中国科学院地理研究所工作的多位研究人员均为高素质的英才。

仇先生为培育经济地理英才，一贯是默默无闻地无私奉献。有些对外出头露面的事均让年轻的同行、同事去干，自己甘居幕后给予支持。有两件事使我感受颇深。一是在"文革"后期，北大、南大、中大、杭大的经济地理专业开始恢复招生，多与城市建设部门联系，改以向城市规划输送人才为主要发展方向，仇先生也曾为此付出过不少心力。但在组织全国城市规划界的学术团体时，南大、中大、杭大的经济地理教研室负责人均成为城市规划学术委员会或区域规划与城市经济学组的重要成员，唯独仇先生不愿在其中挂名。二为在改革开放后的 1980 年代初期，我代表中科院地理所主持承担了建设部委托的"城镇与工业布局的区域研究"课题，组织北大、南大、中大、杭大、华东师大、东北师大以及南京地理所、长春地理所等众多单位的经济地理研究力量，分头进行各项专题研究。对各单位提供的专题研究报告，虽经多次开会讨论、协调修改，但为提高其总体成果质量，仍需有专人统一进行编辑加工。因我当时又另有国土规划研究任务缠身，会议推举由仇为之、严重敏、石庆武三人组成编辑小组，负责对各项专题报告的修改加工，最终交我审阅定稿。仇先生曾为此付出较多辛劳，但他一直坚持让我以主编的名义出版此项集体研究成果，我感到这样不妥，才采取以"中国科学院地理研究所主编"的名义出版，只在"前言"中说明各人所起的作用。他对此毫无怨言。

在当前我国经济地理、人文地理学界有较大影响力的一些领军人物，如陆大道、周一星、樊杰等，都是由仇先生和他的教学团队培养出来的。仇先生的一生，为我国培育众多经济地理、人文地理的专业英才，功不可没。他的辛勤耕耘、埋头实干、淡泊名利、无私奉献的老黄牛精神，更是永远值得我们学习。

（原载《师者为之 善者为之》，北京大学出版社，2016 年）

专业著述和研究成果总目录

1956 年　《内蒙古自治区经济地理》(邓静中、胡序威等编写),科学出版社;
　　　　　《乌拉尔》(苏联 Π.H. 斯捷潘诺夫著,李文彦、胡序威译),科学出版社。
1957 年　《华北地区经济地理》(邓静中、胡序威等编写),科学出版社。
1959 年　《华东地区经济地理》(胡序威、李润田等编写),科学出版社。
1962 年　"区域规划与省内经济区划"(胡序威、梁仁彩等),《1960 年全国地理学术会议论文选集(经济地理)》,科学出版社;
　　　　　"经济地理学在地区经济开发工作中的作用",《地理》,第 2 期。
1963 年　《西北地区经济地理》(胡序威、刘再兴等编写),科学出版社;
　　　　　《中国热带作物布局的理论探讨》(吴传钧、胡序威等),科学出版社。
1964 年　"华北地区钢铁工业发展和布局问题的探讨"(胡序威、陈汉欣),中国科学院地理所提交华北局计委的内部报告;
　　　　　"华北地区经济建设战略布局分区设想"(胡序威、梁仁彩等),中国科学院地理研究所提交华北局计委的内部报告。
1965 年　"川滇黔接壤地区煤炭、冶金、化工与电力工业基地选择考察报告"(胡序威、郭来喜等),中国科学院西南综合考察队内部报告;
　　　　　"工业布局的技术经济论证"(胡序威、胡欣),《地理学报》,第 3 期。
1973 年　"济宁枣庄地区煤炭资源开发利用与工业布局有关问题调查报告"(胡序威、李文彦等),中国科学院地理所提交山东省计委和国家计委的内部报告。
1974 年　"淄博及其以东地区以石油化工为主的工业布局有关问题调查报告"(胡序威、陆大道等),中国科学院地理所提交山东省计委和国家计委的内部报告。
1975 年　"山东胜利油田油气资源的合理利用与有关工业布局问题的调查报告"(胡序威、李文彦等),中国科学院地理所提交山东省计委和国家计委的内部报告。
1976 年　"在建设新唐山规划中有关工业与城镇布局初步设想"(胡序威、陆大道等),中国科学院地理所派赴震后唐山重建规划工作组提交国家建委和唐山市抗震救灾指挥部的内部报告。
1977 年　"关于冀东地区铁矿资源开发与钢铁工业合理布局问题"(胡序威、赵令勋、陈汉欣），中国科学院地理研究所提交华北协作区筹备组的内部报告。

1979 年 "工业区位理论简介"（译自：Rley，R. C. 1973，*Industrial Geography*，Chatto & Windus，London），《工业及城镇布局理论方法》，中国科学院地理研究所区域规划参考资料汇编。

1980 年 "辽宁中部地区合理开发利用资源，调整工业结构和布局问题的探讨"（胡序威、孙盘寿等），中国科学院地理研究所提交辽宁省计委和国家计委的内部报告；

"辽宁中部工业基地建设布局若干规律性问题的探讨"（胡序威、赵令勋等），中国科学院地理研究所提交建设部的内部报告；

"工业企业的合理布点问题"（胡序威、赵令勋等），《城市规划》，第 5 期；

"工业布局与交通、供电、水源及城镇建设规划的相互配合问题"（胡序威、赵令勋等），《城市规划》，第 5 期。

1981 年 "试论工业布局的集中与分散"，《工业布局与城市规划》（中国地理学会 1978 年经济地理专业学术会议文集），科学出版社；

"天津市经济发展条件的区域分析"（胡序威、杨树珍等），《经济研究资料》，第 8 期；

"关于改善我国经济发展地域组织的几点看法"（胡序威、李文彦、邓静中），《工业、城镇布局与区域规划研究》，第 2 辑；

"积极开展中国经济区划与区域规划的研究"（胡序威、陈汉欣等），《经济地理》，第 1 期。

1982 年 "国土规划与区域规划"，《经济地理》，第 1 期；

"区域规划的性质与类型"，《工业、城镇布局与区域规划研究》，第 4 期。

1983 年 "对我国城镇化水平的剖析"，《城市规划》，第 2 期。

1984 年 "城市发展的区域研究"，《经济地理》，第 4 期；

"开展经济区划搞好经济发展的地域组织"（胡序威、李文彦等），《经济研究》，第 9 期；

"京津唐地区国土开发与整治的综合研究"（胡序威、陆大道等），京津唐地区国土规划纲要综合课题研究报告；

"京津唐地区的开发与整治"，《地理知识》，第 9 期。

1985 年 "对国土规划概念与实质的几点新认识"，《生产力布局与国土规划》，第 1 辑；

"国土规划的性质和理论方法问题"，《地理学与国土研究》，第 2 期；

"中国工业布局与区域规划的经济地理研究"，《地理科学》，第 4 期；

"中国城镇化问题浅议"，《城市发展战略研究》，新华出版社。

1986 年 "要鼓励自然科学与社会科学交叉"，《自然辩证法通讯》，第 4 期；

"国土开发和建设布局的宏观战略"（胡序威、陆大道），《科学报》，1986 年 10 月 18 日；

"京津唐地区发展方向初步设想",《国土规划与经济区划》(中国地理学会 1984年经济地理专业学术讨论会文集),科学出版社;

"对宜昌地域经济发展的几点看法",《计划经济论坛》,第 11 期;

《全国海岸带和海涂资源综合调查简明规程(社会经济调查)》(胡序威、陈航等),海洋出版社;

《城镇与工业布局的区域研究》(中国科学院地理研究所,课题负责人胡序威),科学出版社。

1987 年　"中国国土的基本特点",《科学报》,1987 年 3 月 13 日;

"国土开发整治的方向与原则",《科学报》,1987 年 3 月 30 日;

"中国的空间开发战略问题",《生产力布局与国土规划》,第 5 辑;

《社会主义工业布局概论》(苏联 A.E.普洛勃斯特著,郝乃毓、胡序威等译于"文革"前),商务印书馆;

An Analysis of China's Urbanization Level. *Chinese Sociology*, Vol. XIX, No.3-4.

1988 年　"中国城市与区域规划发展新趋势",《经济地理》,第 3 期;

"沿海地区开发建设的几个问题",《人民日报》,1988 年 4 月 8 日。

1989 年　"为发展经济地理学而共同奋斗",《地理研究》,第 1 期。

1990 年　"坚持区域开发的综合研究方向"(胡序威、毛汉英),《地理学研究进展》,科学出版社;

New Trends of Urban and Regional Planning in China, *The Journal of Chinese Geography*, Vol.1, No.1;

《中国沿海港口城市》(胡序威、杨冠雄主编),科学出版社。

1991 年　"加强区域开发的基础研究",《经济地理》,第 3 期。

1992 年　"有关行政区划的几个理论认识问题",《地名知识》,第 6 期;

《中国海岸带社会经济》(主编),海洋出版社;

China's Coastal Cities (Edited by Yueman Yeung and Xuwei Hu). Honolulu: University of Hawaii Press;

The Development Potentiality and Prospect of China's Coastal Area (Hu Xuwei, Yan Chongchao, Chen Hang). *The Journal of Chinese Geography*, Vol.13, No.2;

Research on the Regional Development and Planning. *China City Planning Review* Vol.18, No.1.

1993 年　"中国沿海城市发展的区域分析",《中国城市与区域发展——展望 21 世纪》,香港中文大学;

"中国沿海地区发展的若干战略问题思考",《沿海开放地区经济持续发展战略探讨》(论文集)，中国科学技术协会；

"加强对国土开发整治的多学科综合研究"，《复杂性研究》，科学出版社；

"论中国经济区的类型与组织"，《地理学报》，第3期。

1994年　"组织大经济区和加强省区间的规划协调"，《地理研究》，第1期；

"加强京津冀区域经济协作促进北京城市总体规划的实施"，《北京规划建设》，第5期；

"提高国土规划的科学性和实用性"，《地理学与国土研究》，第2期；

"加强对城市和区域发展的规划与调控"，《城市规划》，第2期。

1995年　"国土开发的规划与调控"，《经济地理》，第2期；

"中国城市化与区域规划展望"，提交在上海浦东召开的"国际区域规划经验交流会"的论文；

"中国沿海地区持续发展问题与对策"（胡序威、毛汉英等），《地理学报》，第1期；

Organizing Macro Economic Regions and Enhancing Inter-provincial Coordination and Planning in China，*The Journal of Chinese Geography*，Vol.15,No.1.

1996年　"闽东南地区外向型经济的发展与城镇体系的演化"，提交广州中山大学召开的"乡村—城市转型"国际学术讨论会的论文。

1997年　Outward Economy and Urban System Growth: Southeast Fujian Case（Hu Xuwei and Hu Tianxin）.Asian Geographers,Vol.15,No.1-2；

《闽东南地区经济和人口空间集聚与扩散研究》（胡序威、陈佳源、杨汝万主编），香港中文大学香港亚太研究所；

《中国设市预测与规划》（课题组负责人），知识出版社。

1998年　"对我国的城市化形势应有清醒的认识"，《城乡建设》，第6期；

"强化地域空间规划和管理"，《内部参阅》，《人民日报》总编室，第30期；

"关于土地利用总体规划的意见"，《中国建设报》，1988年6月16日；

"沿海城镇密集地区空间集聚与扩散研究"，《城市规划》，第6期；

《农村城市化研究》（郑弘毅主编）序，南京大学出版社；

《区域与城市研究》，科学出版社。

1999年　"中国科学院地理研究所参与国土规划工作的回顾"，《中国地理学90年发展回忆录》，学苑出版社；

"对行政区划中市制改革的几种设想"，《中国方域》，第2期。

2000年　"有关城市化与城镇体系规划的若干思考"，《城市规划》，第1期；

"城市化是西部大开发的重要一环"，《中国经济导报》，2000年7月26日；

Trends and Patterns of Foreign Direct Investment（Hu Xuwei and Hu Tianxin）. Fujian: A Coastal Province in Transition；

《中国沿海城镇密集地区空间集聚与扩散研究》(胡序威、周一星、顾朝林等)，科学出版社。

2002年　"国土规划的性质及其新时期特点"，《经济地理》，第 2 期；

"我国区域规划的发展态势与面临问题"，《城市规划》，第 2 期：

"在济南城市空间战略研究专家咨询研讨会上的发言"，内部文件。

2003年　"对城市化研究中某些城市与区域概念的探讨"，《城市规划》，第 4 期；

"关注城市地理学"（记者专访），《规划师》，第 5 期。

2004年　"行政区划调整应有利于城市化发展"，《内部参阅》,《人民日报》总编室，第 22 期。

2005年　"区域城镇体系的协调发展问题"，《城市规划》，第 12 期。

2006年　"中国区域规划的演变与展望"，《地理学报》，第 6 期；

"区域规划力避部门纠葛"（记者专访），《瞭望》，第 38 期；

"在京津冀地区城乡空间发展规划研究顾问会议上的发言"，《京津冀地区城乡空间发展规划研究二期报告》，清华大学出版社；

"地理界加盟规划界的历史回忆"，《中国城市规划学会成立 50 周年纪念文集》，中国建筑工业出版社。

2007年　"略论中国现代化与城市化"，《现代城市研究》，第 7 期；

"经济全球化与中国城市化"，《城市规划学刊》，第 4 期。

2008年　《区域与城市研究》(增补本)，科学出版社；

"新中国经济地理与人文地理学界的领路人"，《地理学报》，第 4 期；

"中国城镇化进展问题的观察"，《中国城市发展报告（2007）》，中国城市出版社；

"论城镇化的概念内涵和规律性"，《城市与区域规划研究》第 2 期，商务印书馆。

2009年　"从事区域与城市研究学术生涯的回顾"，《城市与区域规划研究》第 1 期；

"钱学森十分关注地理科学"，《经济地理》，第 11 期。

2011年　"着力健全规划协调机制"，《城市规划》，第 1 期；

"胡序威谈跨越与融合（记者专访）"，《北京规划建设》，第 11 期。

2012年　"中国城镇化与空间规划的思考（记者专访）"，《城市发展研究》，第 11 期；

"地理所为何一度由中科院和国家计委共同领导"，《中国经济导报》，12 月 20 日。

2013年　"对《京津冀地区城乡空间发展规划研究三期报告》的评议"，清华大学出版社。

2014年　"控城市区域化 促区域城镇化"，《城市与规划》，第 1 期；

"应厘清与城镇化有关的各种地域概念"，《城市发展研究》，第 11 期。

2015 年　"发展城市群应推动城镇化的健康发展",《中国城市群选择与培育的新探索》,科学出版社;

　　　　"有关我国区域与城乡发展的政策建议",《经济地理》,第 7 期;

　　　　"致规划界的一封公开信",中国城市规划学会网站,12 月 10 日。

2016 年　"京津唐地区规划研究的几段难忘经历",《地理学发展之路》科学出版社;

　　　　"精心哺育经济地理英才的老黄牛",《师者为之 善者为之》,北京大学出版社。

2017 年　"健全地域空间规划体系",《中国城市发展报告(2016)》,中国城市出版社。

经历图片选载

浙江绍兴市上虞区丰惠镇胡愈之故居外景　　　　　　胡氏故居敕五堂大厅前景

母亲刘汉相摄于1996年90岁时　　　　　　母亲与序威、亦春合影

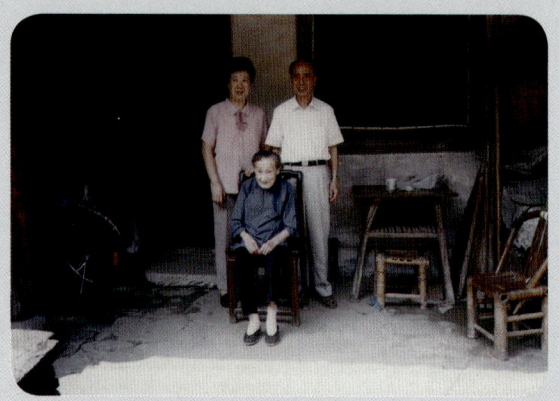

胡愈之诞辰100周年时，母亲与前来看望的第二代子侄们合影
前排自左往右：序强、德华（序昭）、母亲、序同、序介、胡明（序因）、序威、序芳、序文、序建

胡愈之诞辰100周年时，母亲与前来看望的第三代亲人合影，坐在母亲右手侧者为胡舒立

伯父胡愈之与伯母沈兹九（1985）

序威、亦春携子女与伯父母合影（1985）

1947年去新加坡工作后，在当地公园留影

1949年回国前，与新南洋出版社部分同事在《南侨日报》社前合影，左2为出版社经理林子文

新中国成立建国初在中国人民大学学习和工作时的老校址，原为段祺瑞的执政府

当时设在老校址附近的北新桥船板胡同的经济地理教研室

缅怀孙敬之教授光辉业绩座谈会合影留念
1993年5月3日，北京

1993年在人民大学新校址召开"孙敬之教授光辉业绩座谈会"，参加者多为原人民大学的老师、同学和同事。后排左起：祝诚（2）、梁仁彩（3）、刘再兴（5）、连亦同（6）、杨吾扬（8）、周起业（9）、杨树珍（12）、陆大壮（15）、张敦富（16），中排左起：祝卓（1）、李慕贞（3）、宋涛（5）、邬翊光（8）、胡兆量（9）、胡序威（10）

1953年冬，中华地理志编辑部的邓静中（中排左3）、孙盘寿、梁仁彩、胡序威、方文（后排1、2、3、5）在河北涉县农村进行经济地理调查

1954年，中国科学院中华地理志编辑部就在中关村最早的建筑之一，被称为"四所"的小楼内办公，当时周围还是一片空旷的田野

1957年夏去沈阳中国科学院干部学校学俄语时与黄亦春结婚

1958年，中国科学院地理研究所迁京，成立经济地理研究室，1962年研究室大部分成员在中关村生物楼顶部合影，前排左起：赵令勋、张如春、程鸿、金力、张之英、吴传钧、邓静中、胡序威、梁仁彩、陈汉欣，后排左起：沈文雄、马境治、王士鹤、张福保、孙承烈、徐志康、华熙成、李汝燊、吴关琦、郭来喜、蔡清泉、方文、张务栋，中排左起：李慕贞、申维丞

1976年，率课题组进行冀东工业基地调查时住宿的唐山地区招待所，在7月27日刚离开唐山去秦皇岛的次日凌晨发生唐山大地震，全组幸免于难。图为震后坍塌的招待所四层小楼

震后不久，与陆大道、陈汉欣、陈航、张文尝、马清裕、周世宽等自带帐篷，参加国家建委领导的唐山市震后重建规划（1976）

1983年底，经中国科学院批准，地理所经济地理室发展成为拥有三个研究室的经济地理部，举行茶话会庆祝，左起：李文彦、左大康（所长）、孙盘寿、吴传钧、邹敏、胡序威

1984年，在乌鲁木齐市参加全国经济地理学术讨论会时，与吴传钧（左2）、李文彦（左3）、郭来喜（左4）合影

1984年，经济地理部专业人员合影。中间站立者左起：陆大道、沈象仁、蔡清泉、甘国辉、陈汉欣、李文彦、吴传钧、胡序威、徐培秀、袁珠、张蔷、李耀武，下蹲者右起：赵晓斌、金凤君、赵令勋、张文尝、蔡建明、刘建一、杨冠雄

1984年，城市与人文地理室合影，左起：杨冠雄、孙俊杰、蔡建明、叶舜赞、胡序威、马清裕、刘建一、陈为民、宋力夫、赵晓斌

1985年，在北京怀柔参加"全国国土规划纲要"讨论会，中间休息时，随吴传钧（左2）与国家计委主管国土规划的领导人吕克白（左4）、徐青（左1）、陈鹄（右1）交谈

1984年，国家计委在北京召开"京津唐地区规划纲要课题研究成果汇报会"，前排左起：陈鹄（1）、王守礼（4）、胡序威（6）、徐青（7）、吕克白（8）、杨树珍（12）

1985年，经济地理部应邀赴厦门参与由南京地理所承担的"厦门市发展战略研究"及旅游课题的咨询和评议工作，在鼓浪屿合影，左起：杨冠雄、孙俊杰、胡序威、李文彦、蔡清泉、赵令勋

1986年，与左大康所长（右1）、陈述彭院士（右3）等赴香港大学参加"资源、环境与区域开发国际研讨会"，左3为香港大学地理系主任梁志强

1988年60岁生日时，在北京北郊917生活区，与同事和研究生们小聚后合影，前排左起：赵令勋、黄亦春、胡序威、杨冠雄、陆大道，后排左起：陈田、刘小金、王拓宇、董卫华

1988年，在经济地理室（部）成立30周年时，与部分同事合影，前排左起：郭焕成、赵令勋、蔡清泉、吴传钧、胡序威、徐志康、徐培秀、陆大道，中排左起：李荣生、李柱臣、叶舜赞、陈汉欣、毛汉英、陈航、马清裕、冯仁国、徐勇、张文尝

1989年在江苏连云港市召开中国地理学会沿海开放地区研究会的学术研讨会，前排有许自策（左3）、瞿宁淑（左4）、胡序威（左5）、吴传钧（左7）、虞孝感（右2），中排有蔡人群（左2）、陈航（右4）

1990年，在参加"山东莱阳市发展战略规划"评审会期间，中科院老院长卢嘉锡与经济地理部区域开发理论室成员合影，前排自右往左为：毛汉英（1）、卢嘉锡（2）、胡序威（3），后排右1为顾朝林

1991年，参加香港中文大学召开的"中国城市与区域问题学术讨论会"，前排左起：沈道齐（1）、许学强（2）、胡序威（4）、杨汝万（5）、梁志强（6）、胡兆量（9），中排左起：许自策（1）、刘君德（2）、王嗣均（3）、崔功豪（4）、叶嘉安（5）、周一星（6）、董黎明（7），后排左起有陈振光（2）、张文范（3）等

1992年，参加"扬州市区域综合——城镇体系发展战略论证会"，左起：张启成、胡序威、赵士修、邹德慈、张文俊、托罗纳（德国区域规划专家）、严重敏、沈道齐、崔功豪（右2）、董黎明（右1）

1992年，参加由地理所承担的"兰州市城市发展规划"成果汇报会，左起：任震英、邹德慈、施雅风、胡序威

1992年，参加民政部行政区划司在广东顺德召开的"中国经济特区和沿海开放地带行政区划研讨会"，左起：胡序威（1）、张文范（3）、许学强（5）、刘君德（6）

1993年，中国科学院区域开发前期研究专家委员会在长春市召开项目验收会，左起：杨生、沈鸿烈、胡序威

1993年，在广州召开中国地理学会经济地理学术讨论会，会议休息室内相聚时留影，左起：李秉仁、周一星、胡序威、吴传钧、马裕祥、崔功豪、郭来喜、严重敏、顾文选、沈道齐

1993年，参加广州中山大学召开的"中国城市发展规划研讨会"，在主席台上左起：邹德慈、叶嘉安、胡序威

1994年，在南宁参加"广西壮族自治区设市预测与规划评审会"，前排左起有刘君德（4）、张文范（6）、胡序威（9）、陈传康（10）、顾文选（11），中排左起有：顾朝林（4）、马清裕（7）、宋启林（8）、张秉忱（9）、蒲善新（10）、汪宇明（12）

1994年，参加"青岛市建设现代化国际城市前期专家调查结果研讨会"，前排左起有：杨吾扬（2）、吴敬琏（5）、萧灼基（7）、胡序威（9）等

1996年，在北京主持召开国家自然科学基金重点资助项目："沿海城镇密集地区空间集聚与扩散研究课题"协调交流会，前排左起：李王鸣、沈道齐、马裕祥、朱剑如、崔功豪、胡序威、杨汝万、陈振光、蔡建明、闫小培、张勤、顾朝林，后排左起：周一星（1）、宁越敏（3）、马清裕（4）、郑宏毅（5）、叶舜赞（6）

1999年，应邀赴杭州参加由张德江主持召开的"浙江省推进城市化工作研讨会"，在做学术报告时的主持人为杭州市委书记卢文轲

1996年，在开封河南大学参加中国地理学会召开的"全国区域持续发展学术会议"，前排左起：王恩涌、王本琳、曾尊固、包浩生、陆大道、胡序威、张家桢、李润田、郭来喜、陈传康、王发曾（右4）、张维邦（右3）、郑度（右2）等

2000年，赴哈尔滨主持召开"黑龙江省城镇体系高层论证会"。前排左起：董黎明、邹德慈、刘福垣、邹士萌、马淑洁（副省长）、胡序威、陈秉钊（8）、崔功豪（9）、徐效波（10），中排左起：王丽萍、毛其智、姚士谋（5）、刘仁根（6）、俞滨洋（7）、顾朝林（8）

2001年，在北京主持召开中国城市规划学会区域规划与城市经济学术委员会年会，前排左起：昝龙亮、姚士谋、董黎明、周一星、夏宗玕、胡序威、邹德慈、崔功豪、吴万齐、刘仁根、顾文选（右1），中排左起：俞滨洋（5）、王凯（6）、李耀武（8）、沈道齐（9）、魏清泉（10）、徐国弟（11）、张勤（13），后排左起：张文奇（2）、郑伟元（7）、宋迎昌（10）等

2001年，参加"浙江慈溪市杭州湾新区发展战略研讨会"，前排左起：马裕祥（2）、陈栋生（3）、崔功豪（4）、余秋雨（6）、周干峙（8）、吴良镛（9）、胡序威（13）、周日良（15）

2003年，参加"天津市国土规划试点专家座谈会"，前排左起：徐国弟（4）、王一鸣（5）、徐林（6）、鹿心社（8）、潘文灿（10）、林家彬（11）、胡序威（12）等

2005年，参加香港大学召开的"中国十一五规划城市发展论坛"，前排有：林初昇（2）、胡序威（3）、胡兆量（4）、马润潮（5）、崔功豪（6）、许学强（7）、周一星（8）、姚士谋（9）、杨汝万（10），二排左起有：宁越敏（6）、陈田（7）、刘盛和（8）、王辑宪（9）、赵晓斌（10）、陈振光（11）

1992年,与杨树珍(左1)陪同卢嘉锡(左3)考察访问延安,在宝塔山下留影,左2为时任陕西省副省长张斌

1992年,与刘再兴同去哈尔滨参加黑龙江省国土规划评议会,在松花江上留影

1995年,在参加山东淄博城市规划评议期间,与任震英(中)、魏心镇(右)在蒲松龄纪念馆前留影

1996年,赴安徽宿州市参加宿县地区发展战略论证时,与宋家泰(右)、陈栋生(左)合影

1997年,在参加山西运城地区发展战略咨询期间,与邬翊光(左)、魏心镇(中)在黄河壶口合影

1997年,与杨汝万夫妇在深圳科技工业园区合影,有王缉宪(左1)、陆大道(左5)、赵晓斌(左6)等

1998年,在杭州西湖景区与陶松龄(左)、夏宗玕(中)、邹德慈(右2)、周一星(右1)合影

1998年，在杭州西湖景区与徐国弟（左1）、周一星（中）、杨重光（右2）、蒲善新（右1）合影

1998年，70岁时与规划界的朋友们相聚，左起：赵洪才、徐国弟、夏宗珏、邹德慈、胡序威、陈晓丽、方磊、吴万齐、张勤、刘任根

1998年，在深圳科技工业园区与陈汉欣夫妇合影，右1为地理所硕士、曾任深圳市规划局副局长薛峰

1999年，去台湾参加地理学界的学术交流会，在日月潭与吴传钧（中）和美籍华人地理学家章生道（右）合影

1999年，在台湾台南市赤嵌楼郑成功受降处，与胡天新合影

2000年，与原中国人民大学老师、北京大学经济地理教研室的创建者仇为之合影

2001年，与中国城市规划学会区域规划界的友人合影，左起：石楠、刘仁根、吴万齐、胡序威、夏宗玕、顾文选、周一星、王丽萍

2002年，与原地理所和经济地理部领导人在海南博鳌留影，左起：陆大道、胡序威、吴传钧、赵令勋、毛汉英

2004年，赴西藏参加"西藏自治区城镇体系规划"评议会，与张勤（左1）、李兵弟（左3）、董黎明（左5）等在拉萨合影

2004年，摄于拉萨八廓街

2004年，参加山东威海市城镇体系规划评议时，与周干峙（中）、齐康（右）院士同在山东半岛东端成山角留影

2004年，摄于林芝雅鲁藏布江支流尼洋河的中流砥柱

2006年，同往我国城市规划界的老领导曹洪涛家中祝贺其90华诞时合影，左起：赵令勋、胡序威、周干峙、曹洪涛、陆大道、邹德慈、陈为邦、张文尝

2007年，在北京友谊宾馆讨论《中国城市发展报告》时，与吴良镛院士合影

2008年，在中国科学院地理科学与资源研究所新址，与时任所长刘毅（左）和人文与经济地理部主任樊杰（右）合影

2008年，与周一星（右1）、顾朝林（左1）同去看望自上海来京的严重敏老教授，在其女儿家中合影

2009年，在中国地理学会百年庆典时，与同获"中国地理科学成就奖"的李润田（中）、胡兆量（左）合影

1982年，受朝鲜科学院邀请，由中科院地理所派员访朝，在万景台留影，左起：孙盘寿（2）、胡序威（3）、徐志康（4）

1987年，受英国地理学界邀请，中国地理学会组团访英，参加曼彻斯特大学举行的中英区域规划学术交流会，受到曼彻斯特市女市长的接见，左起：李文彦、吴传钧、赵晓斌、女市长、许学强（6）、胡序威（7）、林炳耀（8）

1987年访英时，在伦敦郊区Diamond教授家中合影，左起：李文彦、胡序威、教授夫妇、吴传钧、许学强、宁越敏

访英时与李文彦、许学强、赵晓斌在利物浦老码头合影

1989年，受苏联科学院地理所邀请，与叶舜赞（左1）、马清裕（左2）同赴苏联访问，在该所副所长家中合影

1989年，访苏时在红场留影

1989年，与叶舜赞在列宁格勒（今圣彼得堡）社会经济问题研究所前留影

1989年，访爱沙尼亚地理学会留影

1991年，受日本中小企业家协会和北村嘉行教授邀请，由地理所组团赴日本访问，会见日本四国香川县知事时合影，前排右起：陈航、张文尝、北村嘉行、县知事、胡序威、陆大道、赵令勋、李荣生

1991年，在日本濑户跨海大桥留影

1991年，地理所访问代表团在名古屋天守阁前与日本陪同人员合影

1991年，在日本神户人工岛上国际科技交流馆前留影

1998年，与家人游东南亚，在马来西亚吉隆坡国会广场前留影

1998年，在泰国芭提雅金沙岛海边留影

1998年，相隔50年后，重返新加坡观光时留影

2009年，在胡天新的陪同下，去美国参加由美国地理联合会举办的学术交流会，曾访问美国多个城市，图为在旧金山政府广场留影

2009年，在纽约海滨与胡天新留影

2011年，与家人在意大利威尼斯水城留影

2011年，在罗马斗兽场留影

2011年，翻越阿尔卑斯山前，在意瑞边境投宿的小旅馆

2011年，摄于巴黎塞纳河边

2011年，摄于荷兰滨海牧场

2000年，与当时在京的春晖中学老同学在地理所917生活区合影，右起为黄伯政、徐学毅、徐鹤寿、胡序威、杜若甫

2006年，在上虞白马湖春晖中学门前与亲友胡国枢（左）、范岱年（中）合影

2006年，在上虞白马湖亦春出生处——丰子恺住过的小杨柳屋前与家人合影

2006年，胡愈之诞辰110周年时，上虞图书馆成立集中保管胡愈之图书和重要文献资料的纪念室，在举行揭幕仪式时到场的胡氏亲属合影

2008年，胡氏故居内侧破旧楼房已由政府出资修复一新，在久已被毁的敕五堂大厅地基前与多位胡氏宗亲合影，右起：胡国枢、胡嗣荪、胡大成、胡智培、胡序威、黄亦春、胡家燕

2010年由众多胡氏宗亲共同集资恢复重建的敕五堂大厅内景，部分宗亲于2014年在大厅内留影

2014年，胡愈之故居完成布展后对外开放，图为展室之一角

2018年前，由本人主要执笔统稿或主编出版的著作一览